다문화를 중단하라 !!

다문화를 중단하라 !!
초판인쇄 / 2012년 5월 22일

지은이 / 김규철
펴낸이 / 김규철
편집, 표지디자인 / 도서출판 한강
펴낸 곳 / 도서출판 한강
　　　　출판사는 출판대행의 사명에 충실할 뿐,
　　　　본 서적의 표현, 사상과 무관함.
주소 / 경기도 가평군 청평면 대성리 405-9
전화 / 031-584-8317
팩스 / 031-585-8407
홈페이지 / www.bookmake25.com
ISBN 978-89-97400-11-9 03330

값 13,000 원
저자와 협의 하에 인지는 붙이지 않습니다.

그 동안 다문화 선동 세력들의 언론 장악과 그로 인한 편파보도 때문에 다문화에 반대하는 주장들은 국민들에게 제대로 알려질 기회가 거의 없었다. 지난 10년 이상 동안 국민들은 TV와 신문 등 주요 언론들을 통하여 오로지 다문화에 찬성하는 주장들만 위주로 접하여 온 것이다. 엄연히 다문화에 반대하는 논리적인 의견과 주장들이 인터넷 등에서 들끓고 있음에도 주요 언론들은 그것을 외면하고 국민을 배신하고 국민의 알 권리를 짓밟고 국민을 세뇌해 온 것이다.

이 책에서도 말하지만 다문화(=다인종화)와 외국인노동자들 대거 유입이 한국 사회에 미치는 영향은 안보, 경제, 내수, 치안, 국가정체성 등 전 분야에 걸쳐 치명적임에도 불구하고 일체의 〈영향평가〉도 없이 오로지 다문화는 무조건 선이요 불가피하다는 묻지마 식의 주장들만 조직적으로 주요 언론에 실려 온 것이며 정치권도 이를 조장해 온 것이다.

그 동안 한국의 정치권과 주요 언론들은 외국인노동자들은 무조건 불쌍하고 선한 존재들이니 보살펴 줘야 한다는 식의 논조들을 위주로 기사로

3

내 보내 왔고 동남아 등지에서 온 국제결혼 여성들은 무조건 착한 존재로 미화해서 한국 남성들과 한국인은 무조건 가해자라는 식의 여론몰이를 해 왔으며 국제결혼 중개업소를 통한 대대적인 국제결혼이 한국사회에 미치는 영향 평가를 제대로 한 적이 한 번도 없다. 정치권과 언론이 본연의 의무를 망각하고 국민을 배신한 것이다.

그 동안 한국의 주요 언론들은 외국인들이 한국에서 조금만 피해를 당해도 번개처럼 달려가서 대서특필해 준 반면 한국인들이 외국인들에게 당한 숱한 피해는 의도적으로 축소은폐해 왔다.

예를 들어 주요 언론들은 몇 년 전 여중생 강수현 양이 불법체류 외국인에게 잔인하게 살해 당했을 때에는 일사불란하게 입을 다물었다. 반면 새누리당이 2012년 4월 총선에서 비례대표로 공천한 필리핀 출신 여성 이자스민이 학력위조 혐의로 논란이 되자 주요 언론들은 이자스민에 대한 인터넷상의 논리적이고 타당한 비판들이 넘쳐 남에도 그것은 모른 체 하고 오로지 정제되지 않은 몇몇 욕설들만 크게 부각시켜 인종차별로 매도하는 만행을 저질렀다. 주요 언론들의 그런 행태야 말로 사실은 한국인들을 인종차별하는 짓임에도 말이다.

그런 주요 언론들의 행태는 명백히 국민의 알 권리를 짓밟은 파시즘이요 헌법질서 유린 행위이자 국가기강 파괴 행위로서 그 가담자들은 반드시 색출해서 처벌해야 한다.

이 책은 보다시피 다문화 선동 세력들에 의해 파괴된 국가기강을 되살리고 다문화를 중단시킴과 동시에 단일민족주의가 왜 중요한지를 국민들에게 알리기 위한 글이다. 원래는 이렇게 책을 낼 예정은 없었지만 하나둘 쓴 글이 모여 어느 날 보니 책 한 권 분량이 되겠다 싶었고 다문화에 반대하는 책이 정식으로 서점가에 유통되는 것도 우리 국가민족에 이로운 일이겠다 싶어 일이 진척된 것이다.

아무쪼록 이 책이 많은 국민들에게 알려져서 그 동안 정치권과 주요 언론들의 편파보도와 파시즘 행위에 의해 차단되어 왔던 다문화 반대 주장들이 국민들에게 널리 알려지기를 바란다. 국민의 알 권리는 충족되어야 한다. 국민은 다문화에 반대하는 주장들도 접할 권리가 있고 다문화를 할지 말지에 대한 최종 판단은 국민이 하는 것이다. 대한민국은 민주공화국이다.

그리고 지면 관계상 다 하지 못한 이야기들이 많은 아쉬움도 있고 독자 여러분들도 궁금하거나 의문나는 사항들이 있을 것이다. 그에 대해서는 〈국가기강 확립연대〉(www.krgg.net) 게시판에서 토론했으면 하는 바램이다.

단기 4345년, 서기 2012년 5월

김규철

혈통? 그 건 역사와 문화와 전통의 다른 표현이다 132
백범 김구 선생의 민족주의 -- 진정한 우파, 우익의 기
본 소양이다 134 주권국가에서 외국인 차별은 당연한 것
이다. 그래야 국가라는 게 유지된다 138 주권국가의 국민
들은 외국인을 혐오할 권리가 있다. 이유있고 정당한 혐오
는 존중되어야 한다 142 극우주의(애국주의)는 대한민국의
생존에 필수다 -- 인간을 이롭게 하는 건 냉철한 극우주
의지 어설픈 인권주의가 아니다 147 극우민족주의가 좋은
것이든 나쁜 것이든 그것은 한국인들의 숙명이지 선택사
항이 아니다 168 민족주의 담론의 대전제 -- 국제무대는
정글이다 176 배타경끼즘을 버려라!! -- 개인이든 민족이
든 국가든 적절한 배타성은 필요하며 생존에 필수다 181
국민의례는 충성서약 맞다. 준법서약인 것도 맞다. 그리고
정당하고 필요한 것이다 206 다문화는 남북통일을 불가능
하게 만들어 버린다. 다문화는 반민족, 반통일, 반국가 행
위다 213 외국인들은 사회통합의 대상이 아니다. 관리의
대상일 뿐이다 217 대한민국, 나라 맞아? 불법체류자들이
단속반을 집단폭행하는 사이비 인권의 천국 대한민국 220
소수자 권익을 무조건 챙겨주면 안된다 -- 소수에 대한
배려는 다수의 여유에서 나온다는 사실을 명심하라!! 226
법이란? 인권의 우선순위를 정해 놓은 것. 그게 법이란
거다. 법이란 것 자체가 이미 정당한 차별의 종류를 규정
하는 것이다 229 다문화의 끝은 한민족에 대한 인종청소
234

제 5장 온정주의가 나라를 망친다

제 6장 다문화 파시즘을 규탄한다

부록

외국인노동자 필요없는 한국경제,
만들 수 있고 만들어야 한다
국제결혼 안해도 결혼할 수 있는 대한민국,
만들 수 있고 만들어야 한다

제 1장 다문화는 백해무익하다

지금 한국에 외국인들이 130만명 정도 된다는 걸 핑계로 법무부를 포함한 정부와 정치권이 반민족, 반통일, 반국가적인 다문화 몰이를 하고 있는 현실에 분노를 금할 수 없다. 나아가 그 외국인 130만이라는 숫자조차 지금까지 정치권과 권력기관들에 포진해 있는 다문화 선동 세력들이 불법체류자들에 대한 예방과 단속을 고의적으로 허술하게 하는 등 각종 불법과 편법으로 늘여 놓은 결과라는 사실도 알아야 한다.

다문화 선동 세력 자신들이 온갖 불법과 편법으로 고의적으로 한국내 외국인들을 늘여서 130만명으로 만들어 놓고는 그 걸 핑계로 국민들을 속여 가면서 다문화 몰이를 하고 있는 게 작금의 현실인 것이다.

그리고 지금 한국내에 있는 외국인들이 130만명 정도라면 그 중의 대부분은 한국 국적이 없고 취업비자로 와 있거나 불법체류자들이기 때문에 기한이 되면 돌려 보내거나 즉시 추방해야 하는 사람들이므로 실제로 고려해야 할 외국출신들은 국제결혼자들이며 이는 불과 몇십만명이다.

불과 몇십만명이 4천만명 이상 되는 한국에 들어 왔다고 해서 한국이 다문화 사회가 되어야 한다는 건 미친 소리다. 그 몇십만명은 한국문화에 동화시켜야 할 대상이지 다문화 권장의 대상이 아니다. 로마에 가면 로마법을 따라야 하며 어느 나라에서나 그 건 진리다. 국제결혼으로 한국에 온 사람들과 그 자녀들은 당연히 한국문화에 동화시켜야지 〈다문화〉라는 말을 사용하면 안되는 것이다.

여기서 지금 한국에 있는 외국인들의 구성을 더 자세히 분석하면 1. 국제결혼으로 온 외국인들, 2. 불법체류자들, 3. 합법체류자들(=합법외국인 노동자들 + 파견근무자들 + 유학생들 + 관광객들)로 되는데 이들 각각에 대하여 다문화를 할 이유도 필요도 전혀 없다는 사실을 설명해 보겠다.

1. 국제결혼으로 온 외국인들

예를 들어 베트남, 동남아 등에서 국제결혼으로 한국에 온 여성들은 그냥 놓아 두면 자연스럽게 한국에 동화되게 되어 있다. 〈다문화〉라는 말을 꺼낼 필요가 없다. 로마에 가면 로마법을 따라야 하고 한국에 온 국제결혼자들은 한국문화를 따라야 하고 그들의 자녀들을 한국인으로 키울 의무가 있다.

인권이라는 건 모든 경우에 다 통하는 절대가치가 아니며 상황에 따라 달리 판단해야 한다. 인간사회에서 모든 가치는 상대적인 것이며 절대적인 가치는 없다. 우리 한국에서는 남북통일 등을 위해 민족문화 유지라는 차원이 국제결혼여성들의 모국문화 유지 권리보다 더 우선시되어야 한다.

그리고 한국의 역사를 보면 옛날에도 우리 민족의 영역에 외국인들이 집단으로 이동해 온 적이 있지만 결국은 다 동화되었다. (물론 그런 집단 이동은 대부분의 현대주권국가들에서는 허용되지 않는다. 난민의 경우에 한해서 아주 제한적으로 허용될 뿐이고 한국은 남북통일 등의 과제가 있어 민족국가를 유지해야 하므로 그런 난민도 받아들여서는 안된다.)

그런데도 지금까지 한국의 정치권과 언론과 사이비 인권단체들은 〈다문화〉라는 말을 사용해서 의도적으로 국제결혼 가정들을 우리 민족문화에서 이탈시켜 한국을 다민족, 다문화 국가로 만들기 위해 혈안이 되어 왔으니 이야말로 국민의 심판을 받아야 할 일이다.

그리고 앞으로는 국제결혼을 적절히 제한하여 수를 줄이기 위해 요건을 까다롭게 할 필요가 있는데 글이 길어지므로 이에 대해서는 별도의 글로 이야기하겠다. 우선 결혼의 권리란 게 개인의 기본권에 속하는 문제이기는 하지만 말했듯이 인간사회에서 절대적인 권리와 가치는 없으며 그런 개개인의 기본권 실현이 나라 전체와 절대다수에게 큰 해악을 가져 온다면 충분히 제한할 수 있는 근거가 된다는 사실부터 말해 놓는다.

아울러 우리가 추구해야 할 방향은 바로 대한민국 남성이나 여성들이 국제결혼을 하지 않아도 결혼할 수 있는 사회를 만드는 것이며 그것은 충분히 가능한 일이며 앞으로 우리는 이를 위해 총력을 기울일 것이다.

2. 불법체류자들

불법체류자들은 말 그대로 불법으로, 무단으로 한국에 침입한 범죄자들이므로 적극적으로 검거하여 즉시 추방해야 한다. 이는 어느 나라에서나 하는 일이고 주권국가와 국민들의 당연한 권리이며 주권행사인 것이다.

따라서 불법체류자 인권 보호를 빙자하여 출입국관리소와 불법체류자 단속반원들의 정당한 공무수행 내지 주권행사를 방해하는 사이비 인권단체들을 공무수행 방해죄로 구속하여 처벌하라. 그들의 망동으로 인해 나라의 기강 자체가 무너지고 안보가 훼손되고 있으므로 이야말로 국가보안법으로 다스려야 할 사안이다.

참고로 불법체류자들에게는 노동3권이 없다. 자유권, 노동권 등의 기본권은 어떤 경우에나 통용되는 게 아니라 상황에 따라 제한될 수도 있는 게 인간사회이며 불법체류자 등 범죄자들에게는 더더욱 그렇다. 불법체류자도 엄연한 범죄자이며 나아가 주권국가인 대한민국에 무단침입함으로써 대한민국의 주권을 침해한 주권침해 사범이자 침략자라는 사실을 분명히 인식하고 일반 범죄자들보다 더 강력하게 대응해야 한다.

3. 합법체류자들 = 합법외국인노동자들 + 파견근무자들 + 유학생들 + 관광객들

이들 모두는 한국 국적이 없으며 그저 오가는 손님이다. 어쩌다 보니 손님이 많아졌다고 해서 그 걸 핑계로 그들에게 아예 한국 국적을 주고 눌러 살게 하려는 게 바로 〈다문화 책동〉인 것이며 그 의도는 매우 불순한 것이다.

가. 한국내 중소기업의 인력난으로 한국정부의 허가를 받고 온 합법 외국인노동자들은 기한이 되면 자신들의 나라로 돌려 보내면 된다. 그들도 그냥 오가는 손님인 것이다.

그리고 한국정부와 국민들은 자체적으로 중소기업의 인력난을 해결할 방법을 찾으려는 노력을 해야 하며 그런 방법은 분명히 있으며 그런 방법을 찾아 인력난을 해결하고 나면 다시는 그들 외국인노동자들을 불러들일 필요가 없다.

나. 외국기업의 한국 현지 파견근무자들 역시 근무 기간이 끝나거나 본사의 사정에 따라 본국으로 돌아갈 사람들이다.

다. 유학생들과 관광객들도 마찬가지로 기한이 되면 자신들의 나라로 돌아갈 사람들이다.

보다시피 한국이 다문화를 해야 할 이유는 도대체 어디에도 없으며 정치권과 권력기관들에 포진해 있는 다문화 선동 세력들이 언론을 통제하며 반민주적으로 파쇼적으로 선동질해 온 게 바로 다문화, 다민족 책동인 것이다.

돌이켜 보라!! 이 말을 듣고 있는 모든 동포, 국민들은 돌이켜 보시라!! 과연 지금까지 다문화에 반대하는 주장들을 TV나 메이저 신문 등 언론에서 제대로 보도하는 걸 본 적이 있는가? 다문화에 반대하는 주장들을 들어 본 적이나 있는가? 아마 99.9프로의 사람들은 들어본 적이 없을 것이며 이를 이상하게 여겨야 정상이다.

그럼 지금까지 대한민국내에서 다문화에 반대하는 주장들이 전혀 없어서 언론들이 보도하지 않았는가? 결코 아니다. 다문화에 반대하는 주장들이 엄연히 있었고 인터넷 등에서는 다문화반대 여론으로 들끓어도 주요 포털 사이트들은 그런 여론을 숨기기에 급급했으며 TV 등 언론들도 그런 여론은 일체 무시하고 오로지 다문화에 찬성하는 주장들만 보도해 온 것이다. 일사불란하게 말이다. 그런 일사불란함은 그 뒤에 어떤 강력하고 불순한 배후 세력이 없으면 불가능한 일이다.

한 마디로 국민을 속여 가면서, 국민이 알아야 할 정보들을 숨기면서, 국민을 세뇌해 가면서 벌여 온 게 바로 다문화 선동질인 것이다.

일반적으로 어떤 정책이든지 그것이 사회나 자연에 끼치는 영향평가를 하게 되어 있는데 지금까지 한국에서는 다문화에 관련해서는 그런 영향평가를 한 적이 단 한 번도 없다. 설사 다문화에 장점들이 몇 개 있다고 쳐도 다른 단점과 폐단들이 더 심하다면 하지 말아야 하는 건 당연한 것인데도 그런 폐단들에 대해서는 일체 숨겨 온 게 바로 다문화 선동 세력들인 것이다.

한국이 다문화 사회가 된다는 건, 지금 추세로 보면, 외국인들이 천만명 이상 한국에 들어와 눌러 살게 된다는 것이고 이는 곧 한국이 다민족, 다인종 사회가 된다는 것이며 다민족, 다인종 사회에서는 인종갈등과 충돌이 필연이며 그것은 어떤 교육과 캠페인으로 막을 수 있는 게 절대 아니며, 그러면 한국은 저 유럽과 아프리카처럼 분열과 폭동과 내전으로 치닫게 되어 있다는 뻔한 사실에 대해 국민 앞에서 공개적으로 토론한 적이 단한 번도 없다. 지금까지 한국의 정치권과 언론은 다문화가 한국사회에 끼치는 영향평가를 한 적이 단 한 번도 없다. 이야말로 국민의 알 권리와 참여 권리를 송두리째 무시한 파시즘이 아닌가.

그렇게 국민을 무시하고 벌여 온 작금의 다문화 선동질이 파쇼요 독재요 매국노 짓이 아니면 과연 무엇인가?

따라서 앞으로 모든 애국애족 동포들은 저 다문화 선동 세력들의 반민족, 반통일, 반국가, 반민주적인 책동을 분쇄하는 데 하나같이 동참할 것을 촉구하는 바이며 특히 집회나 시위에 적극 동참할 것을 촉구하는 바이다.

컴퓨터와 인터넷으로 자판만 두드리면 세상은 바뀌지 않으며 그런 사람들이 바로 망국노다. 이 시대의 망국노란 바로 행동해야 하는 것을 알면서도 행동하지 않고 자판만 두드림으로써 결국은 매국노들을 도와주는 사람들이고 그런 사람들은 매국노들을 욕할 자격이 없다. 세상을 바꾸는 건 행동이요 구체적으로는 집회와 시위에 참여하는 것이다. 불가피한 사정이 없는 한 집회와 시위에 참여하는 것이 세상을 바꾸고 나라를 구하는 길이다.

2011년 6월 12일, 2011년 9월 18일

-다문화 책동을 즉각 중단하라!! 다문화는 반민족, 반통일, 반국가 행위다.

-다문화는 세계화를 빙자한 제2의 민족말살책동이다. 진정한 세계화는 단일민족으로만 가능하다.

다문화는 백해무익하다. 다문화의 장점은 하나도 없다

다문화는 안보, 치안, 경제, 고용, 국민통합, 남북통일, 문화다양성 등 모든 분야에서 해로움만 가득하지 장점이란 건 하나도 없다.

다문화는 심지어 인류의 문화다양성을 파괴하는 것이다. 다문화는 그 이름과는 달리 오히려 인류의 〈문화다양성〉을 파괴하는 사기질이다.

국제결혼 가정과 그 자녀들은 철저히 한국문화에 동화시켜야 할 대상 이지 다문화 권장의 대상이 아니며 '다문화 가정'이라는 말을 써서는 안된다.

혹자는 다문화는 장점도 있는데 폐기하라고 하면 되느냐고 반문하지만 우리는 분명히 말한다. 다문화는 백해무익한 것이며 장점이 하나도 없는 것이라고. 그리고 설사 장점이 몇 가지 있더라도 그보다 단점이 더 크고 치명적이면 폐기해야 하는 게 당연한 것이다.

누구든지 다문화의 장점이 있다고 여기면 말해 보라. 자신있게 반박해 줄 것이다.

그 동안 많은 다문화반대 단체와 개인들이 내놓은 글들에 의하면 어떤 나라에서든지 다문화는 안보, 치안, 경제, 고용, 국민통합, 남북통일, 문화다양성 등 모든 분야에서 해로움만 가득하지 장점이란 건 하나도 없다는 사실이다. 그 해로움들에 대해 아래에 간단히 소개하니 의문나는 점들이 있으면 검색해서 참고하기 바란다.

1. **안보에 대한 위협**........한국이 다문화, 다인종으로 되면 반드시 인종갈등과 충돌이 일어나게 되며 수가 많아져서 한국의 각 지역들에 모여 살게 된 각 다문화, 다인종 집단들은 반드시 분리독립하려 할 것이며 일본, 중국 등 주변의 침략적인 나라들은 그런 갈등과 분리독립을 부추기는 공작을 반드시 할 것이니 이 어찌 심각한 안보 문제가 아닌가?

2. **고용시장 교란**........다문화, 다인종 책동의 일환인 외국인노동자 수입은 한국인들의 일자리를 빼앗아가고 3D업종의 임금을 저임금으로 고착시켜 버리는 일이란 게 이미 증명되었다.

[참고 글] 한국인들이 무조건 3D업종을 기피한다는 주장에 대한 반론
[참고 글] 외국인노동자 필요없다 -- 3D 업종도 내국인으로 채울 수 있다.

3. **경제구조 후퇴**........싼 임금의 외국인노동자들이 한국에 유입됨으로 인해 한국의 기업주들은 싼 임금에만 의지하여 기술 개발과 산업구조 고도화는 외면하게 되었고 이는 결국 한국 경제 구조의 후퇴로 이어졌다.

4. **내수경제 파괴**.......외국인노동자들은 받은 월급을 대부분 자신들의 모국으로 송금해 버리고 그 금액은 매년 10조원 이상이라는 계산이 나온다. 한국내 외국인노동자들이 100만이면 한국은 100만명 어치의 내수경제가 죽어버리는 것이다.

5. **치안 불안**.........경기도 양주, 안산, 김해 등 한국내 외국인 밀집 지역에서는 외국인 범죄 때문에 한국인들이 밤에 외출도 마음대로 못하는 지경에 이르렀으며 이대로 가면 외국인 밀집 지역은 전국적으로 확산되고 말 것이다.

6. **다문화는 남북통일을 불가능하게 만들어 버린다**.........남한에서 다문화, 다인종화가 진행되면 북한과 혈통적으로 달라져서 남북통일을 해야 할 이유가 사라지고 말며 따라서 남북통일은 영영 불가능해진다.

　지금까지 남북통일을 해야 할 가장 큰 이유와 명분은 남한과 북한이 오랫 동안 역사와 전통문화를 공유한 하나의 핏줄이라는 것인데 남한이 다문화, 다인종화 되어 버리면 남한과 북한의 핏줄이 달라지고 역사적 공감대가 사라져 그 모든 이유와 명분이 사라지고 말기 때문이다.

7. **인류의 문화다양성 파괴**........다문화는 심지어 인류의 문화다양성을 파괴해 버린다. 다문화는 그 이름과는 달리 오히려 인류의 〈문화다양성〉을 파괴하는 사기질이다.

　왜냐 하면 한국, 유럽, 아프리카 등 모든 나라가 다문화로 된다는 건 바로 그 나라들의 문화를 모두 짬뽕 상태로 만들어 그 나라 원래의 고유문화와 원형을 희석, 파괴, 말살시켜서 전 지구적으로는 그냥 짬뽕문화로 획일화되어 버리기 때문이다.

인류의 문화다양성이란 건 오로지 각 나라와 민족이 각각 배타적인 문화영토를 확보하고 자신들의 고유문화와 정체성을 유지,발전시킬 때에만 성립하는데 작금의 다문화 책동이란 건 바로 그 걸 불가능하게 만들어 버리는 것이다.

각 나라와 민족의 정체성이라는 건 바로 인류의 문화다양성 차원에서도 중요한 것인데 다문화라는 건 바로 그 걸 파괴해 버리는 것이다.

등등

이상과 같이 지금까지 파악된 다문화의 단점들이란 건 모두가 우리 국가사회와 국민에게 치명적인 것들인 반면 다문화의 장점이란 건 설사 있다고 해도 그 건 우리 사회에 필수적인 건 아니다. 따라서 다문화는 반드시 중단, 폐기시켜야 하는 것이다.

혹여 다문화에도 장점이 있다고 여기는 독자들이 있다면 가만히 생각해 보라. 그 장점이란 건 막연한 것이며 '모두가 어울려 살면 좋은 것이다' 라는 지극히 자연법적인 발상에 기초한 것이며 그런 자연법은 각종 구체적인 상황이 발생하고 각 상황에 따라 불가피한 차별, 차등이 발생하는 인간사회에는 도저히 적용해서는 안되는 것들이라는 걸 알아야 한다.

인간사회에는 자연법이 아닌 사회법이 적용되어야 하며 사회법적인 입장에서 보면 다문화는 우리 대한민국에 백해무익하다. 다문화의 장점은 하나도 없다.

2012년 3월 25일

제 2장 외국인노동차 필요없다

한국인들이 무조건 3D업종을 기피한다는 주장에 대한 반론

한국인들이 무조건 3D업종을 기피한다고? 설혹 그렇다고 해도 3D업종에 가게 만드는 방법을 찾아야 하고 그런 방법은 분명히 있는데 왜 무조건 외국인노동자들을 수입하나?

지금의 한국인들은 3D업종을 무조건 기피하는 게 아니라 90년대 이래 한국의 3D업종과 기업주들이 노동시장의 질서와 법칙을 위반하고 있기에 그런 사업장들에 대해 기피하는 것이니, 진짜 문제는 한국의 대부분 3D업종과 기업주들이 노동자들에게 정당한 댓가를 지불하지 않는다는 데 있다는 사실을 알아야 한다.

어느 나라이든지 3D업종 기피 행위도 사실은 엄연히 노동시장의 법칙 속에 포함된 것이고 이런 사실을 인정해야만 해결책을 찾을 수 있는데 한국은 90년대에 이를 무시하고 싼 임금의 외국인노동자들을 대거 수입하는 바람에 모든 게 틀어진 것이다.

90년대 한국인들의 3D업종 기피는 노동시장의 수요공급 법칙에 따른 정상적이고 일시적인 것으로서 노동시장의 수요공급과 임금 인상이 선순환하게 만드는 호재였으며 필요한 현상이었다. 즉, 당시 한국인들의 일시적인 3D업종 기피는 바로 3D업종의 임금 인상과 노동환경 개선을 위한 압력으로 작용하는 성질의 것이었다.

즉, 한국은 90년대에 3D업종의 임금을 현실화하고 3D업종의 노동환경을 개선하고 산업구조를 고도화하여 경제선진국으로 진입할 절호의 기회였고 그 과정에서 나타난 게 바로 당시 한국인들의 일시적인 3D 기피였던 것이다.

그런 90년대 절호의 기회를 살리려면 그냥 노동시장의 수요공급 법칙에 맡겨 두고 외국인노동자들을 수입하지 말아야 했다.

한국은 그런 절호의 기회에 싼 임금의 외국인노동자들을 대거 수입함으로써 오히려 경제 구조가 후퇴해 버리고 국민은 더 가난해진 것이다.

다문화 선동 세력들은 지금까지 한국인들이 무조건 3D업종에서 일하기 싫어한다고 TV 등 언론을 통해 대대적으로 선전하면서 그것을 핑계로 한국에 외국인노동자들을 대거 수입하여 한국경제를 질적으로 후퇴시키고 서민노동자들의 생존을 위협하는 폭거를 저질렀다.

그들은 한국인들이 왜 3D업종에 가기 싫어하는지 그 이유를 파악해서 3D업종에도 가게 만드는 방법을 찾아서 실천하려는 시도는 제대로 해보지도 않고 마치 한국인들이 3D를 기피하기를 기다렸다는 듯이 외국인노동자들을 한국에 대거 수입해 버린 것이다.

어떤 현상이든지 그 현상 자체만 보지 말고 그 안을 들여다 봐야 한다. 그 현상이 일어나게 된 원인이나 그 현상이 가지는 사회적 의미와 전체적 맥락를 찾아서 대처해야 하는 것이다. 예를 들어 대표적인 노동쟁의 행위

중 하나인 파업이란 것도 그 현상 자체만 보면 단면적으로는 노동현장을 마비시키는 나쁜 것이지만 우리는 그것이 노동현장과 노동시장에서 노동자들의 권익을 위한 필수적인 행위라는 것을 알기에 그런 파업을 정당한 것으로 인정해 주는 것이다.

마찬가지로 한국인들이 3D를 기피하는 일이 생긴다면 우리는 그런 현상 자체만 보고 재단해서는 안되며 그 기피 현상이 노동시장에서 가지는 의미와 작용을 봐야 하는 것인데도 지금까지 다문화 선동 세력들은 고의적으로 그런 측면은 무시하고 "한국인들이 3D를 기피하니 외국인노동자들을 수입해야 한다"는 단순무식한 폭거적 주장들을 국민들에게 퍼뜨려 세뇌해 온 것이다.

이에 필자는 한국인들이 무조건 3D 업종을 기피한다는 주장은 불순한 목적을 가진 정치권과 언론과 기업주들에 의해 과장되고 왜곡된 거짓말이요 핑계라는 사실을 말하고자 한다. 한국인들은 무조건 3D업종을 기피하는 게 아니라 정당한 노동의 댓가를 지불하지 않는 3D업종을 기피하는 것이므로 진짜 문제는 한국의 대부분 3D업종과 기업주들이 노동자들에게 정당한 댓가를 지불하지 않는다는 데 있다는 사실을 알아야 한다.

□ 먼저 한국인들이 3D업종에 가기 위한 조건이자 경제 선진국 진입의 필수 조건은 다음과 같다.

1. 3D업종의 임금 인상
2. 3D업종의 노동환경 개선
3. 산업구조의 고도화

이 세 가지가 이루어지지 않고는 기업이 아무리 돈을 많이 벌어도 국가가 아무리 수출로 돈을 많이 벌어도 결코 선진국이라 할 수 없다. 국민이 가난한데 무슨 선진국인가? 그리고 위의 1과 2를 충족시키지 않고 한국인들 보고 무조건 3D업종에 가서 일하라는 것이야말로 경제논리와 노동시장 원리를 무시한 폭거라고 할 수 있다.

그리고 한국은 위의 세 가지 조건을 90년대에 모두 성취할 기회가 있었지만 기업주들과 정치권이 편의주의와 과도한 욕심으로 싼 임금의 외국인 노동자들을 대거 수입하는 일에 올인하는 바람에 그 절호의 기회를 놓쳐버리고 말았다.

사람의 심리는 다 같다. 똑 같은 150만원을 주는 일자리들이 여럿 있다면 누구나 더 쉬운 일을 하려 하는 게 인지상정이다. 똑 같은 150만원을 받는데 일부러 더 어렵고 힘들고 위험한 일을 하려는 사람들은 없는 것이다.

대졸자들도 마찬가지다. 원래 대졸자라 할지라도 일자리 구하기가 어려우면 3D업종으로도 가게 되어 있다. 환경미화원 모집에 박사학위 출신까지 몰리는 거 못 봤는가? 임금과 노동환경만 제대로 갖추어지고 조건만 맞으면 대졸자들도 3D입종에 지원하는 것이다.

그러나 지금까지 한국의 대부분 3D업종은 그 노동 강도에 비해 임금과 노동환경이 형편없는 것이 많고 임금이 오히려 사무직과 비슷하거나 낮은 곳이 많기 때문에 대졸자들은 손해보기 싫다는 심리로 3D업종에는 안 가고 사무직 등만 찾게 되는 것이다.

대부분의 정상적인 나라들에서는 3D업종의 임금이 다른 업종보다 많이 높아지도록 정책을 쓴다. 그래야 각 산업에 골고루 인력 배분을 할 수 있으니까.

그러나 한국의 정치권과 언론들은 90년대 이후 그런 정책을 폐기해 버리고 당시 일시적인 3D업종과 중소기업의 인력부족 현상을 핑계로 값싼 외국인노동자들을 대대적으로 수입하여 3D업종의 임금을 고착시켜 실질적으로는 하락시켜 버리는 미친 짓들을 벌여 왔다.

그러고는 한국인들이 무조건 3D업종에 가기 싫어하고 일하기 싫어한다며 한국인들만 욕해 가며 외국인노동자들을 더 끌어들이고 그들을 아예 한국 땅에 정주화시켜 주려는 식으로 다문화, 다인종화 책동을 강행해 온 한국의 정치권과 언론들. 그들은 반드시 국민의 심판을 받아야 한다.

지금까지 경제가 발달한 유럽, 미국 등처럼 3D업종의 임금과 노동환경이 높아 봐라. 대졸자들도 대거 지원하게 되어 있으며 그렇게 만들 기회가 바로 90년대 초에 있었던 것이다. 예전에는 대학생들이 방학이면 아르바이트로 건설현장에서 막노동(=3D)을 해서 학비를 마련하는 일이 흔했다는 사실을 상기하라. 대학생이든 대졸자든 자신에게 필요하고 조건이 맞으면 3D업종에도 가는 것이다.

90년대 초에는 실제로 한국내 노동공급이 일시적으로 부족해짐에 따라 각 기업체와 3D노동현장에서 임금이 크게 오르기 시작하던 시기였고 이는 정상적인 노동시장의 수요공급 법칙에 따른 자연스럽고 바람직스러운 현상이었으며 그대로 놓아 두어야 했고 이를 오히려 산업구조 고도화와 경제선진국 진입의 기회로 활용했어야 했다. 즉, 그냥 노동시장의 수요공급의 법칙에 맡겨 놓았어야 했다.

그리고 물론 90년대에 한국인들의 3D업종 기피로 볼만한 현상이 있기는 했지만 그것은 일시적인 현상으로서 오히려 노동시장의 수요공급을 변화시켜 3D업종의 임금과 노동환경을 개선시킬 호재로 작용할 수 있는 것이었다. 그런 일시적인 한국인들의 3D 기피가 오히려 3D업종의 임금과 노동환경을 개선하여 결과적으로는 한국인들을 다시 3D업종으로도 가게 만드는 선순환적 의미가 더 컸던 게 바로 90년대 당시 한국인들의 3D 기피였던 것이니, 당시 제대로 된 기업들과 정치권이라면 오히려 이를 산업구조 고도화와 경제선진국 진입의 원동력으로 활용했어야 했다.

그러나 한국의 기업과 정치권은 그 황금같은 90년대의 기회에 3D업종의 임금과 노동환경을 개선할 생각은 안하고 그 때부터 불순하게도 "한국인들은 무조건 3D를 기피한다"는 말을 대대적으로 선전하며 무조건 싼임금의 외국인노동자들을 대거 유입시키는 바람에 3D업종의 임금은 정체되어 버렸고, 10년 이상 물가는 크게 올랐는데 3D업종의 임금과 노동환경은 그대로이니 한국인노동자들은 3D업종에 더 가지 않게 되는 악순환의환성이 만들어지고 만 것이다.

대졸자를 포함한 한국의 노동자들이 바보가 아닌 이상 같은 임금이면사무직 등 편한 직업을 찾으려 하지 누가 일부러 3D업종에 지원하겠는가?한국인노동자들이 무슨 자선사업가인가?

□ 그리고 더 큰 문제는 그런 악순환의 환경에도 불구하고 극심한 경제 난으로 한국인들이 3D업종에 가려고 해도 이제는 그 자리를 외국인노동자들이 싼 임금을 무기로 차지해 버려서 갈 데가 없게 되는 경우가 많아지고만 것이다.

즉, 기업주들이 일부러 일할 의지가 있는 한국인노동자들을 외면하고 싼 임금의 외국인노동자들만 찾고 해고를 할 때 외국인노동자들보다 한국인노동자들을 먼저 해고시켜 버리는 경우가 늘어나고 건설현장, 식당보조일 등 대표적인 서민 일자리들은 외국인노동자들이 점령하여 이 땅의 주인인 한국인노동자들은 갈 데가 없어지고 마는 경우가 크게 늘어난 것이다.

[참고 글] 외국인 고용 중단하라!! 한국인이 밀려난다.
그리고 외국인노동자들은 이제 자신들의 수가 늘어나자 그 수를 무기로 오히려 사업장을 옮겨 버리겠다며 기업주들을 협박하며 갖고 노는 경우도 크게 늘어났으며 그들도 이제는 3D업종의 일을 기피하는 일이 많아지고 있다는 사실을 알아야 한다.

외국인노동자들도 이제는 3D업종의 일을 기피하는 일이 많아지고 있는 것이다.

게다가 외국인노동자들은 그들 월급의 대부분을 모국으로 송금해 버림으로써 한국의 내수경제를 파괴해 버린다. 한국에 외국인노동자가 100만이라면 100만명 어치의 내수경제가 죽어버린다는 사실을 명심해야 한다.

내수경제 없는 경제 살리기는 어떤 미사여구로 포장해도 모두 헛소리요 거짓말이다.

결국 외국인노동자들은 싼 임금을 노리는 기업주들에게만 이득이지 한국경제와 한국인들에게는 백해무익한 존재들인 것이다.

□ 지금도 늦지 않았다. 외국인노동자 필요없는 한국경제 만들 수 있고 만들어야 한다.

이상의 논지에 의하면, 현재 한국인들의 3D 기피가 있다면 그것은 90년대에 한국의 기업들과 정치권이 3D업종의 임금을 인상하고 노동환경을 개선하고 산업구조를 고도화 할 황금같은 기회를 날려 버리고 편의주의와 과도한 욕심으로 싼 임금의 외국인노동자들을 대거 수입하는 바람에 벌어진 악순환의 결과다.

이제 그런 악순환의 고리를 끊어야 한다. 외국인노동자들을 모두 내보내고 그 자리를 한국인노동자들로 채우는 방법을 찾아서 실행해야 한다. 그 게 대한민국이 사는 길이고 국민이 사는 길이다.

[참고 글] 외국인노동자 필요없다 -- 3D 업종도 내국인으로 채울 수 있다.

그리고 강조하지만 한국인들이 정말로 무조건 3D업종에 가기 싫어한다면 가도록 만드는 게 바로 정치다. 그 게 정치인들이 존재하는 이유인데도 지금까지 한국의 정치권과 언론과 기업들은 그런 의무를 외면해 버리고 오히려 90년대의 일시적이고 정상적이며 선순환적인 3D 기피 현상을 부당한 것으로 왜곡하여 그것을 핑계로 값싼 외국인노동자들을 대거 수입하는 폭거를 저질렀다.

설혹 3D업종을 무조건 기피하는 현상이 실제로 있다고 해도 그것은 바로잡을 대상이지 그것을 외국인노동자 대거 수입의 핑계거리로 악용해서는 안되는 것이다.

□ 그리고 혹여 경제도 어렵고 기업 사정도 어려운데 3D업종의 임금을 어떻게 올려 주느냐 하며 반문하는 사람들도 있겠지만 그런 사람들에게 묻고 싶다. 도대체 언제까지 3D업종을 저임금으로 유지해야 하는가? 이제는 외국인노동자들도 그 수를 무기로 임금 인상을 요구하고 아예 3D업종을 기피하는 일이 많아진 게 현실인데 그들의 임금도 계속 높아지고 그들도 계속 3D를 기피하면 이제는 누구를 데려다가 3D업종에서 일하게 만들려고?

결국 이 문제는 3D업종의 임금을 올리고 노동환경을 개선해서 그 자리를 한국인노동자들로 채워야만 근본적으로 해결되는 문제다. 어차피 외국인노동자들의 임금도 계속 올려 줘야 하고 그들도 결국 3D를 기피하게 되어 있으니까 기왕이면 지금부터 미리 외국인노동자들을 내보내고 그 자리에 한국인노동자들을 고용해서 임금을 점점 올려주고 노동환경을 개선하는 게 맞다는 이야기다.

즉, 어차피 한 번은 넘어야 할 산이니 지금부터 국가 차원에서 3D업종의 임금 올리기 10개년 계획을 수립해서 실천해야 하며 기업도 자발적으로 그런 계획을 세워서 실천해야 한다는 말이다.

그리고 이는 물론 내수경제 활성화 방안과 맞물려 시행해야 하는 일이다. 노동자들의 임금을 올려준다고 해서 절대 기업의 손해가 아니다. 임금이 오른 노동자들은 그만큼 기업체의 제품을 더 사게 되어 있고 결국 내수경제가 활성화되니 하는 말이며 그런 거시적인 선순환 현상을 국가가 나서서 유도하고 조절해야 한다는 말이다.

□ 그리고 여기서 어느 네티즌(smar****)의 글을 출판에 맞게 일부 수정하여 인용해 본다.

"EBS에 〈극한 직업〉이란 프로가 있는데 거기 보면 다들 한국 사람이고 마스크 쓰고 불평없이 잘만 일하더라. 임금을 제대로 주기 때문이다. 임금만 현실에 맞게 인상해도 일 하려는 사람은 줄을 선다.

우리나라가 양극화가 조장되고 복지국가가 되지 못하는 가장 큰 이유가 매년 10만 명씩 외국인노동자들을 수입하여 OECD 최저의 최저임금을 유지하는 다문화 정책 때문이다.

외국인노동자들이 벌어서 쓰면 우리 경제에 도움되지 않느냐고? 외국인노동자들은 내수 소비를 거의 하지 않는다. 외국인노동자들은 월급의 대부분을 자신들의 모국으로 송금해 버린다. 따라서 한국에 외국인노동자들이 100만이면 100만 명 어치의 내수경제가 죽어 버리며 이는 결국 서민들과 기업들을 모두 죽이는 일로 연결되고 만다.

게다가 요즘 외국인노동자들은 3D 업종에선 일을 안 하려고 한다. 조금만 힘들어도 이직이 다반사이고 상당수는 서비스업종에까지 진출하여 서민들의 일자리를 교란시키고 있다.

그럼에도 기업이나 노동시장에선 단지 임금이 자국인보다 조금 더 싸다는 이유로 외국인노동자들을 구하지 못해 안달이다.

참으로 대단한 나라야. 국가의 미래는 고려하지 않고 약간의 이익에 취해 정부가 앞장서서 독약을 장려하는 꼴이라니. 역사적으로 이런 나라가 흥한 예가 없었지. 로마시대 말기와 비슷해보인다." (인용 끝)

□ 외국인노동자 필요없는 한국경제, 만들 수 있고 만들어야 한다. 국제결혼 안해도 결혼할 수 있는 대한민국, 만들 수 있고 만들어야 한다.

다문화 책동은 반민족, 반국가, 반통일, 반서민 행위이니 즉각 중단시켜야 한다. 다문화 책동을 막아야 대한민국이 살고 국민이 살 수 있다.

단일민족주의야말로 이 시대 한국인들의 생존을 위해 필수입니다. 언론의 편파보도에 속지 마시기 바랍니다. 단일민족은 순혈주의가 아니며 더 자세한 설명은 이 책의 다른 부분에 있습니다.

2012년 3월 19일

[단일민족]

90년대에 한국이 샴페인을 일찍 터뜨렸다는 말이 있었지요. 그런데 알고 보면 그 건 샴페인을 일찍 터뜨린 게 아니라 3D업종의 임금을 현실화하고 노동환경을 개선하고 경제구조를 고도화할 절호의 기회였던 겁니다.

외국인노동자 필요없다. 3D 업종도 내국인으로 채울 수 있다 -- 3D
업종의 노동환경 개선과 임금 인상 가능하다.

다문화꾼들은 한국인들이 3D업체 등에서 일하지 않으려고 해서 외국인
노동자들이 필요하다고 말하지만 그것은 문제 해결책을 제대로 찾아보지
도 않고 둘러대는 핑계에 지나지 않는다.

우리 한국인들이 3D업체에서 일하게 만들 방법은 분명히 존재하며 그것
은 다음과 같다.

1. 먼저 3D업종과 업체들을 파악하여 분류한다. 아울러 3D가 아니더라
도 노동력이 필요한 업종과 업체들을 파악해 놓는다.

2. 3D업체의 노동환경을 개선해야 하고 이는 낭비되는 세금을 투입하면
된다.

정치권과 언론 등이 2010년도에 다문화 책동에 쏟아 부은 돈이 1조 3천
억원 가량 된다고 한다. 4대강 사업에 낭비되는 돈은 그보다 훨씬 많은 22
조원이다. 그 밖에도 낭비되는 돈들이 많을 것이다. 이렇게 낭비되는 돈
을 3D 업종의 노동환경 개선에 지원하고 임금 인상 보조금으로 지원하면
된다. 그렇게 하면 내국인들도 3D업종에서 일하게 되어 있다. 국가재정이

없어서 지원하지 못한다는 말은 거짓말이다.

지금까지 내국인들이 3D업종에서 일하지 않으려 하는 건 낮은 임금을 받아서는 가족들의 생계 유지가 어렵고 노동환경이 열악하기 때문이다. 그런 여건을 고쳐 주면 내국인들도 3D업종에서 일하게 되어 있다.

즉, 내국인노동자들의 처지는 외국인노동자들과는 다르다. 내국인노동자들은 물가가 비싼 한국내에서 가족들과 함께 살아야 하기 때문에 3D업체의 낮은 임금을 받아서는 생계 유지가 안되므로 3D업종을 기피하는 사람들이 많은 것이고 그게 가장 큰 이유이다. 반면 외국인노동자들은 한국에서 번 돈을 대부분 모국으로 송금하고 몇년만 일하면 환률상 큰 돈이 되므로 한국의 3D업체에서 일하는 것이다.

한국의 청소부 모집에 박사학위가 있는 사람들까지 몰려 치열한 경쟁을 하는 걸 보라. 안정적인 임금이 보장되고 노동환경 개선이 이루어지면 많은 한국인들이 3D업종에서 일하게 될 것이다.

3. 그리고 3D업체 관련 사회복무제도를 도입하자.
군복무의 개념을 확대하여 〈현역, 보충역, 3D근무〉 이렇게 지정해 놓으면 많은 젊은이들을 3D업종으로 배치할 수 있으며 군복무와 사회복무를 종합적으로 운용할 수 있다.

그리고 여성을 포함한 병역면제자들을 꼭 3D가 아니더라도 일손이 딸리는 기업체나 농촌 지역에 배치하자. 농촌에도 여성이 할 수 있는 일이 많다.

이렇게 하면 국가는 배치한 인력들의 안전과 복지 관리를 위하여 3D업종의 노동환경을 대대적으로 개선할 수밖에 없다.

그렇게 3D업종에서 근무한 병역의무자들의 임금은 생활에 필요한 금액을 제외하고는 국가에 귀속시키되 군복무기간보다 1년 이상을 근무하면 귀속시킨 금액을 모두 돌려 주는 식으로 그들의 임금을 전액 챙겨 주자. 그러면 젊은이들은 목돈을 만들 수 있다.

4. 제대군인들의 3D업체 취업을 유도하자.

일반 군부대에서 병역의무를 마치고 제대한 사람들이 2년간 3D업체에 취업해서 근무하면 군복무기간 동안의 임금까지 해당업체의 임금으로 소급하여 지급해 주고 이에는 국가재정을 사용하자. 그러면 목돈을 만질 수 있으므로 제대군인들의 3D업체 취업을 유도할 수 있다.

말했듯이 4대강 사업 등에 낭비되는 세금만 막으면 국가재정은 충분하며 특히 매년 다문화 책동에 낭비되는 조 단위의 세금까지 돌려서 지원하면 재정은 더욱 충분하다.

5. 아울러 3D업체 근무 경력제와 가산점제도를 실시하자.

병역의무기간을 마치고 나서도 3D로 분류된 업체에서 일정 기간 동안 일하면 공무원 시험 등에서 가산점을 주고 기타 사회생활에서 인센티브를 주자. 국민연금, 의료보험 등에서 혜택을 주는 방법도 있을 것이다. 이미 말했지만 4대강 사업 등에 낭비되는 세금을 없게 하면 그런 혜택을 줄 국가재정은 충분하다.

6. 모든 공무원 임용자들에게 3D업체 노동이나 농촌근로를 1년간 하도록 의무화하고 그런 의무를 마친 후에야 자기 보직으로 임용하도록 하자. 이는 충분히 가능한 일이고 공무원들의 국가관과 사회관을 확립하기 위해서도 필요한 일이다.

7. 농업, 블루칼라, 3D업종에 대한 인식 전환을 위한 체계적인 대국민 캠페인을 해야 한다. 그런 체계적인 캠페인을 하는 방법도 존재하며 전문가들이 프로그램을 짜서 실시하면 먹혀들게 되어 있다.

이상의 것들을 종합적으로 실시하면 우리 한국인들은 3D업체에서도 일하게 되어 있으며 외국인노동자들을 다 돌려보내도 된다. 그리고 이상의 것들은 관련 정부기관들이 하려고 할 의지만 있으면 당장 실천할 수 있고 신속한 효과를 볼 수 있는 일이라는 걸 강조해 둔다. 그리고 세부적인 것들은 조정하면 될 것이다.

특히 지금까지 외국인노동자들이 한국에서 버는 돈을 대부분 모국으로 송금해서 벌어지는 국부유출도 매년 조 단위로 엄청난 액수인데 그런 국부 유출을 막는 방법 중의 하나가 바로 필자가 제시한 이상의 방법들이다. 이상의 방법대로 하면 그렇게 유출되는 돈들이 전부 한국의 젊은이들에게 돌아가서 대학생들은 학교 등록금도 마련할 수 있고 사업 밑천인 목돈도 마련할 수 있으니 많은 문제가 해결된다. 젊은이들에게 노동의 가치관도 심어줄 수 있다.

그리고 어떤 주권국가와 국민이든 외국인들을 무조건 불러 들여 함께 살아야 할 의무 같은 건 도대체 어디에도 없다. 어느 나라에서든 외국인들은 그저 오가는 손님이며 손님 대접을 해 주면 그만이지 영주권과 국적을 함부로 내주어야 할 의무 같은 건 어디에도 없는 것이며 우리 한국도 마찬가지다. 한국인들이여 〈착한 병〉에서 빨리 벗어나서 매국노 정치권과 언론의 다문화 책동을 분쇄하라. 그러지 않으면 여러분과 여러분의 자손들이 피눈물 흘리는 날이 곧 닥치고 말 것이다.

2011년 7월 7일

[단일민족]

1. 본문글은 단지 필자 개인이 제시한 방법들이고 국가적 차원에서 전문가와 국민들이 머리를 맞대고 노력하면 〈외국인노동자 필요없는 한국 경제〉를 만드는 더 좋은 방법들도 찾을 수 있을 겁니다. 그런데 한국은 지금까지 그런 노력을 기울인 적이 전혀 없이 오로지 외국인노동자 수입에만 올인했고 이는 정치권과 언론, 기업주들의 고의적인 짓인 겁니다.

2. 그리고 국제결혼 안해도 결혼할 수 있는 대한민국, 만들 수 있고 만들어야 한다.......라고 말하니까 그 건 쇄국정책이라고 말하는 사람들이

있는데 그야말로 잘못된 생각들입니다.

국제결혼 안해도 결혼할 수 있는 대한민국, 만들 수 있고 만들어야 한다....는 말은 모든 국제결혼을 금지하자는 말이 아니지요. 자연스러운 국제결혼은 허용하되 지금처럼 나라를 망치게 될 비정상적이고 대대적인 국제결혼은 하지 않아도 결혼할 수 있는 대한민국을 만들자는 것인데 이 게 왜 쇄국정책입니까? 절대 아니지요.

그리고 국제결혼 안해도 결혼할 수 있는 대한민국을 만드는 방법은 사회 양극화 해소와 농어촌 정책의 대대적인 개선과 국민들, 특히 여성들의 가치관, 결혼관을 바꾸는 일 등 다방면에서 종합적으로 추진해야 하는 것이고 우리는 그런 종합적 대책을 추구하는 것입니다.

이 정도만 말해도 양식있는 사람들은 그 게 어떤 식의 대책인지 짐작할 수 있을 겁니다. 꼭 구체적으로 세세히 말해야 할 필요를 못 느낍니다. 작금의 국제결혼 문제는 국가운영의 상식과 원칙만 지켰으면 발생하지 않았을 문제인데 정치권과 언론 등이 고의적으로 그 직무를 유기하고 조장하여 발생한 것입니다.

3. 그리고 명심해야 할 게 있습니다. 외국인노동자 필요없는 한국 경제를 만들고 국제결혼 안해도 결혼할 수 있는 대한민국을 만드는 과정에서는 〈특단의 처방〉도 배제해서는 안되는 것이고 이는 현 시국을 어떻게 인식하느냐의 문제입니다.

특단의 처방이란 외국인노동자들을 신속히 내보내는 과정에서 해당 기업들에 노동력 충원을 위한 국민 동원령 등을 말하는 것으로서 무직 상태에 있는 국민들 중 요건에 해당되는 국민들을 강제로, 한시적으로 동원하여 해당 기업들에 배치하고 그 기간 동안 근본 대책을 마련하여 시행하는 것이고 이러한 동원령은 말 그대로 최후의 수단으로 준비해야 하는 것입니다. 배제해서는 안되는 것입니다.

그리고 그러한 강제 동원이 인권침해라고 비난하는 사람들도 있겠지만 그 건 세상 모르는 자들의 헛소리라고 봅니다. 국가사회 운영에서는 〈비상사태〉라는 걸 분명히 염두에 두어 규정하고 그런 때에 국민들을 동원할 수도 있게 되어 있습니다. 비상사태에서는 모든 국민들이 인권침해를 감수해야 하는 겁니다.

자, 여러분!! 민족 말살, 국가 파괴를 초래하는 다문화 책동이 벌어지고 있는 지금이 과연 국가 비상사태가 아니라고 보십니까? 명백한 비상사태입니다. 비상사태를 비상사태라고 인식 못하는 사람들은 망국노입니다.

그리고 비상사태에서는 그에 걸맞는 특단의 조치와 해결책들도 배제해서는 안되는 것입니다.

그리고 물론 〈특단의 처방〉으로서의 국민 동원령 같은 건 우리 다문화 반대인들의 주장이 국민들에게 널리 알려져서 승리할 경우에 가능할 것입니다. 우리의 주장을 국민들이 접하게 되면 국민 동원령에 반대하는 국민들은 거의 없을 것이며 모두 적극 참여할 것이고 또 그렇게 유도할 수 있습니다. 모든 명분이 우리 다문화반대 진영에 있기 때문입니다.

3D업종에 한국인들이 가게 하는 방법 (2) -- 3D업종에 임금 보조금을 지급하라.

국가는 3D 업종에 근무하는 한국인 노동자들에게 1인당 100만원 씩의 임금 보조금을 매달 지급해야 하며 그 비용은 〈국가비상사태〉에 임하는 자세로 마련해야 하며 마련할 수 있다. 그리고 그런 3D 보조금은 그냥 소모성 보조금이 아니라 내수경기 진작 보조금이자 출산률 높이기 보조금이라 여겨야 한다.

이미 말했지만 외국인노동자들은 받은 월급의 80 내지 90프로를 자신들의 모국으로 송금해 버린다. 그들의 한 달 월급은 대개 100만원 이상이므로 단순 계산으로 한국내 외국인노동자가 100만명이라 치면

100만원 x 100만명 = 1조원의 돈이 매달 외국으로 빠져 나가고

1년이면 12조원 이상의 막대한 국부가 외국으로 유출되어 버리고 그러면 한국의 내수경제가 죽어 버린다. 한국내 외국인노동자들이 100만이면 그들의 송금으로 인해 한국은 100만명 어치의 내수경제가 죽어버리는 것

이고 이는 결국 중장기적으로 한국 경제의 몰락으로 이어지고 만다. 내수 경제 파괴를 방치하는 경제 살리기 구호는 헛소리요 거짓말일 뿐이다.

따라서 한국 경제를 살리고 한국인들이 살기 위해서는 반드시 한국내 외국인노동자들을 모두 내보내고 그 자리를 한국인노동자들로 채워야 한다. 그리고 3D업종을 한국인들로 채우는 방법들은 분명히 존재하며 그 중 몇 가지는 이미 아래 참고 글에서 말한 바 있다.

[참고 글] 외국인노동자 필요없다 -- 3D 업종도 내국인으로 채울 수 있다.
[참고 글] 한국인들이 무조건 3D업종을 기피한다는 주장에 대한 반론.

여기서는 3D업종을 한국인들로 채우는 방법들 중의 하나로 3D업종에서 일하는 한국인 노동자들에게 보조금을 지급하는 방법에 대해서 말하고자 한다.
즉, 현재 한국내에서 불법체류자들을 제외한 합법적인 외국인노동자들이 대략 100만명이라 치면 -- 그들을 모두 내 보내고 그 자리를 한국인노동자들로 채우려면 그런 3D업종의 임금을 올려주고 노동환경을 개선하는 일이 필수다. 그런데 각 기업들의 여건상 당장 임금을 대폭 올려주지는 못하므로 우선 국가에서 3D업종 종사자들에게 1인당 100만원 씩의 보조금을 매달 지급하는 방법이다. (이를 위해 3D업종 실태 조사 선행)

그러면 한 달에 100만원 x 100만명 = 1조원이 필요하고 1년이면 12조원의 보조금이 필요한데 이는 국민의 세금인 국가재정으로 지급해야 한다는 것이다.

물론 1년에 12조원이라는 돈이 매우 큰 돈이기는 하지만 이는 〈국가비상사태〉를 해결한다는 자세로 임하면 그렇게 무리한 일은 아니라고 보며 한국 정도의 경제규모라면 충분히 마련하고도 남는 것이라 본다.

한국내 외국인노동자들을 다 내보내고 그 자리를 한국인노동자로 채우지 못하면 결국 한국 경제는 통째로 무너지고 수가 늘어난 외국인노동자들의 세력화로 국가 안보의 문제까지 생기게 된다는 사실을 안다면 이야말로 〈국가비상사태〉로 여기고 매년 12조원이라는 돈을 마련해야 하며 이는 그리 어려운 일이 아닌 것이다. 아래와 같이 하면 된다.

1. 먼저 국가 예산의 우선순위를 조정하여 3D보조금을 최우선으로 마련해야 하는즉 4대강 사업과 같은 백해무익한 사업에 수십조원이나 때려붓는 몰상식한 예산분배 등을 고친다면 1년에 12조원이라는 돈은 충분히 마련할 수 있는 것이다.

더우기 정부 기관들이 매년 다문화 선동질과 다문화 집단들에 대한 특혜로 때려붓는 예산만 해도 1조원 내외이니 이를 모두 3D 보조금으로 돌려 버리면 벌써 1조원이 마련되는 셈이다.

예산의 우선 순위 조정에 대한 더 자세한 방법들은 많은 네티즌과 국민들이 의견을 내고 토론하면 찾아낼 수 있을 것이다.

2. 그리고 그래도 모자라면 〈3D업종 임금 및 노동환경 개선 보조세〉,

줄여서 〈3D 보조세〉라는 세금을 신설하고 이는 주로 재벌 등 부유층에게서 걷어야 한다는 말이다.

(세금 신설과 아래에서 이야기하는 내수경기 진작은 상충되는 면이 있으나 그런 세금을 부유층 위주로 걷으면 큰 상충은 없다고 본다. 절대 다수 서민들이 내수의 주역이기 때문이며 무엇보다 내수 집단들의 붕괴 자체를 막는 게 중요하기 때문이다.)

3. 나아가 3D 보조금을 위한 국민 성금 모금을 상설화 할 수도 있을 것이다.

그리고 이상과 같은 3D 보조금은 그냥 소모성 보조금이 아니라 아래와 같이 매우 생산적이고 선순환적인 보조금이라는 사실을 알아야 한다. 즉, 우리는 3D 보조금을

1. 경제정의(正義) 실현 보조금이라 여겨야 한다. 사실 진정한 경제발전의 필수조건 중 하나는 바로 3D 노동을 한 사람들에게 정당한 댓가를 지불하는 것이고 그 게 바로 경제정의 중 하나인 것이다. 경제정의 실현은 진정한 경제발전의 첫 단추이자 기본이다. 기본부터 갖추어야 한다.

2. 내수경기 진작 보조금이라 여겨야 한다. 그런 보조금으로 인해 3D업종에서 한 달에 150만원 받던 한국인노동자들이 250만원을 받게 되면 이는 곧 소비 촉진으로 이어져 기업들의 제품을 많이 사게 되고 기업의 수익은 더 높아지니 결국은 한국경제 전체의 발전으로 이어진다. 그리고 그런 과정에서 산업구조 고도화 정책을 쓰면 각 정책들 간의 상승효과도 나타

날 것이다.

그리고 국가는 거시적으로 그런 내수경제 진작에 따른 기업들의 수익 증가를 계산하여 각 3D업종 기업들로 하여금 10년 내에 한국인노동자들의 월급을 100만원 씩 인상하도록 유도하는 정책을 쓰는 것도 가능하고 (원래 90년대 이후 지금까지 그렇게 임금이 인상되었어야 하는데 외국인노동자 대거 유입으로 무산된 것임), 결국 그렇게 되면 한국의 3D업종 노동자들은 한 달에 150만원 + 100만원(국가의 임금 보조금) + 100만원(기업체의 임금 인상액) = 350만원이라는 임금을 받게 되니 바로 그렇게 되어야 비로소 경제선진국으로 진입할 수 있는 것이다.

3. 복지예산의 일부이자 가장 생산적인 복지예산으로 여겨야 한다. 어차피 복지란 국민을 골고루 잘 살게 만들게 하기 위한 것인데 3D업종 종사자들에게 매달 100만원이라는 큰 금액이 임금 보조금으로 지급되는 거야말로 가장 생산적인 복지예산이 아닐 수 없다.

4. 출산 장려금이자 보조금이라 여겨야 한다. 출산률 저하의 가장 큰 원인은 바로 서민들의 경제난이므로 출산률을 높이려면 서민 노동자들의 주머니가 두둑해야 하며 그러자면 3D업종의 임금을 높이고 복지를 향상하는 건 필수이니 말이다.

□ 외국인노동자 필요없는 한국경제, 만들 수 있고 만들어야 한다. 국제결혼 안해도 결혼할 수 있는 대한민국, 만들 수 있고 만들어야 한다.

진정한 세계화는 단일민족주의로 하는 것이지 다문화, 다인종화로 하는 게 아니다. 가장 한국적인 게 가장 세계적이다. 가장 아프리카적인 게 가장 세계적이다.

2012년 4월 16일

이하 가생이닷컴에서 활동하는 푸른솔개 님의 댓글을 인용한 것입니다. 문맥상 약간 편집했습니다.

[푸른솔개] 3D 보조금 1인당 월 100만원은 절대로 심한 돈이 아닙니다. 현재 캐나다 유학중입니다. 솔직이 이명박 대통령 후 오른 한국 물가와 캐나다 물가는 비슷하고...

여기는 최저 임금이 시간당 만 원에 육박합니다. 그리고 현재 학생 신분으로 여름에 풀 타임으로 일하는데...월급이 한국 돈으로 270~300만원 정도 됩니다.

여기는 주는 돈이 많으니 내수가 잘 돌아갑니다... 한국은 외국인 노동자들이 한국인 노동자들 임금을 동결시켜 버리고 그 돈마저 외국으로 빠져나가니...물가가 오르는데...사람들이 버틸 수가 없죠...
결국 중산층 몰락---〉 내수 몰락 이런 수순입니다.

[푸른솔개] 제 생각으론 한국은 국가 비상사태입니다... 노동력이 넘쳐나는데 외국인노동자들을 왜 받아옵니까? 이 동네에서 외국인 노동자들

쓰려면 이유가 있어야 됩니다. 내국인들이 일을 할 수 없다는 증명을 해야 됩니다. 물론 저는 학생 신분으로 스터디 퍼밋에 연결된 워크 퍼밋을 받아서 일할 수 있는 것이지만, 제가 한국으로 송금을 하겠습니까......유학중 여기서 학비나 생활비에 다 쓸수 밖에 없죠...

[푸른솔개] 답은...외국인 불법체류자들은 걸리는 즉시 추방해야 합니다. 그리고 다문화와 외국인 집단에 대한 세금지원? 한국인들만 4대 의무를 다하고 왜 한국인들이 그 사람들을 먹여 살립니까? 우리가 고생할 때 거들떠 보지도 않던 사람들입니다... 포용력? 다문화 연구소장께서 헛소리를 하시는데...그들이 우리에게 피해를 안 줄 때 포용력이 생기는 겁니다...밥그릇 뺏기게 생겼고 나라 망하게 생겼는데 포용이라니요... 배부른 소리 하십니다... 국가 치안이 정말 개판이 되어 가고 있는 것 같습니다..

월급 150만원 -- 외국인노동자들에게는 자기 나라 봉급의 10배, 한국인노동자들에게는 생계유지도 어렵고 결혼도 못할 돈

한국인들은 높은 물가 때문에 월 150만원 받아서는 자기 가족 먹여 살리기 어렵고 젊은 남자들은 장가도 못 가지요. 그러나 외국인노동자들은 한국 돈으로 월150만원이면 자기 나라 봉급의 10배라고 하고 그 대부분을 모국으로 송금해 버리고 그 바람에 한국은 내수도 죽어가는 중입니다. 항상 환률을 고려해서 계산해야 하고 그러면 외국인노동자들은 한국의 서민들보다 훨씬 부자라는 사실을 알게 됩니다.

그런데도 한국의 언론은 3D업종의 비정상적인 저임금 문제에 대해서는 언급하지 않고 오로지 한국인들이 일하기 싫어한다고만 왜곡하고 있지요.

사람의 심리는 다 같습니다. 똑 같은 150만원을 주는 일자리들이 여럿 있다면 누구나 더 쉬운 일을 하려 하는 게 인지상정입니다. 똑 같은 150만원을 받는데 일부러 더 어렵고 힘들고 위험한 일을 하려는 사람들은 없는 겁니다. 그 건 외국인노동자들도 마찬가지입니다. 그들도 숫자가 많아지니까 이제는 3D업종이 아닌 다른 일자리로 옮기는 행태들을 벌이고 있습니다.

그래서 대부분의 정상적인 나라들에서는 3D업종의 임금이 다른 업종보다 많이 높아지도록 정책을 쓰는 겁니다. 그래야 각 산업에 골고루 인력배분을 할 수 있으니까요.

그러나 한국의 정치권과 언론들은 90년대 이후 그런 정책을 외면해 버리고 오히려 일시적인 3D업종과 중소기업의 인력부족 현상을 핑계로 값싼 외국인노동자들을 대대적으로 수입하여 3D업종의 임금을 고착시켜 실질적으로는 하락시켜 버리는 미친 짓들을 벌여 왔습니다.

그러고는 한국인들이 3D업종에 가기 싫어하고 일하기 싫어한다며 한국인들만 욕해 가며 외국인노동자들을 더 끌어들이고 그들을 아예 한국 땅에 정주화시켜 주려는 식으로 다문화 책동을 강행해 온 한국의 정치권과 언론들. 그들은 반드시 국민의 심판을 받아야 합니다.

다문화 책동은 천만명 이상의 외국인노동자들을 한국 땅에 끌어들이는 것이고 그리하여 바로 지금 이 글을 보고 있는 독자 여러분들의 일자리를 빼앗아 외국인들에게 주는 매국노 짓입니다. 앞으로는 한국의 서민노동자들뿐만 아니라 대졸자를 포함한 고급기술직, 사무직들도 흘러 들어 온 외국인노동자들에게 일자리를 빼앗기는 일들이 숱하게 벌어지고 말 것입니다.

자신이 대학생이라고, 의사라고, 변호사라고, 사무직이라고 안심하는 한국인들이 있다면 어리석은 일입니다. 이미 한국의 법무부에서는 사실상 외국의 대졸자들을 포함하는 외국인노동자들에게 〈숙련노동자〉라는 이름을 멋대로 붙여서 취업기간이 무제한인 특정활동(E-7) 비자를 주려는 정책을 국민의 동의도 없이 멋대로 결정해 버리고 말았습니다. 지금까지 그런 매국노 정책들이 하나 하나 만들어지고 실행되어 왔으며 앞으로도 그럴 것입니다.

국민 여러분, 긴장하십시오. 이렇게 대한민국 정부와 사이비 인권단체들이 외국인 인권보호를 빙자하여 여러분들의 일자리를 빼앗고 마는 다문화 책동을 계속 벌이고 있습니다. 다문화 책동을 막지 못하면 여러분들의 미래와 생존과 인권은 없습니다. 이는 특히 밤샘공부를 하며 대학입시에 매진하고 있는 고3 수험생들과 대학생들이 명심해야 할 일입니다.

2011년 10월 23일

6,70년대에 서독에 광부나 간호사로 일하러 가신 분들에 대하여

다문화에 반대하고 외국인노동자 수입에 반대하는 논지를 펼치다 보면 꼭 6,70년대에 우리나라 사람들이 서독에 광부나 간호사로 일하러 간 사실을 예로 들며 반박하는 사람들이 있다. 그러나 그들은 그런 역사적 사실의 경위와 본질을 잘못 이해하고 있는 것이다. 왜냐 하면

1. 당시 서독은 인류애와 관용의 차원에서 우리나라 노동자들을 받아들인 게 아니라 경제개발을 위한 그들의 필요와 국익에 따라서 그리 한 것이다. 그들에게 필요가 없었다면 한국 정부와 한국인들이 아무리 애걸해도 서독정부는 한국인 광부나 간호사들을 받아들이지 않았을 것이다. 이는 명백한 사실이다.

따라서 오늘날 한국에서 인류애와 관용을 내세우며 외국인노동자들을 더 많이 수입해서 그들을 보살펴 줘야 한다고 주장하는 다문화꾼들이 6,70년대에 서독으로 간 광부나 간호사 분들을 예로 드는 건 말도 안되는 것이다. 당시의 일은 서독과 한국의 필요가 맞아떨어져 이루어진 거래에 따른 것일 뿐이지 인류애와 관용이란 게 개입된 일이 전혀 아닌 것이니 말

이다.

2. 설사 당시 서독이 인류애와 관용의 차원에서 가난하게 사는 한국인들이 불쌍해 보여서 한국인 광부와 간호사들을 받아들였다고 쳐도 오늘날의 우리 한국이 다른 나라에 그런 식으로 베풀어야 한다는 주장도 헛소리다. 국제사회에서는 자국의 생존과 필요가 우선이지 자국에 해가 되는 일까지 감수하면서 은혜를 갚는다는 식의 어리석은 행위는 인류의 역사에서 벌어진 적이 전혀 없으니 말이다.

한국내 외국인과 외국인노동자들의 수가 너무 많아지면 한국인들의 일자리가 빼앗기고 인종갈등과 충돌이 일어나고 그런 외국인들을 이용한 중국, 일본 등 외세의 분열공작까지 가능해지는 식으로 국가 안보 문제까지 일어나는 등 대한민국에 크나 큰 해로움을 가져 오게 된다. 외국인노동자 필요없는 한국 경제는 만들 수 있고 만들어야 한다. 이에 관해 더 자세한 건 관련 사이트들을 검색해서 참고하기 바란다.

한국인들은 착한 병에서 빨리 벗어나야 한다. 이 지구상에서, 이 국제무대에서 〈착한 나라〉는 하나도 없고 배은망덕이 판을 치고 있는데 오로지 한국인들만 지금 착한 병에 걸려서 다른 나라가 작은 호의만 베풀어도 은혜를 갚아야 한다는 식의 감성에 물들어 있으니 말이다. 그런 감성주의는 국제 무대에서 다른 나라에 잡아먹히기 딱 좋은 길로 나아가는 지름길 밖에 안되니 빨리 버리고 철저하게 국익을 우선하는 냉철함을 키워야 한다.

우리 한국인들은 알아야 한다. 사실은 세계 모든 나라가 철저한 국익 우선이요 국수주의(國粹主義)를 기본으로 하고 있다는 것을 알아야 한다. 국수주의는 역사, 문화 등 국가의 정체성을 포함한 필수 요소들을 지켜 나가자는 주의로서 국가사회의 운영에 꼭 필요한 것이다. 한국인들만 지금 외세와 그 앞잡이 언론에 의해 세뇌되어 국수주의를 나쁜 것으로 오해하고 있다는 사실을 알아야 한다. 다른 나라의 국수주의를 비난하는 미국과 유대자본을 보라. 철저하게 자신들의 국익과 패거리 이익을 중시하고 있지 않은가. 국수주의를 쇄국주의라고 폄하하는 건 미국, 유대자본 등 제국주의자들의 선동질과 꼬임에 놀아나서 그들만 이롭게 만들어 주는 어리석은 짓이다.

민족주의와 국수주의는 우리 대한민국과 한민족이 나아가야 할 길이다. 민족주의와 국수주의로 우리의 생존과 안보와 정체성을 튼튼히 한 다음에 문화, 기술 등 국제 교류로써 세계 여러 나라와 공존을 도모하는 게 올바른 길이지 다문화, 다인종화로 단일민족을 파괴하고 국가민족의 정체성을 없애는 건 자멸의 길이며 반역자의 길이다. 민족주의와 국수주의에 매진하여 애국애족의 길로 나아가야 한다. 그 게 대한민국 생존의 길이다.

베트남, 필리핀 등 동남아와 서남아 국가들을 〈착한 나라〉로 여겨서는 안된다. 국제무대에서 〈착한 나라〉는 존재하지 않는다. 국익에 충실한 나라만 존재하고 생존할 수 있을 뿐이다. 우리가 그들에게 아무리 베풀어도 그들은 필요하면 언제든지 한국과 한국인들을 배척할 수 있는 나라들이고 그 게 국제무대의 생리이며 인류의 역사가 말해주는 교훈이라는 것이다.

외국인노동자 필요없는 한국 경제는 만들 수 있고 만들어야 한다. 다문

화 책동은 반민족, 반통일, 반국가, 반서민 행위이며 등신 짓이니 반드시
막아야 한다.

2011년 12월 4일

대학생들의 반값등록금 투쟁, 다문화가 비웃는다

대학생 여러분. 정치권과 언론의 다문화, 다민족화 책동에 대해서도 항의하세요. 한국이 다민족화 되면 결국 외국의 대졸 인력도 한국에 무제한으로 들어오게 되어 있고 그러면 대학생들이 졸업해봐야 취직은 더 어려워집니다. 등록금 반값 투쟁이 소용없어지는 겁니다. 그리고 다문화 책동은 반민족, 반통일 행위이기도 합니다.

다문화가 진행되면 대학생들의 취업은 더욱 어려워집니다. 왜냐하면 다문화라는 것은 곧 다민족화로서 결국 앞으로 단순기술직 뿐만 아니라 대졸 이상의 외국인들도 한국에 불러들이는 것이기 때문입니다. 지금까지 한국에 들어온 외국인들이 대부분 단순기술직이라고 해서 대학생 여러분들이 안심하면 안됩니다.

이대로 다문화가 진행되면 앞으로는 결국 변호사, 건축기사, 토목기사, 전기전자 엔지니어 등 대졸 이상의 외국인 고급인력도 대거 들어오게 되어 있습니다. 대학생 여러분, 긴장하십시오.

다문화꾼들은 한국 땅에 원주민들과 외국인들의 수가 비슷해지거나 역전될 때까지 다문화 책동을 계속할 것이니 이는 곧 앞으로는 대졸 이상의 학력을 가진 외국인들도 대거 한국에 들어 올 것이라는 걸 대학생 여러분들은 눈치 채시고 다문화반대 운동도 함께 펼쳐 나가야 합니다.

2011년 12월 4일

이미 말한 대로 이대로 다문화(=다민족화)가 진행되면 외국인 대졸자들도 한국에 대거 들어오게 되는데 주목할 점은 바로 한국인 대졸자들이 외국인 대졸자들에게 밀려 취업에서 후순위로 전락하게 되고 말 것이라는 점이다.

왜냐 하면 외국인 대졸자들은 취업시장에서 노임을 덤핑하게 되어 있고 그렇게 되면 한국의 기업체 사장들은 한국인 대졸자보다는 외국인 대졸자들을 우선적으로 쓰게 되어 있기 때문이다. 그리고 이는 지금 건설노무자 등 단순인력 시장에서도 이미 외국인력들이 노임 덤핑으로 한국인 노동자들을 밀어낸 것과 똑 같은 기제인 것이다.

즉, 한국에서 이대로 다문화, 다민족화가 진행되어 외국인력들이 대거 유입되면 국방의 의무와 세금 납부 등 각종 의무를 다한 한국인들은 비싼 등록금을 내고 대학교를 졸업해 봐야 아무런 의무도 이행하지 않은 외국인력에게 밀려 실업자 신세로 전락하는 일들이 무수히 벌어지는 기가 찬 현실이 다가오고 있는 것이다.

대학생 여러분, 여러분들이 각성하고 다문화에 반대하고 나서야 나라가 살고 민족이 살 수 있습니다.

대학생 여러분, 깨어나십시오.

반값등록금 투쟁은 물론이고 다문화반대 투쟁도 함께 벌여 나가야 합니다.

다문화는 결국 대졸자들의 일자리를 빼앗아 외국인들에게 주는 것

한국이 다문화로 되면 대졸자들도 외국인력에게 밀리게 될 것입니다. 왜냐하면 다문화라는 것은 곧 다민족화이고 결국 앞으로 단순기술직 뿐만 아니라 대졸 이상의 외국인들도 한국에 대거 불러들이는 것이기 때문입니다. 지금까지 한국에 들어온 외국인들이 대부분 단순기술직이라고 해서 대학생들이 안심하면 안됩니다.

이미 2011년 10월 12일 법무부 출입국·외국인정책본부는 외국인노동자 중 숙련도가 높은 인력을 계속 활용하려는 산업계의 수요(?)를 일부 충족시킨다는 핑계로 아래와 같은 요건에 해당되는 외국인노동자들에게 체류기한이 무제한인 특정활동(E-7) 비자를 내 주기로 결정해 버렸습니다. 국민의 동의도 없이 멋대로 말입니다.

"최근 10년 이내에 국내 제조·건설·농축어업 직종에서 4년 이상 취업한 35세 미만〈전문학사 이상 학위 소지자〉로, 기능사 이상 자격증을 보유하거나 최근 1년간 임금이 해당 직종 근로자 평균 이상이며 3급 이상 한국어능력을 갖거나 사회통합프로그램을 이수한 외국인노동자"

보라!! 대학생들의 일자리를 빼앗아 외국인들에게 주려는 수순이 착착 진행되고 있지 않은가.

이대로 다문화가 진행되면 앞으로는 결국 회계사, 변호사, 건축기사, 토목기사, 전기전자 엔지니어 등 대졸 이상의 외국인력도 대거 들어오게 되어 있습니다. 대학생 여러분, 긴장하십시오.

여야 정치권에 있는 다문화 선동 세력들. 그들은 한국 땅에서 우리 '원주민'들과 외국인들의 수가 비슷해지거나 역전될 때까지 다문화 책동을 계속할 것입니다.

그리고 명심해야 합니다. 한국이 다문화로 되어 대졸 외국인들이 유입되면 한국인 대졸자들은 외국인 대졸자들에게 밀려 취업에서 후순위로 전락하고 만다는 사실입니다.

왜냐 하면 외국인 대졸자들은 취업시장에서 노임을 〈덤핑〉하게 되어 있고 그렇게 되면 한국의 기업체 사장들은 한국인 대졸자들보다는 외국인 대졸자들을 우선적으로 쓰게 되어 있기 때문입니다. 그리고 이는 지금 건설노동자 등 단순인력 시장에서도 이미 외국인력들이 노임 덤핑으로 한국인 노동자들을 밀어낸 것과 똑 같은 기제인 것입니다.

즉, 한국에서 이대로 다문화, 다민족화가 진행되어 외국인력들이 대거 유입되면 국방의 의무와 세금 납부 등 각종 의무를 다한 한국인들은 비싼 등록금을 내고 대학교를 졸업해 봐야 아무런 의무도 이행하지 않은 외국인력에게 밀려 실업자 신세로 전락하는 일들이 무수히 벌어지는 기가 찬 현실이 다가오고 있는 것입니다. 그렇게 되기 전에, 늦기 전에 막아야 합니다.

대학생 여러분, 여러분들이 각성하고 다문화에 반대하고 나서야 나라가 살고 민족이 살 수 있습니다. 대학생 여러분, 깨어나십시오. 반값등록금 투쟁은 물론이고 〈다문화반대 투쟁〉도 함께 벌여 나가야 합니다.

더 자세한 정보를 원하시면 인터넷에서 〈다문화 반대〉로 검색하세요.

2011년 6월 7일, 2011년 10월 18일

출산률을 높이기 위해서라도 외국인노동자들을 다 내보내야 한다

다문화 선동 세력들은 한국의 출산률이 떨어졌으니 인구감소를 막고 경제규모를 유지하기 위해서는 외국인노동자들을 수입해야 한다고 억지를 부려 왔다. 관련 정보를 은폐하면서 국민의 눈과 귀를 가리며 거짓말을 해온 것이다. 그들은 출산률을 높이려는 노력을 제대로 하지도 않고서는 출산률 저하를 외국인노동자 수입의 핑계로 사용한 것이다.

출산률이 떨어진다고 해서 외국인노동자들을 대거 수입하는 건 오히려 출산률 감소로 인한 인구 감소보다 더 큰 재앙을 만드는 것이다. 한국에 외국인노동자들이 대거 유입되면 결국은 수백만, 천만 이상이 유입되고 말 것이며 이는 필연적으로 인종갈등과 충돌과 폭동, 내전까지 유발할 수 있는 재앙이 되고 마는 것이다.

[참고 글] 다문화는 중국의 동북공정을 도와주는 매국노 행위다 -- 다문화는 한국을 중국 땅으로 만들어 버리는 것.
[참고 글] 다문화의 끝은 한민족에 대한 인종청소.

그리고 출산률을 높이기 위해서라도 외국인노동자들을 다 내보내야 한다. 왜냐 하면 출산률 높이기의 첫 째 조건은 바로 한국인들의 임금이 향상되어 생활에 여유가 있어야 하는데 외국인노동자들이 계속 유입되면 노동시장의 공급 과잉으로 한국인들의 임금은 결코 오르지 않고 사실상 더 낮아지기 때문이다.

 지난 10년 이상 외국인노동자들 때문에 건설 등 대표적인 서민 일자리들에서 한국인노동자들의 임금이 오르지 않고 사실상 물가대비하여 오히려 낮아졌다는 사실을 알아야 한다. 결국 외국인노동자들 유입도 한국의 출산률 저하의 원인 중 하나인 것이다.

 물론 출산률을 높이기 위해서는 사교육 문제 등 다른 문제도 해결해야 하지만 외국인노동자들 내보내기도 필수인 것이다. 외국인노동자들을 내보내지 않고 출산률을 높인다는 말은 거짓말이다.

 혹자는 부유한 서울 강남의 출산률이 가장 낮은건 어떻게 설명하냐고 반문하지만 서울 강남 부유층의 출산률이 낮은 건 그들의 출산에 대한 인식이 왜곡되어서라고 본다. 세계적으로 지식층일수록 부유층일수록 이상하게 출산률이 떨어지는 건 현대문명의 폐해로 보고 시정해야 할 일이고 일반 서민들은 그와는 경우가 다른 것이다.

 일반 서민들은 먹고 살만하고 여유가 생기면 아이들을 많이 낳는다는 사실을 알아야 하며 최근 출산률이 떨어진 건 사교육과 실질적 임금 저하 등으로 인한 생활고 때문이라는 사실에 대해서는 누구나 동의하는 것이다. 그런 생활고를 덜려면 일단 임금이 높아져야 하고 임금을 높이기 위해서는 이미 말한 대로 한국의 노동시장을 공급과잉으로 만드는 외국인노동자들을 모두 내보내야 하는 것이다.

그리고 외국인노동자 필요없는 한국경제, 만들 수 있고 만들어야 한다. 한국인들도 3D업체에서 일하게 만들 수 있다는 사실 등은 이미 다른 글에서 말한 바 있다.

그리고 외국인노동자들은 오히려 한국경제를 망치는 존재들이며 싼 임금을 노리는 기업주들에게만 이득이다. 예를 들어 외국인노동자들은 한국에서 번 돈을 대부분 송금해 버리기 때문에 한국의 내수경제를 파괴하는 존재들이다. 즉, 한국에 외국인노동자들이 100만이면 100만명 어치의 내수경제가 죽어버리는 것이고 이는 결국 기업주들에게도 손해로 돌아간다. 서민들이 일자리를 확보하고 월급을 받아서 돈이 국내에서 돌아야 서민들이 기업주들의 제품을 사 줄 수 있는데 서민들의 일자리를 외국인노동자들이 빼앗아 월급을 대부분 자기들 나라로 송금해 버리니 내수가 죽고 결국 기업도 죽게 되는 것이다.

한국인들보다 살짝 싼 임금을 무기로 하는 외국인노동자들의 존재로 인해 기업주들은 싼 임금의 외국인노동자만 찾게 되고 기술 개발도 등한시하는 등 한국 산업이 지난 10여년 동안 경제규모에 걸맞는 체질 개선과 구조 조정을 못하게 되어 오히려 경제는 사실상 후퇴해 버린 것이다.

이렇듯 외국인노동자들은 모든 측면에서 한국경제에 해로운 존재들이므로 모두 내보내야 한다. 필요없고 해악이 더 크면 내보내는 게 당연한 것이다. 한국과 한국인들이 외국인노동자들을 무조건 받아들여야 할 의무같은 건 그 어디에도 없다.

한국인들은 자선사업가가 아니다. 한국인들은 자선사업을 하기 위해 혈세를 내는 게 아니다.

2012년 3월 6일

– 외국인노동자들은 모든 측면에서 한국과 한국경제에 해로운 존재들이므로 모두 내보내야 한다. 이로운 점은 하나도 없다.

– 외국인노동자 필요없는 한국경제, 만들 수 있고 만들어야 한다. 한국인들도 3D업체에서 일하게 만들 수 있다.

– 외국인노동자들은 한국에서 번 돈 대부분을 그들 나라로 송금해 버린다. 따라서 한국에 외국인노동자들이 100만이면 100만명 어치의 내수경제가 죽어버린다. 내수경제 파괴를 방치하는 경제 살리기는 헛소리요 거짓말이다.

[단일민족]

참고로 한국에는 지금도 인구 과잉이며 삶의 질을 높이기 위해서는 인구를 오히려 더 줄여야 하고 노동인력 부족 문제는 산업구조의 고도화로 해결하면 된다는 의견도 힘을 받고 있지요.

[단일민족]

그리고 기업이 산다고 해서 경제가 사는 게 아닙니다. 내국인 고용없는 기업 성장, 경제 성장은 모두 허수요 사상누각이며 결국은 다 같이 망하는 길입니다. 내국인 고용을 활성화하려면 한국내 외국인노동자들을 모두 내보내야 함은 물론입니다. 한국에서 외국인노동자와 한국인노동자의 인권은 양립할 수 없으며 우리는 양자택일을 해야 하고 당연히 한국인노동자의 권익을 택해야 합니다.

대한항공 노조가 외국인 조종사 유입을 막으려면 오로지 〈다문화 책동〉 자체를 막는 길밖에 없다

이 책의 다른 부분에서도 말하지만 이제 외국인노동자들이 한국인들의 일자리를 빼앗아 생존권을 위협하는 일은 단순노동직에만 국한되지 않고 기술직, 전문직, 사무직, 대졸자들의 직군 등으로 그 범위가 점점 확대되고 있으며 정치권과 정부 기관, 언론들이 이를 부추겨 왔다.

예를 들어 이제는 대한항공 등 항공회사에도 외국인 조종사들이 유입되어 한국인 조종사들의 생존권을 위협하는 사태가 벌어졌고 이에 대한항공 노조 등이 항의하는 사태가 벌어진 것이다. 고도의 전문직인 항공 조종사들도 외국인노동자들에게 일자리를 빼앗기고 있는 것이다.

이에 우리는 먼저 왜 대한항공 등에 외국인 조종사들이 유입되는 사태가 벌어졌는지 전체 구도를 알고 대처해야 한다.

1. 대한항공 등에 외국인조종사들이 유입되는 사태는 바로 한국 정치권과 언론의 〈다문화, 다인종화 책동〉에 따라 일어난 것이며 그런 책동에 대

한 자세한 설명과 반대 주장은 인터넷에 있는 다문화반대 사이트들을 참고하기 바란다.

2. 한국에서 다문화 책동이 벌어진 이래 지금까지 백만명 이상의 외국인노동자들이 한국에 유입되어 건설, 식당보조일 등 서민들의 일자리들을 잠식해서 서민들의 생계를 위협해 왔으며 이제는 숙련기술직, 사무직, 대졸자들의 직군까지 넘보고 있다.

[참고 글] [모든 노동자들 필독] 앞으로도 월 백 이상 받기 어려운 이유

3. 대한항공 등에 외국인조종사들이 유입되는 사태도 바로 그런 총체적인 외국인노동자 유입의 한 단면이므로 이는 절대로 대한항공 등의 개별 노조들이 개별적으로 대처한다고 해서 해결될 일이 아니다.

4. 어차피 한국이 다문화, 다인종으로 되어 버리면 결국 대한항공 등에 외국인조종사, 승무원들이 유입되는 건 사회적 대세가 되어 버리기 때문에 노조가 아무리 반대해도 어쩔 수 없게 되어 버린다.

5. 그렇게 외국인조종사 유입이 사회적 대세가 되어 버리고 나면 이제 한국인조종사들은 완벽하게 찬밥 신세가 되고 만다.

6. 따라서 대한항공 노조 등은 지금까지의 대처법 외에 〈다문화 반대〉 운동에 적극 동참하는 측면에서도 대처해야 하며 그것이 사실은 문제 해결의 지름길이 될 수밖에 없다. 모든 국민과 함께 대처해야 해결할 수 있

는 것이다.

비단 대한항공 노조 뿐만 아니라 대한민국의 모든 노조들이 다문화반대 운동에 적극 나서야 한국인 노동자들과 그 가족들의 생존권을 지킬 수 있다.

2012년 3월 14일

다문화는 신자유주의 침략의 수단이며 〈대 국민 사기극〉이다 -- 한미 FTA에 반대하는 사람들은 다문화도 반대해야 한다

신자유주의는 모두 아시다시피 국제 거대자본을 주축으로 하는 제국주의자들이 총칼 대신 세계인들을 착취하기 위해 개발한 새로운 침략 수단으로서 세계화, 국제화, 글로벌, 개방화라는 사탕발림 용어들을 전면에 내세운 사기극이다. 한미FTA도 신자유주의에 입각한 사기협정에 해당되며 이는 단순한 자유무역협정이 아니라 심각한 주권침탈 독소조항들이 포함되어 있는 매국노 협정이며 제2의 을사늑약이다.

그리고 지금까지 한국의 정치권과 언론들이 〈외국인 인권 보호〉 등을 빙자하여 반민주적으로 강행해 온 다문화 책동 역시 세계화, 국제화, 글로벌, 개방화라는 사탕발림 용어들을 전면에 내세운 사기극에 해당된다.
신자유주의와 다문화의 내용을 간단하게 나열하면 다음과 같다.

〈신자유주의〉

1. 자본의 자유로운 이동......아무 나라에나 가서 투기를 할 수 있게.
2. 노동력의 자유로운 이동.......국경에 상관없이 노동력이 자유롭게 이

동해야 싼 임금의 노동력을 확보할 수 있으므로.

3. 세계화라는 명목으로 각 나라와 민족의 고유성과 정체성 파괴......그래야 거대 자본에 저항하는 주체(애국자)들이 사라지니까. 그래서 그들은 각 나라의 애국자들에게 〈극우〉라는 안 좋은 말을 붙여서 매도해 왔다.

〈다문화〉

1. 국경이 무시되고 인종과 민족의 자유로운 이동과 정주화, 혼혈, 혼재가 일어난다......... 그런 일들을 조장하기 위해 〈외국인 인권 보호〉를 몰입적으로 강조하고 자국민들을 보호하려는 애국자들을 〈극우〉라는 말로 매도해 왔다.

2. 인종과 민족의 자유로운 이동에 따른 여러 문화들의 이동과 혼재, 융합도 일어난다.

그냥 봐서는 신자유주의와 다문화가 얼핏 내용이 다른 것으로 보이기 쉽다. 그러나 이름만 다를 뿐 그 내용은 똑 같은 사기극인 것이다. 그 이유는 다음과 같다.

첫째, 다문화의 내용에서 인종과 민족이 자유롭게 이동한다는 말은 곧 노동력이 자유롭게 이동한다는 말과도 같다. 어차피 사람이 움직이는 것이고 사람은 곧 노동력이기도 하니까.

둘째, 다문화 진행에 따라 인종과 민족이 이동하면 자본도 따라 이동한다. 다문화로 한국에 중국인들이 많이 들어 오면 화교 자본도 따라 들어와서 세력을 형성하여 기존의 한국인들을 착취하고 한국이라는 국가를 농단하게 되어 있으며 다른 외국 자본들도 마찬가지다. 이는 지금까지 동남아에서 화교자본들이 그 나라들을 어떻게 장악하고 착취, 농단해 왔는지를 살펴 보면 쉽게 알 수 있다.

셋째, 각 나라에서 다문화가 진행되어 여러 문화들의 이동과 혼재, 융합이 일어나면 각 나라에서는 문화들의 짬뽕 상태가 만들어져 각 나라의 고유 문화는 희석되고 말므로 이는 결국 각 나라와 민족의 고유성과 정체성 파괴로 이어진다.

이렇게 되면 결국 국제 거대자본들이 아무런 방해없이 마음대로 활개칠 수 있는 환경이 만들어지는 것이니 결국 신자유주의와 다문화는 내용과 결과가 똑 같은 침략행위이자 사기극인 것이다.

다문화 책동은 반민족, 반통일, 반국가, 반서민 행위이므로 즉각 중단시켜야 한다.

2011년 10월 20일

[단일민족]

신자유주의 매국노 협정인 한미FTA는 다문화 책동을 가속시키는 역할을 하지요. 둘 다 막아야 합니다.

법무부, 사실상 〈외국인노동자 정주화〉 허용. 대한민국 최대의 위기
상황이 도래

아래는 2011년 10월 12일자 연합뉴스 기사 중 일부이며 그야말로 한국인들의 목에 칼을 들이대는 매국노 정책을 법무부가 벌이고 있다는 사실에 분노를 금할 수 없다.

"제조업, 농축어업 등 단순노무직 외국인 노동자 중 일정 자격을 갖춘 숙련 인력들은 앞으로 기업 임원, IT기술자 등 외국인 전문인력과 같은 체류 자격으로 '신분 상승' 할 수 있게 됐다.

12일 외국인단체와 고용노동부 등에 따르면 법무부는 비전문취업(E-9), 방문취업(H-2) 등 단순 노동 체류자격으로 국내에서 취업한 외국인 노동자 중 요건을 갖춘 인력에 대해 10일부터 특정활동(E-7) 비자를 받을 수 있도록 지침을 개정했다.

특정활동(E-7) 비자는 외국인 대기업 임원, IT 기술자 등 전문직종에 부여되는 체류자격으로 취업기간에 제한이 없고, 상대적으로 영주권 취득도 용이하다." (인용 끝)

[기사 원문 링크] "숙련 외국인노동자 '신분상승' 된다. 법무부, 외국인 체류자격 지침 개정"

http://news.naver.com/main/read.nhn?mode=LSD&mid=sec&sid1=100&oid=001&aid=0005313779

저렇게 사실상 외국인노동자 정주화(눌러앉아 계속 사는 것)를 허용하고 정치권과 언론의 다문화 선동질이 이대로 계속되면 결국 한국 땅에 외국인들이 천만명 이상 들어오는 걸 막을 수가 없게 된다.

한국 땅에 외국인들이 천만명 이상 들어와서 정주화하게 되면 다음과 같은 일들이 벌어진다.

1. 각종 산업현장에서 외국인들이 한국인들보다 살짝 싼 임금으로 한국인들을 밀어내는 일이 일상화되고 결국 한국인들은 실업자 신세로 전락하여 생존의 위협을 당하게 된다.

지금까지는 건설현장, 식당 등 단순노무직에서 그런 일들이 일어났지만 앞으로는 대졸자들의 직업군인 고급기술직이나 사무직 등에서도 외국인력들이 한국인노동자들을 밀어내는 일들이 일상화되고 말 것이다. 국민을 배신한 한국의 정치권과 언론들이 그런 쪽으로 고의적으로 몰아가는 정책을 쓰기 때문이다.

2. 수가 많아진 외국인들은 점차 그들끼리 뭉쳐서 정치세력화하여 고구려 역사 등 한국의 역사와 전통문화와 가치관들을 부정하고 나서게 되며

그들이 이 땅의 주인 행세를 하려고 할 것이다. 유럽에서 폭동이나 테러가 일어난 근본 원인이 바로 그 것이다.

3. 특히 앞으로 한국이 다문화로 되면 중화사상으로 무장하고 한국 역사와 문화를 침탈하려는 중국인들이 가장 많이 들어오게 된다. 지금 이미 유입된 조선족들도 큰 문제이지만 더 큰 문제는 중국인들. 그들은 수천만명 이상 한국 땅에 유입될 가능성이 크고 게다가 이슬람인들도 천만명 이상 유입될 거고. 그리 되면 어떤 비극이 일어나는지....말 안해도 모두 아시죠!!

4. 결국 원래 이 땅의 주인이었던 한국인들은 원래 독립왕국이었다가 다문화로 미국에게 망한 하와이 원주민들처럼 흘러 들어 온 외국인들에게 차별받고 멸시받으며 살게 된다.

즉, 이 번 법무부의 〈외국인 체류자격 지침 변경〉은 대한민국 최대의 위기 상황을 조성하는 매국노 짓이다. 그리고 외국인노동자 유입과 그들의 정주화로 이득을 보는 세력들은 외국인들의 싼 임금에만 집착하는 기업체 사장들, 그리고 그들과 결탁한 정치인들과 언론사주들 뿐이고 절대다수의 한국인들은 엄청난 피해를 보게 되는 것이다.

다문화 책동은 지금 이 글을 보고 있는 여러분들의 일자리를 외국인들에게 **빼앗기게** 만들고 대한민국과 한민족을 파괴하는 매국노 짓입니다. 반드시 막아야 합니다.

2011년 10월 14일

제 3장 다문화는 사회갈등의 시한폭탄이다

보라. 인권이니 관용이니 하면서 국민들의 뜻도 제대로 묻지 않고 다문화를 추구한 유럽 각 나라들의 현재 꼬라지를 보라. 국가와 국민들은 분열되고 있고 이민 온 이슬람인 등 외국인들이 주인 행세를 하려 들고 있다. 영국과 프랑스는 폭동도 일어났고 특히 영국에서는 지금도 다문화 문제가 개입된 폭동이 일어나고 있으니 정작 그 나라 국민들의 실제 인권상황은 다문화를 하기 전보다 훨씬 나빠졌다.

다문화는 곧 다인종화이며 아무리 아름답게 포장해도 결과는 하나, 폭동과 국가분열이다. 한국이든 유럽이든 어디든 외국인들의 수가 많아지면 그들은 쪽수를 믿고 주인 행세를 하려 들게 되어 있고 수틀리면 분리독립을 요구할 것이고 그 과정에서 내전도 일어나게 되어 수많은 사람들이 죽게 된다. 이 건 인류의 역사가 생생하게 증명해 주고 있다.

다문화는 그 어떤 나라에서도 성공할수 없으며 절대로 하면 안되는 매국노 정책이고 국가를 분열시키고 폭동을 야기하는 미친 짓거리다.

각 문화라는 건 배타적인 영토를 필요로 한다.

어떤 문화이든지 그것이 잠깐의 유행에 따라 생긴 게 아니고 인류의 오랜 역사활동에 기반한 〈역사성 문화〉라면 반드시 그 문화만이 배타적으로 작용할 수 있는 영토 기반이 있어야 평화적으로 유지될 수 있다. 어떤 문화이든지 자기만 배타적으로 비빌 언덕이 필요한 것이지 그러지 않고 어느 한 지역에 서로 다른 역사성 문화를 가진 집단들이 대규모로 섞여 있으면 반드시 충돌과 폭동, 나아가 학살이 일어나게 되어 있다.

'다문화'라는 말은 지구상에서 각 역사문화 집단이 각자의 고유한 영토를 가지고 따로 살아갈 때에만 사용가능한 것이다. 즉, 전 지구적 단위에서만 각 문화의 영토 구분 하에 '다문화'라는 말이 사용가능한 것이지 한 주권국가의 영토내에서 다문화를 허용하는 건 말썽과 충돌만 일으킬 뿐이며 국가분열 내지 분리독립을 초래하고 만다.

그렇게 국가분열을 초래하는 다문화 책동을 자행하고 있는 무리들을 국가민족의 반역자로 규정하고 강력하게 처벌해야 한다. 그들의 이름을 하나 하나 기록하라.

2011년 8월 9일

추천영화 -- '더블 스나이퍼' (다문화로 인한 유고슬라비아 내전을 그린 영화)

다문화로 인한 내전이자 학살극인 유고슬라비아 내전을 다룬 영화. 넷 검색하면 있습니다. 유고연방에서 서로 친하게 지내던 친구와 그 가족들이 내전이 일어나자 서로 적이 되어 죽이고 죽는 비극을 그린 영화입니다. 다문화에 반대하는 분들이라면, 한국인이라면 반드시 한 번은 봐야 할 영화라고 봅니다.

한국도 이대로 다문화가 진행되면 유고연방처럼 됩니다.

다문화꾼들은 마치 다문화사회가 교육과 캠페인만 잘 하면 인종갈등없이 평화롭게 유지되는 것처럼 말하고 있지만 그것은 새빨간 거짓말이거나 착각입니다. 인종갈등은 그 어떤 교육과 캠페인으로도 막을 수 없는 것입니다.

설사 그런 교육과 캠페인으로 다문화사회가 한 동안 평화롭게 유지되는 경우도 있다 하더라도 그런 평화는 잠시에 지나지 않습니다. 왜냐 하면 다문화사회는 그 통치자가 매우 유능하고 강력한 경우에만 각 다문화 집단들 간의 이해관계를 조정하여 사회 통합력을 유지하고 평화를 유지할 수 있는데 항상 유능한 통치자가 나온다는 보장이 그 어디에도 없기 때문입니다.

　다문화 연방이었던 유고연방의 경우도 강력한 통치자인 티토가 살아 있을 때에는 평화롭게 유지되었지만 티토가 죽고 나서 강력한 통치자가 나오지 않고 사회통합력이 사라지자 바로 내전이 일어나서 다문화 집단 간의 학살극이 벌어진 겁니다.

　즉, 어떤 사회나 국가이든지 언제나 강력하고 유능한 통치자를 만날 수는 없다. 바로 이런 불변의 원리에 의해 다문화사회나 국가는 반드시 분열되고 학살극이 벌어지게 되어 있습니다. 그 게 언제 벌어지느냐의 문제일 뿐 다문화 사회에서 인종갈등과 학살극은 반드시 일어나게 되어 있는 것입니다.

　우리 한국도 다문화 사회가 되면 인종갈등과 학살극은 필연입니다. 그 시기가 언제냐가 문제일 뿐입니다. 그래서 우리는 다문화 책동을 국가민족에 대한 반역으로 규정하고 막으려 하는 것입니다.

2011년 9월 2일

겉으로 보기에 '다문화' 라는 낱말의 구성에 어떤 학살과 연결된 요소들이 드러나 있지 않다 보니 사람들은 그 다문화가 얼마나 무서운 대량학살을 초래할 수 있는지를 모르는 것 같다.

왜 다문화는 결국 이번 노르웨이 테러보다 더 큰 학살을 초래하는 행위가 될 수밖에 없는가? 필자가 이런 말을 한다고 해서 이 번 노르웨이 테러가 잘한 일이라는 게 아니다, 노르웨이 테러의 범인은 처벌해야 하지만 그와는 별개로 사람들의 알 권리를 위해 상대적인 비교를 하는 것이다.

왜 '관용' 이라는 그럴듯하고 아름다운 말로 포장된 다문화는 이번 노르웨이 테러보다 더 큰 학살행위가 될 수밖에 없는가? 그것은 다문화는 곧 다인종화이고 다인종화된 나라는 예외없이 인종갈등과 충돌과 내전이나 분리독립 시도가 일어난다는 걸 인류의 역사가 말해주고 있기 때문이다.

인종간, 문화간의 내전과 분리독립 시도. 그 게 수만, 수백만의 사람들을 학살하는 마당이 된다는 건 누구나 다 알 것이다. 그런 인종 간의 학살이 얼마나 잔인한가는 인류의 역사가 말해 준다.

노르웨이 일부 지역의 경우 이미 노르웨이 사람들과 이슬람 이민자들이 사는 지역이 구분되는 현상이 벌어졌고 이대로 가면 그런 현상은 더 심해질 것이다.

보라. 서로 어울려 살도록 하자는 게 다문화인데 결국은 사는 지역이 분리되고 있지 않은가. 그렇게 분리되는 지역과 규모가 커지다 보면 결국은 분리독립 시도나 내전이 일어나고 마는 것이다.

누가 먼저 폭력을 행사했고 누가 먼저 살인을 했고가 중요한 게 아니라 그런 폭력과 살인이 일어날 환경을 만들어주는 행위가 바로 다문화 책동이라는 것이다. 그래서 다문화는 인류에 대한 대량학살 행위라는 것이다.

물론 그런 다문화를 기획하고 추진하는 자들은 직접 폭탄이나 총으로 사람을 죽이는 일은 하지 않고 '관용'이라는 아름다운 말을 내세우면서 책상에서 웃으면서 작업한다. 대신 그런 폭력이 일어나는 환경을 만들어 다른 사람들로 하여금 살인을 하게 만드는 것이다. 국제 무기상들처럼 말이다. 다문화꾼들은 결국 무기상이나 마찬가지다.

그리고 다문화, 다인종화의 결과로 내전과 학살, 분리독립 내지 패망이 발생한 나라의 예를 들면 다음과 같다.

스리랑카..........외국인노동자로 온 사람들이 수가 늘어나자 분리독립을 선언하고 원주민과 무려 26년간이나 내전을 벌여 왔으며 수많은 사람들이 죽었음은 물론이다.

수단........아프리카의 수단은 문화, 종교 분쟁으로 무려 100만명 이상이 사망하는 1차 내전을 비롯한 여러 번의 내전을 치른 끝에 2011년 7월 9일 남과 북으로 나라가 쪼개짐.

하와이..........원래 하와이는 독립 왕국이었는데 다른 인종들이 점점 많아지더니 결국은 하와이 왕국을 뒤엎고 미국과 병합해 버렸다. 그 후 하와이 원주민들은 자신들의 땅을 빼앗기고 인간 취급을 못 받으며 살아 왔다.

이 밖에도 유고 내전 등 찾아보면 많다.

특히 주목할 것은 한국이 다문화, 다인종화 되면 결국 중국인과 이슬람인들이 가장 많이 들어 오고 그들의 수가 늘어나면 결국 중국과 이슬람권의 지원을 받아 분리독립을 요구하게 될 것이라는 건 필연이고 그 과정에서 내전도 필연이고 이 번 노르웨이 테러로 죽은 사람들보다 훨씬 많은 수만, 수백만의 사람들이 죽게 될 것이라는 사실이다.

그래서 다문화는 인류에 대한 대량학살 행위라는 것이다. 그 것도 '관용' 이라는 아름다운 말로 웃으면서 추진하는 대량학살 행위라는 것이며 노르웨이 총리라는 자도 그런 학살행위를 웃으면서 추진하는 범죄자인 것이다.

2011년 7월 28일

이 지구상에서 다문화를 해서 잘 된 나라는 하나도 없다. 다문화는 오히려 분열과 내전과 학살을 불러오는 것이다

왜 그런지 간단하게 예를 들며 설명하겠다. 특히 미국이라는 나라 역시 다문화를 해서 잘된 나라가 아니며 오히려 앞으로 다문화로 인해 더 빨리 망할 나라라는 사실도 말해 보겠다.

▶ 옛 유고슬라비아 연방..........이슬람, 기독교 등 여러 종교와 문화권으로 구성된 유고 연방은 결국 각 문화집단들 간의 피비린내 나는 내전과 학살을 겪은 후 해체되고 말았다는 건 누구나 다 아는 사실이다.

▶ 아프리카..........아프리카 나라들 중에는 다문화, 다민족으로 구성된 나라들이 많은데 그런 나라들은 각 문화집단, 민족집단들 간의 내전과 인종학살로 엄청난 희생을 치루어 왔다는 걸 뉴스를 통해 알 수 있다.

▶ 유럽..........보다시피 유럽의 각 나라들은 지난 수십년 동안 다문화, 다인종을 받아들이는 바람에 예전에는 없던 문화갈등, 인종갈등이 생겨나서 사회통합력이 약화되고 인종폭동도 일어나는 등 그들 나라의 미래는 암울하다. 그런 사실을 안 유럽의 각 나라 정부는 이제 다문화 정책 실패를 인정하고 폐기하려 하고 있으나 이미 너무 많은 문제들이 생겨 버려 수

습이 어려운 지경이다.

▶ 호주..........호주도 유럽과 마찬가지로 다문화의 폐해를 깨닫고는 이민 수용을 확대하는 〈빅 오스트레일리아 정책〉을 폐기해 버렸다.

▶ 일본, 대만, 싱가폴............이 나라들은 한 때 외국인노동자들을 많이 받아들였으나 결국 그 폐해를 알고는 외국인노동자들을 엄격히 제한적으로 받아들이고 있으며 특히 파키스탄, 방글라데시인들은 너무 문제를 많이 일으켜서 아예 입국을 불허하는 나라들도 있다.

▶ 미국..........흔히들 미국을 다문화, 다인종 정책의 성공 사례로 오해하는 경우가 많은데 그 것은 말 그대로 오해다. 미국은 이미 초기부터 다문화 전쟁으로 아메리카 원주민들을 잔인하게 학살한 후 WASP를 주축으로 하는 집단의 단일인종, 단일문화로 시작한 나라인 것이다. 다문화, 다인종 집단이 한 지역에서 대규모로 접촉하면 충돌과 전쟁과 학살은 필연인 셈이며 건국 초기의 미국도 마찬가지였다.

즉, 미국은 이미 건국 초기부터 아메리카 원주민들과의 다문화, 다인종 전쟁을 통해 원주민 수천만명 이상을 일방적으로 잔인하게 학살하고 문화적, 인종적으로 별 갈등이 없고 거의 동질인 WASP 세력들이 주축이 되어 세운 나라로서 결국은 단일 인종, 단일문화로 시작한 나라이며 초기에는 이민수용도 주로 유럽의 앵글로색슨계 백인들을 대상으로 이루어졌다.

여기서 '단일인종' 이란 말은 외모적으로 서로 거부감이 없는 상태를 말하는 것이지 순수한 핏줄을 말하는 게 아니다. 물론 미국을 건국한 집단들은 비록 세부적으로는 혈통이 다를지라도 서로 뭉쳐서 황인종인 원주민들을 잔인하게 학살하는 데 가담함으로써 그들끼리는 서로 '단일인종'이라는 것에 암묵적으로 합의한 것 이라고 볼 수 있다.

그렇게 비록 암묵적 합의에 의한 것이지만 단일인종, 단일문화 국가의 토대가 확실히 구축된 다음에 미국은 아프리카에서 흑인들을 납치해서 노예로 부려먹어서 흑인들의 수가 늘어난 것이며 아시아인들의 이민은 그 훨씬 후에 받아들이기 시작한 것이다.

그리고 미국이 초강대국 지위에 오른 시기는 흑인과 아시아인들이 절대적으로 소수인 1945년을 전후한 시기이며 그 때 미국내에 흑인들이 불어나 있었다고 해도 어디까지나 문화적으로나 인종적으로나 인정을 받지 못하는 소수였으니 집단역학적 측면에서 1945년을 전후해서도 미국은 여전히 단일인종, 단일문화의 나라였다고 해도 무방한 것이다.

즉, 미국은 (암묵적인 합의에 의한) 단일인종, 단일문화로 세계 초강대국 지위에 오른 것이지 다문화로 오른 것은 아니란 말이다. 당시 미국이 비록 이민수용은 했지만 그것은 주로 인종적으로, 문화적으로 서로 거부감이 덜한 유럽의 백인들을 상대로 이루어진 것이기 때문에 다문화, 다인종의 수용은 아니었던 것이다.

그리고 편의상 미국이 단일인종, 단일문화로 세계 초강대국 지위에 오를 때까지, 즉 1940년대까지의 시기를 〈제1기〉라고 하자. 그리고 1950년대 이후 출산이나 이민으로 급격히 늘어난 흑인, 히스패닉, 인도인, 아랍인 등이 각자의 문화권과 생활권을 만들기 시작해서 오늘날까지 왔는데 이 시기를 〈제2기〉라고 하자. 이대로 가면 미국에서는 앵글로색슨계 백인들이 오히려 소수인종이 되는 시기가 곧 닥친다고 한다.

그러면 이제 〈제3기〉가 문제가 되는 것이다. 미국의 〈제3기〉는 어떻게 될 것인가? 〈제3기〉에 미국이라는 나라는 없다는 게 필자의 의견이다.

즉, 상기한 대로 아메리카 원주민들을 수천만명 이상 학살하고 WASP라는 집단이 주축이 되어 단일인종, 단일문화로 세계 초강대국 지위에 오른 미국은 그 후 〈제2기〉에 급격하게 진행되어 온 다문화, 다인종으로 인해 그런 진행이 없었을 때보다 더 빨리 망할 것이라는 게 필자의 의견이다.

다인종, 다문화로 된 〈제2기〉의 미국을 지탱시켜 온 건 바로 〈제1기〉에 취득한 세계 초강대국이라는 패권과 달러 패권이었으며 그런 패권이 미국의 각 주 정부와 국민들에게 가져다 준 이익 때문에 연방국가 미국이 유지가 되었지만 그런 패권을 잃어서 더 이상 가져다 줄 이익이 없으면 곧 바로 여러 나라로 분열되어 사라질 나라인 것이다. 그리고 미국발 세계경제 위기 등 지금 돌아가는 국제정세를 보면 미국은 곧 그런 패권을 잃을 처지에 놓여 있다.

즉, 미국은 다문화, 다인종으로 성공한 나라가 아니며 오히려 미국이 〈제2기〉에 다인종화가 진행되었기 때문에 세계 초강대국으로서의 패권을 잃을 경우 인종별, 문화별로도 분열되어 더 빨리 망할 것이라는 말이다. (사실 미국은 워낙 세계 인류에게 나쁜 짓들을 많이 한 나라라서 그렇게 망하는 게 불쌍하지는 않다.)

결국 이 지구상에서 다문화로 잘된 나라는 하나도 없으며 다문화는 오히려 분열과 내전과 학살을 불러오는 것임을 알 수 있다. 이런 사실을 속이고, 국민이 알아야 할 정보들을 숨기면서 일방적으로 반민주적으로 다문화, 다인종화 책동을 강행해 온 한국의 정치권과 언론은 반드시 국민의 심판을 받게 될 것이다.

다문화 책동은 반민족, 반통일, 반국가, 반서민 행위이니 반드시 막아야 한다.

2011년 10월 19일

– 미국도 사실은 다문화를 해서 잘 된 나라가 아니다. 미국은 오히려 앞으로 다문화로 망할 나라다.
– 인류사의 모든 경험과 통계는 다문화가 불가능한 것이며 분열과 멸망을 초래하는 것이라는 사실을 말해 준다.
– 한국이 다문화를 해도 잘 될 것이라는 생각은 그야말로 근거없는 자신감이다. 망상이다.

[단일민족]
미국 건국 초기부터 이미 발생한 아메리카 원주민 학살도 분명히 다문화 전쟁으로 인한 학살로 봐야 하는 것이지요.

그들은 다문화 출신들을 한국의 지배층으로 만들려 한다

다문화는 반민족, 반통일, 반국가, 반서민 행위이니 즉각 중단시켜야 하며 이는 양식있는 한국인들의 상식이 되어야 합니다. 여기서는 다문화에 반대하는 분들도 오해하고 있는 사실 한 가지를 짚어서 바로잡으려 합니다.

즉, 다문화 출신들이 결국 한국에서 소외된 빈민계층으로 살아가게 되어 새로운 사회 문제가 될 것이라고 말하는 분들이 있는데 이는 번지수를 완전히 잘못 짚은 거라는 말입니다.

왜냐 하면 지금 다문화 선동 세력들은 혼혈, 외국인노동자 등 다문화 출신들을 한국의 지배층으로 만들려 하고 있으며 기존의 한국인들(원주민)은 피지배층이 되고 마는 것입니다. 앞으로 그 게 바로 진짜 처절한 사회 문제가 될 것입니다. 세계사에서 굴러들어 온 돌이 박힌 돌을 빼내고 탄압까지 한 사례들은 수두룩합니다.

그리고 지금 굴러들어 온 돌이 박힌 돌을 **빼내는** 수순들이 진행되고 있습니다. 다문화 선동 세력들이 한국에서 국가유공자 분들도 못 받는 각종 특혜들을 다문화 출신들에게 퍼부어 주고 있는 게 바로 그런 수순 중 하나입니다.

[참고 글] 대한민국은 외국인을 위한 나라인가? 자국민을 홀대하는 '나라' 는 나라도 아니다.

특히 아래와 같이 한국 사회의 노른자위 직종이나 분야에 다문화 출신들을 대거 공채 내지 특채하는 일들이 확산되고 있는데 조금이라도 정치감각이 있는 분들이라면 그런 일들이 얼마나 위험한 일인지 알 수 있을 겁니다.

은행......다문화 출신들이 지원하면 가산점 부여하는 은행들이 생겼음.

대기업......마찬가지로 다문화 출신들이 지원하면 가산점 부여하는 기업들이 생겼음.

대학교 입학........전국의 주요 대학들이 다문화 출신들은 별도의 시험 및 수능 성적 없이 오로지 서류와 면접 위주로 뽑는 일들이 벌어지고 있다.

"2012년 입시에서는 고려대, 서강대, 이화여대를 비롯해 동국대, 경희대, 건국대, 한양대(안산 캠퍼스) 등 전국 15곳 대학에서 사회배려자 전형

자격에 다문화가정 출신도 지원할 수 있게끔 지원자격 범위를 확대했다. 이 중 한양대와 상명대, 단 2곳을 제외한 나머지 대학은 별도의 시험 및 수능 성적 없이 오로지 서류와 면접 위주로 다문화가정 자녀를 선발하고 있는 것으로 확인됐다." (일요신문, 2012.02.29,

http://www.ilyo.co.kr/news/articleView.html?idxno=81704)

공무원.......이미 다문화 출신들을 공무원으로 임용하기 시작했음.

지자체 의원........몽골 출신 여성이 비례대표로 지자체 의원으로 당선된 적이 있음.

국회의원.........2012년의 4.11 총선에서 새누리당은 필리핀 출신 이자스민이라는 여자를 비례대표로 공천했음.

즉, 이상과 같이 한국 사회의 노른자위 분야들에 진출한 다문화 출신들은 반드시 그들만의 카르텔을 형성하여 그런 노른자위 분야에 원래의 한국인들(원주민들)이 들어가는 것을 배척하게 될 것이라는 사실을 알아야 하며 그런 배척 행위를 한국의 재벌기업들과 매국노 정치권이 음으로 양으로 지원해 줄 것이라는 말입니다.

은행, 대기업, 공직, 국회의원직 등에 다문화 출신들이 많아져서 장차 그들이 카르텔을 형성하고 자본가들과 정치권이 그들을 밀어주면 결국 다문화 출신들이 한국경제와 정치권을 장악하게 되는 것입니다. 은행을 장악하면 경제도 장악할 수 있는 것이며 한국은 금권정치가 벌어지는 나라이니 결국 다문화 출신들이 정치권까지 장악하게 되는 겁니다. 마치 동남아 여러 나라들에서 소수 집단인 화교들이 그 나라 경제를 장악한 것처럼 말입니다.

그리고 보시다시피 이미 은행뿐만 아니라 사회 각 방면에서 그런 특혜들이 다문화 출신들에게 주어지고 있고 시간이 지나면 결국 그들은 한국 사회의 지배층이 되어 원래의 한국인들(원주민들)을 탄압하게 되는 겁니다. 그런 부당한 일은 막아야 합니다. 바로 지금 막아야 합니다.

원래 독립 왕국이었던 하와이도 미국에 나라를 빼앗긴 후로 그 원주민들은 비참한 노예적 삶을 강요당해 왔다는 사실을 알아야 합니다.

지금 한국에서 벌어지고 있는 다문화 책동의 배후에는 외세와 그 앞잡이들(친일파 포함)이 있다는 사실을 알고 온 국민이 〈결사항쟁〉해야 합니다.

다문화 책동은 반민족, 반국가, 반통일, 반서민 행위이니 즉각 중단시켜야 합니다. 다문화 책동을 막아야 대한민국이 살고 국민이 살 수 있습니다.

2012년 4월 9일

- 다문화 출신들이 지원하면 가산점을 부여하는 은행과 기업들이 생겼

는데 이는 매우 위험한 일이라는 걸 정치 감각이 조금이라도 있는 분들이라면 알 것이다.

　- 전국의 주요 대학들이 다문화 출신들은 별도의 시험 및 수능 성적 없이 오로지 서류와 면접 위주로 뽑는 일들이 벌어지고 있다.

　- 다문화 출신들에게 국가유공자들도 못 받는 특혜까지 주고 있는 어이없는 현실이며 이 모두는 결국 다문화 출신들을 한국의 지배층으로 만들려는 수순이다.

다문화 사회란 곧 다민족 사회를 뜻하고, 다민족 사회에서는 인종갈등이 필연적입니다

우리는 다문화, 다민족 사회에서 필연적으로 발생하는 인종갈등과 학살을 원천적으로 차단하기 위해 다문화를 반대하는 것입니다.

국민 여러분, 지구상의 다문화, 다민족 국가들 치고 인종갈등이 없는 나라가 없습니다. 지금처럼 한국내의 외국인들이 100만명 내외로 비교적 소수인 경우만 생각해서는 안됩니다. 그들이 200만, 300만, 500만으로 수가 늘어나 무시 못할 다수가 되어 유유상종의 원리에 의해 〈자기들끼리 뭉치게 되는〉 필연적인 경우를 생각해야 합니다.

그렇게 되면 반드시 인종갈등과 충돌이 일어나게 되어 있고 지금까지 유럽 등이 무분별한 이민수용정책으로 겪은 온갖 문제와 폐해를 우리 한국도 똑 같이 겪게 되어 있습니다. 그런 폐해를 겪은 유럽 각 나라들은 지금 다문화를 폐기하려는 쪽으로 가고 있다는 사실을 알아야 합니다.

그런데도 저 다문화꾼들은 외국의 사례 등에서 나타나는 그런 높은 인종갈등의 가능성과 유럽 등의 폐해 사례에 대해서는 일체 언급하지 않고 정부기관과 언론을 장악하여 국민의 눈과 귀를 가리고 다문화는 그저 좋은 것이라며 선전하며 다문화 책동을 강행해 왔습니다.

다양한 인종과 문화 집단들이 대한민국 안에서 서로 평화롭게 모여 살 수 있다는 주장은 한 마디로 다문화꾼들의 〈근거없는 자신감〉에 지나지 않습니다. 그 동안 다문화꾼들은 그런 근거없는 자신감을 국민들에게 강요하며 다문화에 반대하는 사람들을 '인종주의자, 제노포비아, 외국인 혐오자' 라는 말로 매도해 온 것입니다.

다문화 책동은 반민족, 반통일, 반국가, 반서민 행위이니 반드시 막아야 합니다. 다문화 책동을 막아야 대한민국이 살고 국민이 살고 한민족이 살 수 있습니다.

2011년 5월 26일

　다문화가 진행된 나라들은 결국은 사회갈등과 분열이 일어나고 심한 경우 내전이 일어나서 나라가 쪼개진다는 건 인류의 역사가 증명하고 있다. 유고 연방의 내전과 해체, 아프리카의 라이베리아 내전 등 세계사가 생생하게 증명하고 있다.

　단일민족으로 살아 온 대한민국에 다양한 인종과 문화 집단을 대거 끌어들여 다문화, 다인종 사회로 만드는 행위야말로 온갖 갈등의 요소들을 만들어내는 미친 짓인 것이다.

　노르웨이에서 폭탄이 터진 사건도 노르웨이 국민들을 무시하고 강행된 다문화가 원인이지 반(反)다문화가 원인이 아닌 것이다. 노르웨이 정부가 다문화 정책을 하지 않았으면 아예 일어나지 않았을 게 바로 노르웨이 사건인 것이다. 사건의 원흉은 바로 다문화 자체인 것이다.

　그런데도 어떤 언론 기자는 적반하장으로 오히려 반(反)다문화가 사회갈등의 시한폭탄이라는 망언을 일삼고 있는데 그런 언론 기자의 몰지각과 편파보도 역시 국민을 호도하여 다문화를 조장함으로써 사회갈등을 일으키는 시한폭탄이라는 걸 알아야 한다.

즉, 다문화야말로 사회갈등과 분열의 시한폭탄이며 사회통합을 어렵게 만드는 장애물이고 반(反)다문화는 그런 시한폭탄을 미리 방지하려는 정의로운 운동인 것이다.

2011년 9월 27일

이 글에서 거론하는 역사적인 사건과 인물에 대해 더 검토할 소지가 있기는 하지만 일단 시간 관계상 그대로 활용하여 이야기하기로 한다. 우선 아래 참고 글을 보기 바란다.

[참고 글] 백제 멸망의 비밀 -- 불명예와 오욕을 씻은 의자왕

위의 참고 글 관련하여 특히 주목해야 할 사실은 -- 의자왕을 배신한 예식진이라는 인물이 중국계라는 사실. 그리고 지금 한국의 다문화 책동으로 한국에 가장 많이 유입될 집단은 바로 중국인들이라는 사실. 다문화 책동을 막지 못하면 중국인들이 한국에 천만명 이상 몰려오고 만다는 사실. 그들은 반드시 한국을 중국 땅으로 만들려고 할 것이라는 사실,

[참고 글] 다문화는 중국의 동북공정을 도와주는 매국노 행위다 -- 다문화는 한국을 중국 땅으로 만들어 버리는 것.

하와이도 사실은 원래 독립왕국이었지만 미국의 다문화 공작과 다문화

집단의 배신으로 망해서 미국의 한 주로 편입되었다는 사실. 그로 인해 원래 하와이 원주민들은 지금까지 하층민으로 비참하게 살아 왔다는 사실.

인터넷에는 하와이 왕국과 민족의 몰락 과정을 알 수 있는 동영상이 있으니 검색해 보시기 바랍니다.

역사는 방심하면 반복됩니다. 다문화 책동을 막지 못하면 1300년 전 의자왕이 당했던 배신과 치욕을 지금의 한국인들이 똑 같이 당하게 된다는 사실.

다문화, 다인종 집단이 커지면 언젠가는 결정적인 순간에 배신할 가능성이 크다는 사실. 다문화, 다인종, 외국인 집단에 대한 어설픈 인권주의와 동정심은 99프로의 절대다수를 노예 신세로 내몰고 만다는 사실을 온 국민들이 알아야 한다.

다문화 책동은 반민족, 반국가, 반통일, 반서민 행위이니 즉각 중단시켜야 합니다.

단일민족주의야말로 이 시대 한국인들의 생존을 위해 필수입니다. 언론의 편파보도에 속지 마시기 바랍니다. 단일민족은 순혈주의가 아니며 더 자세한 설명은 이 책의 다른 부분에 있습니다.

2012년 3월 14일

다문화는 중국의 동북공정을 도와주는 매국노 행위다.
다문화는 한국을 중국 땅으로 만들어 버리는 것.
다문화에 베푼 호의와 동정심, 총칼되어 돌아 온다

중국 정부가 티벳에 중국인들을 대량 이주시켜 언제든지 총칼로 티벳을 난도질 할 수 있는 바탕을 마련했지요. 그리고 티벳의 일은 남의 일이 아닙니다. 한국의 정치권과 언론이 국민 무시하고 일방적으로, 반민주적으로 강행해 온 다문화 책동이란 게 바로 대한민국을 티벳처럼 만들고 말 것이기 때문입니다. 다문화는 곧 다인종, 다민족화나 마찬가지입니다.

한국이 다문화로 되면 중국인들이 가장 많이 한국 땅에 유입되는데 천만명 이상 유입될 겁니다. (지금도 외국인들 중에서 중국인들이 가장 많이 한국 땅에 유입되고 있지요.)

그러면 중국 정부는 한국내 중국인들 보호를 명분삼아 언제든지 한국의 내정에 간섭하고 심지어는 한국에 어떤 문제가 생기면 한국 땅에 중국 군대를 보낼 수도 있게 되지요. 한국내 중국인들 보호를 명분삼아서. 그리고 한국내 중국인들은 당연히 중국 군대를 환영하게 되겠지요. 그러면 고구려, 고조선 역사 등은 자동적으로 중국에 빼앗기게 되는 겁니다.

즉, 한국의 정치권과 언론들이 선동질하여 한국을 다문화로 만든다는 건 곧 중국 등 외세의 총칼을 스스로 한국 땅에 불러들이는 미친 짓입니다. 호의와 동정심이라는 것도 베풀 상대를 보고 베풀어야 하는 것이지 아무데나 베풀면 스스로 화를 불러들이게 되는 겁니다. 다문화는 절대로 해서는 안되는 것입니다.

다문화에 베푼 호의와 동정심, 총칼되어 돌아온다. 악의되어 돌아온다. 비웃음으로 돌아온다. 이런 사실을 알아야 합니다. 다문화를 막지 못하면 대한민국의 미래는 중국에 먹힌 티벳처럼 되고 맙니다. 아래는 어느 네티즌의 글 중 일부를 맥락상 조금 수정하여 인용한 것입니다.

"중국은 인구를 무기로 사용하는 국가입니다. 이런 중국인들을 포함한 외국인들을 데려다가 다민족다문화를 하겠다는 것이 대한민국의 정치권과 언론들입니다. 실제로 가장 많이 유입되고 있는 외국인은 중국인입니다. 한국내 전체 외국인 중 무려 50% 이상이 중국인입니다. 중국이라는 백그라운드가 있기 때문입니다.

이미 외국인은 100만명을 넘어 200만명을 향해서 가고 있으며, 언론을 통해서 1500만명까지 늘려야 한다는 말들이 나오고 있습니다. 그러나 1500만명까지 되면 중단할 수 있을까요? 어쩔 수 없다며 계속 더 유입될 것입니다. " (인용 끝)

그리고 아래 동영상들은 앞으로 한국내 중국인들의 수가 더 많아지면 어떤 사태가 벌어지는지를 미리 보여주고 있습니다.

http://www.youtube.com/watch?v=uxrlr7cZZQE

http://www.youtube.com/watch?v=kr-CTzMP7PE

http://www.youtube.com/watch?v=2seth2oTgmo

동영상에서 보시다시피 남의 나라인 한국에 온 중국인들이 마치 식민지 지배자처럼 행동하고 있습니다. 지금도 저런데 앞으로 한국내 중국인들의 수가 수백만, 천만 이상으로 늘어나면 어떤 사태가 벌어질지는 너무나 뻔한 것입니다.

다문화 책동을 막지 못하면 한국도 티벳처럼 중국에 먹히거나 인종갈등으로 내전과 학살이 일어나고 맙니다.

2011년 11월 15일

[단일민족]

어떤 사이트에 본문글을 올리니까 "천만명 이상의 중국인들이 한국 땅에 몰려오고, 중국정부와 군대가 자국인들 보호 명분으로 한국에 개입한다는 주장은 억지"라고 말하는 사람이 있다.

그러나 그게 왜 억지인가? 외국인들을 천만명 이상 받아들여야 한다고 한국의 권력자들과 재벌기업 연구소가 주장하는 거 안 보이는가? 외국인들을 천만명 이상 받아들이자는 권력자들이 중국인들만 오지 말라고 할

것 같은가? 결국 중국인들이 천만명 이상 한국 땅에 유입되고 만다는 이
야기다.

중국정부가 한국내 중국인 보호를 핑계로 한국 내정에 개입하면 한국
정부와 한국 사회가 반발하고 그게 변수가 될 것이라고? 그 건 희망사항
일 뿐이고 그런 변수는 없을 것이고 이미 외국인들이 천만명 이상 유입된
상태에서는 그런 변수가 있어봐야 소용없어진다. 그 때에는 한국은 이미
유고슬라비아 연방처럼 다문화, 다민족, 다인종으로 쪼개질 환경이 다 마
련되어 있을테니까.

지금까지 한국 정부가 다문화, 다인종화를 조장해 온 행태로 봐서는 중
국정부의 개입에 대한 반발을 스스로 포기하는 쪽으로 가고 있는 거 안 보
이는가?

중국정부의 개입에 대한 한국사회의 반발? 외국인들이 천만명 이상 유
입되고 난 뒤에 반발하는 건 이미 늦은 것이고 손 쓸 방법이 없어지는 것
이다. 한국인들이 반발하면 한국내 중국인들은 가만 있을 것 같은가? 천
만명 이상 유입된 한국내 중국인들이 중국정부를 빽으로 믿고 한국인들을
공격하는 사태까지 벌어지고 말 것이다.

그리고 지금까지 한국 정부가 외국인들을 기하급수적으로 늘어나게 하
는 정책을 의도적으로 써 왔기에 그와 같은 글을 쓴 거 아닌가. 현실을 반
영한 글이라는 것이다.

ps. 한국에 주둔하고 있는 미군 때문에 중국정부가 한국에 내정간섭을 하지 못할 것이라는 생각도 엄청난 착각이다. 미군은 언젠가는 철수하게 되어 있다. 국제정세는 언제 변할지 모르는 거다.

그리고 미군이 한국에 있는 상태에서도 한국이 중국인 천만명 이상으로 채워지면 그 자체로 이미 중국 정부는 한국의 내정에 개입할 국제적인 근거가 마련되고 마는 것이다.

ps2. 남북한이 통일되는 것도 변수가 된다는 주장도 사태의 진행 순서를 모르는 어리석은 헛소리다.

한국의 정치권과 언론에 포진해 있는 저 다문화꾼들의 최상층부에는 바로 외세의 앞잡이와 매국노들이 있고 그 놈들이 남북통일을 방해하려고 남한에서 다문화, 다인종화 책동을 벌이고 있는 것이다.
남한에 〈중화주의로 무장한〉 중국인들이 천만명 이상 유입되면 그 자체로 이미 남북통일은 물건너 가게 되므로 남북통일이 중국정부의 개입을 막을 변수가 된다고 말하는 건 세상 물정 모르는 자들이나 할 소리라는 것이다.

남북통일을 하려면 작금의 다문화, 다인종화 책동을 당장 중단시켜야 하는 것이다.

제 4장 민족주의는 한국인의 생존에 필수다

단일민족이란 무엇인가? 단일민족주의는 국제결혼 가정에게도 이롭다

단일민족이란 문화적으로든 혈연적으로든 인종갈등의 소지가 전혀 없는 상태를 말한다. 순혈주의를 말하는 게 아니다. 자연스러운 국제결혼은 허용하되 한국에 동화시켜야 한다. 다문화를 허용하면 안된다. (요즘의 국제결혼 증가는 다문화꾼들이 의도적으로 조장한 측면이 크다.)

지금까지 한국에는 인종갈등의 소지가 전혀 없었다. 그래서 단일민족인 것이다. 단군할아버지의 자손이라서 단일민족이라는 게 아니다. 단군할아버지의 자손이든 아니든 역사적으로 인종갈등의 소지가 전혀 없는 상태로 만들어져 왔기에 한국은 단일민족인 것이다.

그런데 한국이 동남아, 서남아, 아프리카, 백인들 등으로 다문화 사회가 되면 인종갈등은 언제 터질지 모르는 시한폭탄이다. 인종갈등 없이 백년 이상 지낼 수가 없다. 다문화 사회에서 인종갈등은 필연이다.

한국인들 중에는 아직 외국인들이 소수인 상태이니까 아무런 경계심 없이 다문화는 대세라면서 허용하자는 부류가 있는데 이는 정말 큰일날 일이다. 외국인들이 무시 못할 다수가 되는 경우를 생각해야 한다.

외국인들이 한국 인구의 20프로 정도만 되어도 인종갈등과 폭동이 언젠가는 필연적으로 일어나게 되어 있다. 지금 이런 속도로 외국인들이 유입되면 그들이 한국 인구의 20프로가 되는 건 금방이다. 인종갈등은 교육과 캠페인으로 막을 수 있는 게 절대 아니며 이는 외국의 사례들이 증명해 주고 있다.

인종갈등과 폭동은 한 번 일어나면 수많은 생명을 다치게 하고 국가를 분열시킨다. 그런 위험이 있는 다문화, 다민족 사회를 왜 만들려고 하는가? 미친 짓들을 당장 중단시켜야 한다.

그리고 지금 한국내에 있는 외국인들이 130만명 정도라면 그 중의 대부분은 한국 국적이 없고 취업비자로 와 있거나 불법체류자들이기 때문에 기한이 되면 돌려 보내거나 즉시 추방해야 하는 사람들이므로 실제로 고려해야 할 외국출신들은 국제결혼자들이며 이는 불과 몇십만명이다.

불과 몇십만명이 4천만명 이상 되는 한국에 들어 왔다고 해서 한국이 다문화 사회가 되어야 한다는 건 미친 소리다. 그 몇십만명은 한국문화에 동화시켜야 할 대상이지 다문화 권장의 대상이 아니다. 로마에 가면 로마법을 따라야 하며 그 건 어느 나라에서나 진리다.

다문화 책동은 미친 짓이다. 당장 중단시켜야 한다.

□ 단일민족주의는 국제결혼 가정에게도 이롭다 ‒‒ 자녀들에게 동화를

통한 평화를 물려 줄 것인가, 다문화를 통한 인종갈등을 물려줄 것인가. 당연히 평화가 우선이다.

단일민족주의는 국제결혼 가정과 그 자녀들을 한국문화에 동화시키는 걸 원칙으로 하며 그러면 그들도 절대다수 한국인들과 마찬가지로 인종갈등으로부터 자유롭게 되는데 이게 얼마나 큰 행복이요 이로움인지를 알아야 한다.

인종갈등의 소지가 전혀 없는 사회. 지금까지 한국인들은 그런 단일민족사회에서 살아왔으면서도 그 소중함과 이로움을 모르는 것 같아 안타깝다.

이미 다문화의 끝은 인종갈등이요 충돌이요 폭동이요 나아가 내전과 학살, 분리독립이라는 게 유럽, 아프리카 등지에서 충분히 증명되었다. 그렇다면 생각해 보라. 국제결혼 가정의 부모들은 그들의 자녀들에게 동화를 통한 평화를 물려 줄 것인가 아니면 다문화를 통한 인종갈등과 유혈사태를 물려줄 것인가를 선택해야 하며 당연히 전자를 선택해야 한다.

□ 국제결혼 가정의 동화는 당연한 것이다. 각 나라 땅에서 그 나라의 주류 전통문화 보호는 당연한 것이다.

한국에서 다문화를 인정해 버리면 결국은 다문화 집단들이 크게 늘어나서 한국 원래의 주류 전통문화는 퇴색되어 버린다.

각 문화라는 건 배타적인 영토를 필요로 한다.

어떤 문화이든지 그것이 잠깐의 유행에 따라 생긴 게 아니고 인류의 오랜 역사활동에 기반한 〈역사성 문화〉라면 반드시 그 문화만이 배타적으로 작용할 수 있는 영토 기반이 있어야 평화적으로 유지될 수 있다. 어떤 문화이든지 자기만 배타적으로 비빌 언덕이 필요한 것이지 그러지 않고 어느 한 지역에 서로 다른 역사성 문화를 가진 집단들이 대규모로 섞여 있으면 반드시 충돌과 폭동, 나아가 학살이 일어나게 되어 있다.

따라서 한국의 전통문화가 주류로 정착되어 있는 한국 땅에서는 국제결혼 가정들을 철저히 한국문화에 동화시켜야 하는 것이며 〈다문화〉라는 말 자체를 아예 사용해서는 안된다. 그래야 한국의 주류 전통문화를 보호할 수 있으며 이는 유엔의 〈문화다양성 협약〉에도 합치하는 일이며 국제상호주의이다.

다문화는 유엔의 〈문화다양성 협약〉에 어긋나며 인류의 문화를 파괴하는 행위다. 왜냐 하면 세계 각 나라들이 모두 다문화로 되어 버리면 각 나라의 주류문화는 쇠퇴해 버리고 짬뽕되어 버리고 각 문화의 원형을 유지하기가 어려워지기 때문이다. 세계 인류의 문화다양성을 유지하는 차원에서도 다문화 책동은 막아야 한다.

□ 〈다문화〉 또는 〈다문화 가정〉이라는 말을 쓰면 안된다. 〈국제결혼 가정〉 또는 〈국제결혼 자녀〉라는 말이 맞다.

〈다문화〉 또는 〈다문화 가정〉이라는 말은 국제결혼 가정들의 한국문화에 대한 동화를 원천배제하고 한국내에서 우리 한민족의 문화와는 다른 문화의 집단들을 키워 혼란을 조성하겠다는 불순한 세력의 불순한 의도가 담긴 말이다.

따라서 〈국제결혼 가정〉 또는 〈국제결혼 자녀〉라는 말을 써야 하는 게 맞고 그들 가정과 자녀들은 2대, 3대가 흘러가면 더 이상 국제결혼 가정, 자녀가 아니라 완전한 한국인이 될 수 있도록 철저한 동화정책을 써야 한다.

그리고 사실은 그런 동화정책을 쓰지 않더라도 가만히 놓아 두면 국제결혼 가정들은 자연스럽게 한국문화에 동화되게 되어 있다. 그들 가정들의 사람 수는 많아 봐야 수십만이니 4천만이 넘는 한국 인구에 동화되는 건 너무나 쉬운 일이다.

즉, 〈다문화〉라는 말을 안 꺼내고 그냥 가만히 놓아만 두어도 자연스럽게 동화되게 되어 있는데 지금까지 한국의 정치권과 언론들은 국민들의 눈과 귀를 막고는 다문화를 해야 한다며 동네방네 떠들고 다녔으니 그 의도는 매우 불순하며 어떤 매국노적 목적이 있다고 말할 수밖에 없다.

□ 다문화는 세계적인 추세가 아니다. 불순한 무리들에 의해 억지로 조장된 것이며 오히려 폐지하는 게 세계적인 추세다.

뭐든지 억지로 조장된 걸 대세로 인정해서는 안된다. 인정해 버리면 불순한 무리들을 도와주는 게 되고 만다. 다문화에 관해서도 마찬가지다.

다문화는 대다수 민중들의 필요에 따라 자연스럽게 진행된 게 아니라 한국, 유럽 등 각 나라 정권과 언론과 재벌들이 어떤 불순한 목적을 가진 세력의 조종에 따라 국민들의 눈과 귀를 막고는 일방적으로 밀어붙여 온 것이니 전면 폐기해야 한다.

실제로 지금 유럽의 각 나라는 다문화 정책의 허구성과 실패를 선언하고 이를 폐기하는 쪽으로 나아가고 있다는 걸 알아야 하며 아래는 관련 뉴스들의 한 예다.

.....유럽의회도 "다문화주의 실패론" 동의 (2011.02.17)

.....사르코지 프랑스대통령 "다문화정책실패선언" (2011.02.11)

.....캐머런 英총리 "다문화주의 정책은 실패" 했다 (2011.02.06)

.....독일총리 메르켈 "독일은 다문화사회 구축에 완전히 실패했다 (2010.10.17)

.....호주,다문화주의 공식 폐기

.....호주정부, '다문화주의' 기피 공식화

.....美의회 反이민 법안 '영주권 봉쇄까지' 상정

.....미 애리조나주 반이민법 다른주로 확산조짐

□ 세계화, 국제화, 글로벌화는 단일민족을 유지하면서도 충분히 가능하다.

많은 사람들이 세계화, 국제화를 하려면 다문화를 해야 한다고 오해하고 있는데 그것은 잘못이다. 세계화, 국제화, 글로벌화는 다문화를 하지 않고 단일민족을 유지하면서도 충분히 가능하다.

다문화(=다인종화)로 세계 인구를 마구 섞는 게 세계화가 아니다. 세계화, 국제화, 글로벌화는 국제교류로 하는 것이지 세계 인구를 마구 짬뽕시키는 다문화로 하는 게 아니다.

국제교류와 다문화는 다르며 우리의 세계화는 국제교류만으로도 충분하며 그것은 각 나라가 다른 나라의 인구를 무조건 받아들여 국적을 내줘야 한다는 걸 전제로 하는 게 아니라 그냥 각 나라의 역사적, 문화적 정체성을 유지한 상태에서 이루어지는 지식과 기술과 문물의 이동과 교류, 참조이며 사람의 경우 유학이나 직장 파견 등으로 임시로 이동하는 것일 뿐이다. 그것으로 충분하다.

그런 국제교류만으로도 세계화, 국제화, 글로벌화를 충분히 할 수 있으니 이는 우리가 단일민족을 유지하면서도 충분히 할 수 있는 일이다. 다문화꾼들의 선동질과 거짓말에 속아서는 안된다.

가장 한국적인 것이 가장 세계적이다, 가장 지역적인 것이 가장 세계적이라는 말을 상기해야 한다. 그런 말들에 따르면 다문화는 세계 인구를 짬뽕시켜 세계 각 지역의 문화들을 희석시키고 원형을 파괴하는 것이니 오히려 세계화를 방해하는 짓이다.

□ 다문화는 국가분열의 지름길이다.

보라. 인권이니 관용이니 하면서 국민들의 뜻도 제대로 묻지 않고 다문화를 추구한 유럽 각 나라들의 현재 꼬라지를 보라. 국가와 국민들은 분열되고 있고 이민 온 이슬람인 등 외국인들이 주인 행세를 하려 들고 있다. 영국과 프랑스는 폭동도 일어났고 특히 영국에서는 지금도 다문화 문제가 개입된 폭동이 일어나고 있으니 정작 그 나라 국민들의 실제 인권상황은 다문화를 하기 전보다 훨씬 나빠졌다.

다문화는 곧 다인종화이며 아무리 아름답게 포장해도 결과는 하나, 폭동과 국가분열이다. 한국이든 유럽이든 어디든 외국인들의 수가 많아지면 그들은 쪽수를 믿고 주인 행세를 하려 들게 되어 있고 수틀리면 분리독립을 요구할 것이고 그 과정에서 내전도 일어나게 되어 수많은 사람들이 죽게 된다. 이 건 인류의 역사가 생생하게 증명해 주고 있다.

다문화는 그 어떤 나라에서도 성공할수 없으며 절대로 하면 안되는 매국노 정책이고 국가를 분열시키고 폭동을 야기하는 미친 짓거리다.

각 문화라는 건 배타적인 영토를 필요로 한다. 어떤 문화이든지 그것이

잠깐의 유행에 따라 생긴 게 아니고 인류의 오랜 역사활동에 기반한 〈역사성 문화〉라면 반드시 그 문화만이 배타적으로 작용할 수 있는 영토 기반이 있어야 평화적으로 유지될 수 있다. 어떤 문화이든지 자기만 배타적으로 비빌 언덕이 필요한 것이지 그러지 않고 어느 한 지역에 서로 다른 역사성 문화를 가진 집단들이 대규모로 섞여 있으면 반드시 충돌과 폭동, 나아가 학살이 일어나게 되어 있다.

'다문화'라는 말은 지구상에서 각 역사문화 집단이 각자의 고유한 영토를 가지고 따로 살아갈 때에만 사용가능한 것이다. 즉, 전 지구적 단위에서만 각 문화의 영토 구분 하에 '다문화'라는 말이 사용가능한 것이지 한 주권국가의 영토내에서 다문화를 허용하는 건 말썽과 충돌만 일으킬 뿐이며 국가분열 내지 분리독립을 초래하고 만다.

그렇게 국가분열을 초래하는 다문화 책동을 자행하고 있는 무리들을 국가민족의 반역자로 규정하고 강력하게 처벌해야 한다. 그들의 이름을 하나 하나 기록하라.

2011년 5월 16일, 2011년 8월 17일

- 단일민족을 순혈주의로 오해해서는 안된다. 인종주의가 아니다.

- 다문화는 세계적인 추세가 아니다. 유럽 등 세계 각 나라들은 다문화의 폐해를 실감한 후 다문화를 폐기하고 이민 수용을 억제하는 쪽으로 가고 있다.

단일민족이란? 혈연동질적 개연성에 바탕한
사회정치적 통합 개념이다

필자는 지난 글에서 단일민족이란 문화적으로든 혈연적으로든 인종갈등의 소지가 전혀 없는 상태를 말하며 순혈주의를 말하는 게 아니라고 정의한 바 있다. 그리고 자연스러운 국제결혼은 허용하되 철저하게 한국문화에 동화시켜야지 〈다문화 가정〉이라는 말을 사용해서 다문화를 허용하면 안된다고도 말한 바 있다. 아래는 관련 글을 제시한 것이니 참고하기 바란다.

[관련 글] 단일민족이란 무엇인가? 단일민족주의는 국제결혼 가정에게도 이롭다.

그리고 이 글에서는 단일민족에 대한 정의를 좀 더 자세히 해 보기로 하며 앞으로 기회 있을 때마다 그런 정의를 보완해 나가기로 한다.

이 글에서 말하고자 하는 것은 단일민족이란 〈혈연동질적 개연성에 바탕한 사회정치적 통합 개념〉이라는 것이다. 개연성이란 게 무슨 뜻인가는 모두 알 것이다. 그리고 이러한 정의에 의해서도 단일민족이란 순혈주일 필요가 없으며 순혈주의가 아니라는 결론이 나온다.

즉, 전체 사회 구성원들 모두가 유전적으로 같은 순혈일 필요는 없으며 1. 사회 구성원들 간에 적어도 500년 이상의 역사문화적 동질성 인식이 선행되고 2. 그러면 자연스럽게 혈연동질성 측면에서도 개연성이라는 게 생기게 되고 3. 외모상으로 크게 차이가 없고 각 개인들 간의 문화적, 인종적 구별이 어려우면 단일민족이라고 〈합의〉를 하게 되는 것이며 이러한 합의는 그 사회의 사회정치적 통합을 위해서도 이롭다. (물론 그런 합의는 대체로 암묵적으로 언제 했는지도 모르게 이루어지고 우리 민족의 경우도 그랬다.)

여기서 혈연동질성 측면에서의 개연성이란 바로 어떤 집단이 100프로 순혈은 아니지만 70~80 프로 정도의 혈연적 동질성만 확보되어도 그 집단은 동질성 여부를 거론할 계제가 된다는 말이다. 또 그런 계제가 되고 나면 그 사회로서는 스스로 단일민족이라고 사회정치적 합의가 이루어지는 게 그 사회 구성원들 전체에게도 이롭다는 말이다. (이는 단일민족임을 선언하려면 100프로 순혈은 아니더라도 그래도 혈연적으로나 외모적으로나 동질적인 요소들이 충분히 확보되어 있어야 한다는 말이기도 하다.)

또 그런 사회정치적 합의를 하고 나면 혈연적 측면에서 20~30프로 정도의 비동질적 요소들도 차별없이 단일민족 사회의 구성원이 되는 것이며 나아가 세월이 100년, 200년 또 지나면 자연스럽게 혈연적으로도 융화가 되어 그 사회의 혈연적 단일성은 더 높아진다는 말이다.

우리 한민족의 경우 고조선, 고구려, 백제, 신라 등 상고사를 거론할 필요도 없이 고려 약 500년, 조선 약 500년만 해도 이미 천 년이다. 천 년 동안이나 같은 지역에서 동고동락하며 서로 혼인하며 어울려 살았다면 이미 상기한 논리들이 모두 적용되는 것이며 한반도에 있는 사람들은 모두 단일민족이라고 말해도 되는 것이다.

이 지구상에 천 년 동안이나 같은 지역에서 같은 역사를 공유한 민족이 알고 보면 얼마 없다는 걸 안다면 당연히 우리 한민족의 단일성을 인정하고 나름의 자랑으로 여겨야 함에도 무슨 삼국시대 때 이민족이 많이 유입되었다느니 고려 때 외적의 침입으로 혼혈이 많이 되었다느니 하면서 단일민족임을 부정하려는 작태들이 횡행해 온 건 참으로 한심한 일이 아닐 수 없으며 이는 친일파 등 불순한 무리들이 자신들에게 불리한 한국의 민족주의를 없애기 위해 의도적으로 퍼뜨리고 조장하고 강조한 말들이며 이에 많은 사람들이 세뇌된 것이라고 볼 수밖에 없다.

전쟁 등으로 이민족이 유입되었다고 해 봐야 그것은 우리 한민족의 바다에 작은 강물이 몇몇 흘러 들어 흡수된 것에 지나지 않으며 이미 말한 대로 단일민족은 순혈 개념이 아니라 혈연적 개연성에 바탕한 사회정치적 통합 개념임을 안다면 우리 한민족은 당연히 단일민족인 것이다.

그리고 이미 단일민족으로 된 우리 한민족은 그 단일성을 유지하기 위해 노력해야 한다. 왜냐 하면 이미 말한 대로 혈연적 개연성에 바탕하여 단일민족이라는 합의를 하는 것도 사회정치적 단결과 안정을 위해서이므로 굳이 혼혈을 장려하고 이민을 받아들이는 식으로 혈연적 단일성을 깨트릴 필요가 없기 때문이다. 깨트리면 애초에 목적한 사회정치적 단결과 안정이 도로 무너지고 처음부터 새로 시작해야 하기 때문이다.

강조하지만 모든 사회는 통합과 단결과 안정을 추구하며 갈등을 최소화하는 게 〈본능〉이며 모든 나라나 사회에서의 정치란 건 바로 그런 통합과 단결을 위한 것이다. (통합과 단결이 이루어져야 경제나 복지 등의 정책도 원활히 이루어질 수 있기 때문이다.) 그런 본능적 기조 하에서 추구할만한 다양성이라는 게 있으면 하는 게 정상이지 다양성이라는 걸 안정 추구라는 본능보다 우선시해서는 안된다. 혼혈과 이민 수용 등을 일부러 장려해서 갈등 요소들을 만들어서 사회관리비용을 높일 이유도 필요도 없는 것이다.

이미 말했지만 한국이 다문화로 되면 바로 근처에 있는 중국에서 중화주의로 무장한 중국인들이 천만명 이상 몰려오게 되며 동남아, 서남아 등지에서도 이질적 문화를 가진 집단들이 대규모로 들어오게 되어 있으며 그런 여러 집단들은 반드시 한국의 문화와 가치관들과 충돌하게 되어 있다. 적어도 고려시대 이후 1000년 동안이나 사회문화적으로는 안정되었던 우리 한민족이 왜 일부러 다문화를 한답시고 다른 이질적 집단을 대규모로 끌어들여 그 동안의 사회문화적 안정을 포기하고 갖가지 갈등 요소들을 겪어야 하는가? 그럴 이유는 그 어디에도 없으며 그런 미친 짓거리는 당장 중단시켜야 한다.

[참고 글] 다문화는 중국의 동북공정을 도와주는 매국노 행위다 -- 다문화는 한국을 중국 땅으로 만들어 버리는 것.
[참고 글] 다문화의 끝은 한민족에 대한 인종청소.

우리 한민족은 단일민족이며 그런 단일성과 정체성 유지를 위해 최대한 노력해야 한다. 우리 한민족 뿐만 아니라 아프리카의 마사이족 등 모든 민족은 자신들의 혈연,역사,문화적 단일성과 정체성을 유지발전시킬 권리가 있으며 그러는 게 사실은 인류의 문화다양성을 지키는 길이며 홍익인간 사상에도 부합되는 길이다.

개별 주권국가나 민족 내부에서의 다문화 허용은 결국 그 나라를 문화적 짬뽕 상태로 만들어 버려서 그 나라의 원래 고유문화를 희석, 파괴하므로 결국 지구상의 모든 고유문화는 사라지게 된다. 작금의 다문화 책동은 그 이름과는 달리 결국 인류의 문화다양성을 해치는 미친 짓이며 사기 행각이다.

즉, 알고 보면 단일민족주의야말로 이 시대 인류문화의 다양성 유지와 홍익인간을 위해 필요한 것이며 작금의 세계화니 글로벌화니 하는 건 모두 사이비 세계화이며 국제거대자본을 두목으로 하는 제국주의자들이 세계를 침략하려고 언론 등을 통해 조장한 사기 행각인 것이다. 단일민족주의로 나아가야 모든 국민들에게 이로우며 나아가 세계인들에게도 이로운 것이다. 가장 한국적인 게 가장 세계적이다, 가장 아프리카적인 게 가장 세계적이다, 가장 토속적인 게 가장 세계적이며 이는 영원한 진리라는 사실을 명심해야 할 것이다. 진정한 세계화는 단일민족주의로 하는 것이지 다문화로 하는 게 아닌 것이다.

특히 우리 한국은 단일민족주의를 버리면 주변의 일본, 중국 등 제국주의 국가들의 침략을 다시 받게 되어 생존이 파괴되고 노예 신세로 전락하게 된다는 사실을 알아야 한다. 한국에서 다문화 책동으로 단일민족주의가 사라지면 곧 정신적으로 무장해제하는 꼴이니 주변의 일본, 중국 등 제 국주의 나라들이 가장 좋아할 일이라는 건 너무나 뻔한 것이다.

그리고 우리가 이렇게 국가와 민족을 강조하면서 다문화 책동을 중단시키고 외국인노동자들을 다 내보내야 된다고 주장하니까 그 건 제 나라, 제 민족만 위하는 이기주의라고 말하는 자들이 있는데 그 건 그야말로 헛소리다.

국가와 민족이란 건 원래가 이익집단이므로 자기 집단의 이로움을 추구하는 건 당연한 것이다. 국가와 민족이란 바로 역사적 연고를 같이 하는 각각의 집단들이 자신들의 공동체적 기득권을 수호하고 이익을 추구하기 위해 만든 개념이요 실체이지 무슨 자선단체가 아닌 것이다. 세계의 모든 나라와 민족이 다 그렇게 행동해 왔고 앞으로도 그럴 것이다.

필리핀, 베트남 등 동남아 나라나 서남아 나라들도 자기 나라에 해를 끼치는 외국인이나 외국인 집단에 대해서는 단호하게 대처하여 추방하거나 처벌해 왔으며 세계 모든 나라들이 다 그렇게 해 왔으며 우리도 그렇게 해야 한다는 당연한 주장이 왜 배타적이고 이기적인 행위라고 욕을 얻어 먹어야 하는가? 다문화와 외국인노동자들이 우리 한국에 백해무익이니 중단시키고 내보내야 한다는 당연한 주장이 왜 배타적이고 이기적인 행위라고 욕을 얻어 먹어야 하는가? 그런 욕을 얻어먹을 이유는 하나도 없다.

다문화는 반민족, 반국가, 반통일, 반서민 행위이니 즉각 중단시켜야 한다. 다문화를 중단시켜야 나라가 살고 민족이 살고 국민이 살고 서민이 살

수 있다는 사실을 알고 모든 국민들이 다문화반대 운동에 뛰쳐 나서야 한
다.

□ 배타성에 관하여

그리고 여기서 배타성에 대해 강조하고자 한다. 국가와 민족이라는 건
원래 태생 자체가 배타적이다. 국가라는 존재들이 생겨난 자체가 바로 내
나라와 다른 나라, 내 국민과 다른 국민을 구분하여 권익 면에서 차별하는
행위이고 이 자체가 사실은 배타적이라는 것이다. 그런 배타성을 기본으
로 자신에게 이익이 되고 해가 없는 나라나 사람들과는 교류, 친선을 하고
공존을 하는 게 원칙이지 배타성을 무조건 악으로 여기고 교류, 친선만 강
조하는 행위는 국가의 존립 자체를 무시하는 망동인 것이다.

요새 "배타적이어서는 안된다" "배타성은 나쁘다" 이런 말들이 무
슨 유행처럼 떠돌고 있는데 그 건 다 국제거대 자본을 두목으로 하는 제국
주의자들과 그 앞잡이들이 세계의 모든 민족과 주권국가들을 정신적으로
무장해제시켜 침략하기 쉽게 만들기 위해 그들이 장악한 언론과 교육기관
들을 통해 대중들에게 주입시킨 말들이라는 사실을 알아야 한다.

모든 민족주의나 국가주의는 원래 배타성을 띠는 것이다. 자기 민족이
나 나라에 해를 끼치는 존재들을 막기 위한 게 민족주의이고 국가주의이
니 당연히 배타성을 기본으로 할 수밖에 없으며 그것은 정당한 것이다.

"배타적 민족주의는 안된다" 면서 민족주의에서 배타성을 제거하라는

말은 아예 민족주의를 하지 말라는 말과도 같다. 배타성을 없애란 말은 결국 내 동포와 남의 동포들을 구별하지도 말라는 말이며 그러면 민족주의란 게 아예 성립할 수가 없다. 민족주의는 원래 배타성을 띠는 것이니 민족주의에 '배타적'이라는 수식어는 불필요하며 그런 수식어을 붙여서 왈가왈부하며 민족주의의 내용을 제한하려는 행위는 부당한 것이다.

모든 생명 활동은 나와 남을 구별하는데서부터 시작한다. 나에게 해를 끼치는 존재들이 있으면 배타해야 한다. 우리 민족과 나라에 해를 끼치는 존재들이 있으면 배타해야 한다. 다문화와 외국인노동자들은 우리 민족과 나라에 해를 끼치는 존재들이니 배타해야 한다. 그들을 배타하고도 우리는 관광, 유학, 기술교류, 직장 파견 등의 국제 교류로 얼마든지 세계 다른 나라들과 교류, 친선할 수 있는 것이며 이는 이미 오래 전부터 해 오던 일이다.

배타할 건 배타하고 친선할 건 친선하는 게 정석이다. 배타해야 할 때 배타하지 않으면 침략이나 공격을 받아 망하거나 죽게 되므로 개인이든 집단이든 배타성이야말로 모든 생명활동의 기본이다. 배타성이 우선이고 교류와 친선은 그 때 그 때의 상황에 따라 선택해야 하는 선택 사항인 것이다. 본말이 전도되어서는 안된다.

2012년 3월 8일

- 단일민족은 순혈주의가 아니다.
- 고려 약 500년, 조선 약 500년만 해도 이미 천 년이며 단일민족을 논할 바탕이 된다.

- 이미 단일민족으로 된 우리 한민족은 그 단일성을 유지하기 위해 노력해야 한다.
- 단일민족주의는 대한민국과 한민족의 생존에 필수다. 다문화, 다인종화 책동을 막고 단일민족주의로 나아가야 전체 한국인들의 생존이 보장된다.

- 배타할 건 배타하고 친선할 건 친선하는 게 정석이다.
- 배타해야 할 때 배타하지 않으면 침략이나 공격을 받아 망하거나 죽게 된다.
- 따라서 개인이든 집단이든 배타성이야말로 모든 생명활동의 기본이다.
- 배타성이 우선이고 교류와 친선은 그 때 그 때의 상황에 따라 선택해야 하는 선택 사항인 것이다.

[단일민족]

이 시대에 꼭 필요한 게 바로 단일민족주의라는 사실. 온 국민이 알아야 합니다.

[단일민족]

그 동안 한국은 물론이고 전 세계적으로 주요 언론과 매체들이 단일민족, 민족주의에 대해 편파보도를 해 왔다는 사실을 알아야 합니다. 그런 편파보도의 결과 많은 사람들이 민족주의를 부정적으로 보게 된 것이고 이제 그런 상황을 바로잡아야 합니다.

혈통? 그 건 역사와 문화와 전통의 다른 표현이다

지구상 곳곳의 고유문화라는 것들은 미국이나 호주 등 몇몇 이민 국가들을 제외하고는 대부분 각 종족 내지 민족들이 한 지역에서 오랫 동안 모여 살며 서로 혼인하며 자기들끼리 외모적 친근감을 만들어 가면서 함께 형성한 것들이다.

혈통은 곧 역사와 문화와 전통의 다른 표현인 것이다. 역사와 문화와 전통이란 게 혈통과의 연계없이 어느 날 갑자기 뚝딱 만들어지는 게 절대 아니다.

그리고 그런 고유문화 지역에 다른 혈통들이 대규모로 섞여 들어가면 원래 문화와는 다른 문화들도 함께 대규모로 섞여 들어가게 되어 그 지역 원래의 문화는 희석, 파괴되고 만다.

즉, 혈통이 심하게 훼손되면 결국 역사와 문화와 전통까지 함께 훼손, 파괴되고 말기 때문에 우리는 혈통을 어느 정도 유지해야 한다고 강조하는 것이다. (물론 이는 순혈주의와는 다르다.)

혈통이 절대적인 건 아니지만 함부로 무시되어도 좋은 건 더더욱 아닌 것이다.

어떤 나라에서 혈통을 중시하는 건 역사와 문화와 전통에 대한 애착과 보존 정신으로 봐야지 그 걸 인종주의로 보는 거야말로 인류의 역사와 문화에 대한 무지와 편견에서 나온 작태라고 할 수 있다.

2012년 4월 19일

백범 김구 선생의 민족주의 -- 진정한 우파, 우익의 기본 소양이다

이하 백범일지에서.

근래 우리 동포 중에는 우리나라를 어느 이웃나라의 연방에 편입하기를 소원하는 자가 있다 하니, 나는 그 말을 차마 믿으려 아니하거니와 만일 진실로 그러한 자가 있다 하면, 그는 제정신을 잃은 미친놈이라고 밖에 볼 길이 없다.

나는 공자 · 석가 · 예수의 도를 배웠고 그들을 성인으로 숭배하거니와, 그들이 합하여서 세운 천당 · 극락이 있다 하더라도 그것이 우리 민족이 세운 나라가 아닐진대, 우리 민족을 그 나라로 끌고 들어가지 아니할 것이다.

왜 그런고 하면, 피와 역사를 같이하는 민족이란 완연히 있는 것이어서 내 몸이 남의 몸이 못 됨과 같이 이 민족이 저 민족이 될 수 없는 것은, 마치 형제도 한 집에서 살기에 어려움이 있는 것과 같은 것이다.

둘 이상이 합하여서 하나가 되자면 하나는 높고 하나는 낮아서, 하나는 위에 있어서 명령하고 하나는 밑에 있어서 복종하는 것이 근본문제가 되는 것이다.

이에 대하여 일부 소위 좌익의 무리는 혈통의 조국을 부인하고 소위 사상의 조국을 운운하며, 혈족의 동포를 무시하고 소위 사상의 동무와 프롤레타리아트의 국제적 계급을 주장하여, 민족주의라면 마치 이미 진리권 외에 떨어진 생각인 것같이 말하고 있다. 심히 어리석은 생각이다.

철학도 변하고 정치·경제의 학설도 일시적이어니와 민족의 혈통은 영구적이다.

일찍이 어느 민족 안에서나 종교로, 혹은 학설로, 혹은 경제적·정치적 이해의 충돌로 두 파 세 파로 갈려서 피로써 싸운 일이 없는 민족이 없거니와, 지내어 놓고 보면 그것은 바람과 같이 지나가는 일시적인 것이요,

민족은 필경 바람 잔 뒤의 초목 모양으로 뿌리와 가지를 서로 걸고 한 수풀을 이루어 살고 있다.
오늘날 소위 좌우익이란 것도 결국 영원한 혈통의 바다에 일어나는 일시적인 풍파에 불과하다는 것을 잊어서는 아니된다.

이 모양으로 모든 사상도 가고 신앙도 변한다. 그러나 혈통적인 민족만은 영원히 성쇠흥망의 공동 운명의 인연에 얽힌 한 몸으로 이 땅 위에 남는 것이다.

세계 인류가 네요 내요 없이 한 집이 되어 사는 것은 좋은 일이요, 인류의 최고요 최후인 희망이요 이상이다. 그러나 이것은 멀고 먼 장래에 바랄 것이요 현실의 일은 아니다.

사해동포(四海同胞)의 크고 아름다운 목표를 향하여 인류가 향상하고 전진하는 노력을 하는 것은 좋은 일이요 마땅히 할 일이나, 이것도 현실을 떠나서는 안되는 일이니,

현실의 진리는 민족마다 최선의 국가를 이루어 최선의 문화를 낳아 길러서 다른 민족과 서로 바꾸고 서로 돕는 일이다. 이것이 내가 믿고 있는 민주주의요, 이것이 인류의 현 단계에서는 가장 확실한 진리다.

백범 김구

[단일민족]
민족과 민족문화를 파괴하는 다문화 책동에 앞장서고 있는 새누리당 등은 우파도 아니요 우익도 아니요 보수도 아니지요, 그들은 사이비 우파이며 웰빙집단!! 그리고 민족을 파괴하는 자들은 친일파입니다. 진정한 우파와 우익의 기본 소양은 바로 민족주의와 남북통일주의가 되어야 하는 것입니다.

[단일민족]

백범 김구 선생이 지금의 다문화 책동을 하는 자들을 보시면 어떤 말씀을 하실까요? 아마 틀림없이 다음과 같이 말씀하실 겁니다.

"미친 놈들!!"　　"매국노들!!"

주권국가에서 외국인 차별은 당연한 것이다

그래야 국가라는 게 유지된다

그 것은 어느 나라에서나 진실이며 정의다. 정의라는 건 무조건 불쌍하다고 봐주거나 다 같은 인간이라고 똑 같이 대우해 주는 게 아니라 경우와 시시비비를 따져서 관련자들을 차별적으로 다루는 것이다. 그러지 않으면 국가사회의 기강이 무너지고 무법천지가 되어 나라의 전체 구성원들이 모두 피해를 보게 되어 있다.

그런 피해를 최소화하려면 자연법이 아닌 사회법을 적용해야 하는 것이며 인권도 자연인권이 아닌 사회인권을 적용해야 하는 것이다. 사회인권에 대해서는 이미 말한 바 있다.

몇 년 전에 이루어진 미국의 한 조사에 의하면 어떤 법의 시행에 의해 피해를 보는 사람들이 생겨서 그 법을 바꾸었더니 더 많은 사람들이 피해를 보게 되었다는 사실이 있다.

모든 법이라는 게 그런 것이다. 법은 최대 다수의 인권과 이익을 보호하기 위한 것이고 어떤 법이든지 그 법의 시행으로 인해 알게 모르게 피해를 보는 소수는 생기게 되어 있다. 그런데 지난 수십년 간 한국을 비롯한 세계의 인권 운동가라는 자들은 그런 소수가 피해 본다고 해서 원래의 법을 바꾸어서는 결국 더 많은 사람들이 피해를 보는 사태들을 양산하는 짓들을 벌여 왔다. '인권보호'라는 미명으로 말이다.

국가 내지 정부라는 것의 존재 자체도 최대 다수의 인권과 이익을 보호하기 위한 것이다. 만약에 국가 내지 정부라는 게 없는 무정부 상태가 되면 그야말로 세상은 오로지 힘 있는 자들만이 판을 치고 외세의 침략을 받게 되어 일상의 안정이 보장받지 못하게 되고 그러면 선량한 일반 사람들은 모두 큰 피해를 보게 되어 있다.

그래서 국가 체계와 주권의 유지라는 건 국민의 생존에 필수인 것이다. 그리고 자국민과 외국인을 확실히 구분하고 적절히 차별하는 것, 그게 주권의 기본이고 국제상호주의다. 그래야 정치와 민생과 국가안보가 가능하기 때문이다. 그리고 외국인을 차별한다고 해서 그들에게 어떤 가혹행위를 한다거나 인격적인 모욕을 가한다는 말이 아니라 국가주권에 관련한 권리적 차별을 말하는 것이다. (국민의 피땀어린 세금이 투입된 의료보험 체계와 그 혜택을 외국인에게 적용하지 않는 것도 그런 정당한 차별 중 하나다.)

그런데 지금 우리 한국에서는 인권보호라는 미명으로 마치 외국인들에게 자국민과 똑같은 권리를 줘야 하는 것처럼, 외국인들의 이민을 무조건 받아들여야 하는 것처럼 말하고 그에 반대하면 나치나 인종주의자로 매도하는 억지스런 풍조가 난무하고 있는데 이야말로 주권국가의 국기(國基)를 뿌리채 뒤흔드는 반국가적 주장들이다.

그런 풍조가 난무하고 있는 대한민국은 이미 나라가 아니다. 대한민국은 주권을 포기한 망국노 집단으로 되어 가고 있는 것이다.

지구상 어느 나라가 외국인들에게 자국민과 똑같은 권리를 준단 말인가? 외국인은 그냥 손님으로 대우하면 되고 그들이 〈잠시〉 한국에 있을 때 국제관례상 부당한 대우를 받는 일이 없도록 하면 되는 것이지 그들에게 자국민과 똑같은 권리를 주고 심지어는 아예 국적까지 내줘서 눌러 살게 해주라는 말은 아예 지구상의 모든 주권국가를 해체하라는 무정부주의적 망동이다.

여기서 확실히 말해 두지만 이민을 수용하고 안하고는 어디까지나 각 주권국가들의 고유 권한이고 대한민국이 이민을 수용하지 않는다고 해서 나치나 인종주의자라는 욕을 얻어 먹어야 할 이유는 그 어디에도 없고 실제로 욕하는 나라도 없다. 유럽이나 미국도 지금 이민 수용을 억제하는 쪽으로 가고 있고 그것은 그 나라들의 주권행사인 것이다.

그리고 지금까지 한국에서는 불법체류자들을 〈미등록 이주노동자〉라는 얼토당토 않은 말로 부르며 그들을 한국 땅에 정주화시키지 못하여 안달이 난 세력들이 판을 치고 있고 불법체류자들이 단속반을 집단폭행하는 어처구니없는 일들까지 벌어져 왔다. 이는 외국인 인권만 중시하는 사이비 인권단체들의 등쌀과 난리짓에 외국인들의 인권을 침해했다는 비난을 받을까봐 단속반원들이 상황에 제대로 대처하지 못해서 생긴 일이다.

지구상 어느 나라에서 불법체류자 단속반이 불법체류자들에게 집단폭행을 당한단 말인가?

그런 일이 공공연히 벌어지고 있는 대한민국은 이미 나라가 아니다. 대한민국은 주권을 포기한 망국노 집단으로 되어 가고 있는 것이다.

이 모두가 바로 주권국가에서 〈외국인 차별〉은 당연한 것이라는 사실을 모르거나 무시하는 데서 오는 망국노적 현상이다. 우리가 국가 주권을 잃어서 수많은 비극과 고통을 겪은 지난 백년의 세월을 벌써 잊었단 말인가?

주권국가에서 외국인을 차별하지 않음으로써 생기는 부작용은 고스란히 자국민들 모두에게 치명적인 피해, 즉 망국노 신세로 돌아가게 되어 있다. 이대로 가면, 정치권과 언론의 다문화 책동을 막지 못하면 한국인들에게는 다시 백년 전과 마찬가지로 망국노 신세가 예약되어 있다. 다문화 책동은 미친 짓이니 반드시 막아야 한다. 바로 지금 막아야 한다.

2011년 9월 8일

주권국가의 국민들은 외국인을 혐오할 권리가 있다
이유있고 정당한 혐오는 존중되어야 한다

물론 아무 이유없이 외국인을 혐오해도 된다는 말이 아니라 혐오해야 할 상황이 발생한다면 혐오해야 한다는 말이다. 그런 권리를 부정하고 어떤 경우에도 외국인들을 혐오하지 말아야 한다고 말하는 행위는 주권국가의 존재 자체를 부정하는 매국노 행위이다.

주권국가라는 것은 내국인과 외국인을 분명하게 구별하고 내국인의 이익을 우선시하는 나라를 말한다. 그리고 주권국가의 국민들은 자기 나라의 안전과 전통을 위협하는 외국인들을 혐오하고 경계할 권리가 있다.

이는 국제상호주의이며 인간관계의 연장이기도 하다. 개인과 개인 사이에 서로 혐오하는 일들이 생길 수 있듯이 내국인과 외국인 사이에서도 서로 혐오하는 일들이 생길 수 있다. 우리는 그런 혐오가 정당한 이유가 있는 것인지를 따져야 하는 것이지 혐오 자체를 죄악시해서는 안되는 것이다. 혐오 자체를 죄악시해 버리면 내국인의 외국인에 대한 정당한 비판들을 원천봉쇄하는 것으로 이어지기 쉽고 합리적인 외국인 정책을 가로막아 결국 내국인의 인권을 침해하는 게 되고 만다.

그리고 지구상의 모든 주권국가들에게 이민을 받아들이는 건 선택사항이지 필수가 아니다. 그런데 지금까지 언론과 정치권을 장악한 다문화꾼들은 마치 모든 주권국가가 무조건 외국인들의 이민을 받아들여서 함께 살아야 하는 것처럼 진실을 왜곡하고 국민을 속여 왔다.

우리 대한민국도 주권국가이다.

어떤 외국인들이 내 나라에 해를 끼치는 행위를 한다면, 혹은 외국인들 집단의 존재 자체로 인해 내 나라가 커다란 해를 입는 〈상황〉이 발생하거나 그런 상황이 뻔하게 예상된다면 어떤 국민이든 그런 외국인들을 혐오하거나 경계하고 추방시킬 권리가 있는 것이다. 그런 권리를 부정하고 어떤 경우에도 외국인들을 혐오하지 말아야 한다고 말하는 자들은 모조리 매국노이다.

우리는 경우도 따지지 않고 무조건 외국인들을 혐오해야 한다는 말이 아니다. 특정 외국인들 또는 외국인 집단을 혐오해야 할 상황이 발생하면 혐오할 권리가 있다는 말이다. 그런 혐오의 다음 조치는 추방이나 처벌이다. 범죄를 저지른 외국인은 당연히 처벌해야 하고 외국인 또는 외국인 집단을 추방해야 할 상황이 온다면 추방해야 하는 것이고 그럴 권리가 주권국가 국민들에게는 있다.

그리고 외국인을 혐오하는 게 곧 〈인종 학살〉로 이어지는 것이라는 강요된 트라우마를 깨트려야 한다. 그런 트라우마는 2차대전 후 유대자본과 미국이 자신들의 막가파식 국제권력 획득을 위해 홀로코스트를 부당하게 과장하거나 심지어는 날조까지 하면서 전 세계인들에게 강요한 것이니 깨트려야 한다는 것이다. (유대인들의 그런 행위에 대해서는 따로 이야기하겠다.)

우리는 외국인을 혐오하는 경우가 생기더라도 적법한 처벌이나 추방으로 끝내지 절대 학살 같은 건 하지 않는다는 걸 분명히 해 두며, 그렇게 특정 외국인 집단을 혐오한 결과로 나타난 대표적인 경우의 예를 들면 다음과 같으며 이는 인종학살과는 전혀 다른 것이며 우리가 추구하는 것이기도 하다.

1. 일본은 파키스탄, 방글라데시 노동자들을 받지 않는다.
2. 대만, 싱가포르, 홍콩, 태국 등의 나라도 파키스탄, 방글라데시 노동자들을 받지 않는다.

이는 파키스탄, 방글라데시인들이 하도 문제를 많이 일으켜서 일본 정부 등이 취한 조치인데 결국 특정 외국인 집단에 대한 〈혐오〉에서 비롯된 것이고 분명히 특정 인종을 차별하는 행위인데도 누구도 그런 조치를 욕하지 않는다. 이유있고 정당한 혐오의 결과이고 이유있는 차별이기 때문이다. 어떤 외국인 집단이 〈통계적으로〉 문제를 많이 일으키면 주권국가 정부는 그런 외국인 집단 전체에 대해 입국금지 조치를 취하거나 추방할 수도 있는 것이다.

우리 한국인들과 한국정부도 당연히 그렇게 할 권리가 있다. 이제 외국인을 혐오하는 것 자체를 죄악시하는 여론몰이는 사라져야 한다. 한국의 언론과 정치권은 〈외국인 혐오자〉〈외국인 혐오 단체〉〈제노포비아〉라는 식의 용어 사용을 당장 그만두어야 한다. 그런 식의 용어 사용은 외국인들을 혐오하는 이유와 경우도 따지지 않고 무조건 외국인 혐오는 나쁜 것으로 몰아가는 파시즘적 행위이고 주권국가 국민들의 외국인에 대한 정당한 비판과 조치들을 원천봉쇄하는 매국노적 행위이기 때문이다.

그리고 대만, 싱가포르는 외국인 노동자와 자국 여성들의 결혼 자체도 아예 법적으로 금지하고 있는데 이 역시 주권국가의 당연한 권리이다. 필요하다면 그렇게 해야 한다. 주권국가는 항상 자국민들의 이익을 우선시하는 게 당연하기 때문이다. 세상은 항상 개인으로서의 도덕만 기능하는 게 아니다. 주권국가 국민과 정부로서의 도덕과 처신이 우선해야 하는 것이며 개인으로서의 처신과 주권국가 국민으로서의 처신은 다른 경우가 많은 것이다.

분명히 말하지만 주권국가의 국민들은 외국인을 혐오할 권리가 있다. 이제 이런 사실을 당당하게 주장하여 저 다문화꾼들의 〈외국인 혐오자〉〈외국인 혐오 단체〉〈제노포비아〉와 같은 파시즘적 용어들을 무력화시켜야 한다. 이 글은 그런 파시즘적 용어들에 정면대응하여 무력화시키기 위해 쓴 글이다.

그리고 다문화는 절대 세계적 추세가 아니며 유럽 등 세계 여러 나라들은 이제 다문화의 폐해를 깨달아 다문화를 폐기하고 이민수용을 억제하는 쪽으로 가고 있다는 사실을 알아야 한다. 다문화가 세계적 추세라는 말은 한국의 정치권과 언론이 지어낸 새빨간 거짓말이다.

다문화는 미친 짓이고 매국노 짓이고 반민족, 반통일 행위이니 반드시 막아야 한다.

2011년 7월 27일

[단일민족]

이제 앞으로는 언론이 다문화반대자들에게 〈외국인혐오자〉〈외국인 혐오단체〉〈제노포비아〉라는 말을 사용하면 당당하게 "주권국가 국민들은 외국인을 혐오할 권리가 있다. 이유있고 정당한 혐오는 존중되어야 한다"라고 말하며 정면대응해야 한다는 것이지요. 정면대응이 최선입니다.

즉, 주권국가 국민들이 외국인을 혐오할 권리가 있는지 없는지부터 따지는 걸 논제로 내세워 버려야 하는 것입니다.

극우주의(애국주의)는 대한민국의 생존에 필수다 -- 인간을 이롭게
하는 건 냉철한 극우주의지 어설픈 인권주의가 아니다

다문화(다인종화)는 반민족, 반통일, 반국가, 반서민 행위이니 반드시
막아야 한다는 사실은 양식있는 국민들의 상식이다. 다문화에 반대하지
않으면서 남북통일이나 한류를 이야기하고 서민 생활 향상을 이야기하는
건 헛소리다. 다문화는 모든 대한민국 국민들의 생존과 인권을 위협하는
악의 축이다.

특히 안보적 측면에 주목해야 한다. 다문화는 대한민국이라는 국가와
국민의 안보를 심각하게 위협하는 짓이며 바로 이 글을 읽고 있는 독자 여
러분들과 자녀들의 생존을 위협하는 짓이라는 걸 아래 글을 통해 확인할
수 있을 것이다.

[참고 글] 다문화의 끝은 한민족에 대한 인종청소.

일본, 중국, 러시아, 미국 등 외세가 둘러싸고 있는 한반도 상황은 정글
적 상황이고 그런 정글에서 한국이 단일민족주의를 버리고 다문화, 다인
종으로 된다는 건 곧 정신적으로 무장해제한다는 것이다. 정글에서 무장

해제는 곧 죽음이요 학살을 불러오게 된다.

그런데 다문화에 반대하는 사람들 중에서도 자기의 의견을 말하면서 꼭 "나는 극우주의자나 인종차별을 싫어하는 평범한 사람이며....."라는 전제를 붙이는 경우가 많다. 이는 극우주의와 인종차별을 같은 부류로 취급하는 언사이며 또 이는 어떤 정당한 언행이든 인종차별로 매도해 버리는 다문화 선동 세력들, 사이비 인권단체들과 언론의 공격을 의식해서 하는 말이라는 걸 필자도 알고 있다. 그리고 사실은 그렇게 말하는 사람들도 다문화꾼들의 대대적인 언론공작에 세뇌되어 극우와 인종차별주의가 전혀 다름을 모르고 말한 것이라는 사실도 말해 둔다.

그리고 진실은 이렇다. 모든 편견을 버리고 곰곰히 살펴 보면 오늘날 〈극우주의〉의 내용은 〈애국주의〉의 내용과 일치한다. 극우주의자들의 주장을 가만히 보면 결국은 애국주의인 것이다. 가만히 보면 이 지구상에는 애국주의적 의미의 극우가 있을 뿐 그 동안 언론에서 매도용으로 사용해 온 인종주의적 의미의 '극우'는 존재하지 않으며 만약에 있다면 그것은 그냥 '인종주의자들'이라고 불러야지 '극우'라고 부르면 안되는 것이다.

극우는 열렬한 애국주의로서 주권국가의 유지, 발전을 추구하는 것이지 인종주의와는 전혀 다른 것이며 사실은 좋은 것이며 국가사회의 유지에 필수라는 사실을 이 글에서 말하고자 한다.

□ 좌파와 우파에 대한 정의 -- 극우주의는 열렬한 애국주의다.

좌파와 우파를 정의하는 방법은 사람들마다 다를 수 있다. 예를 들어 자본주의, 시장경제주의를 우파로 보고 공산주의, 사회주의 계열을 좌파로 보는 견해도 있으나 여기서는 일단 다음과 같이 정의해 보려 한다.

1, 우파는 사회 전체의 이익을 부분의 이익보다 우선시하고 자국민의 권익을 외국인들의 권익보다 우선시하는 사람들을 말한다. 이는 사실 국가를 포함한 모든 인간집단 운영의 기본 원칙이다.

2. 좌파는 사회적 약자를 포함한 소수자들의 권익을 챙겨주려는 사람들을 말한다.

그렇다면 어떤 사회에서나 우파가 좌파보다 우선적으로 존중받아야 하는 것이 당연하다. 왜냐 하면 사회 전체가 일단 유지되어야 소수자들의 권익이란 것도 챙겨줄 수 있는 기회가 생기기 때문이다. 사회 전체의 질서가 파괴되면 소수자를 포함한 전체 국민들의 권익과 인권은 사라지고 만다.

이미 말한 바 있지만 소수에 대한 배려는 다수의 여유에서 나오는 것이다. 다수의 존립을 확고히 하고 다수의 권익이 침해되지 않는 선에서만 소수에 대한 배려를 해야 하는 것이다.

국가를 포함한 모든 집단 운영의 기본, 정치의 기본은 바로 최대 다수의 최대 행복을 추구하는 것이며 이를 위해서는 결국 대를 위해 소를 희생하는 일도 감수해야 하는 경우들이 수시로 생기며 그럴 경우 서슴없이 대의(大義)를 택해야 하는 게 바로 정치인들과 공직자들이다. 대소(大小)가 공존불가능한 사안, 즉 소를 택하면 대가 위태롭게 되는 상황에서 인정에 끌려 소(小)를 선택하려는 성향을 가진 자들은 국가사회 전체를 위태롭게 하는 아주 위험한 자들로서 모든 공직과 지도적 위치에서 당장 추방해야 한다.

그리고 이 지구상에서 인간의 생존과 행복은 사실상 국가 단위로 보장되고 영위되는 것이며 국가에서 가장 중요한 것은 바로 주권(主權)이다. 주권을 잃은 국가는 더 이상 국가가 아니며 그 국민들은 외세의 침략에 무방비 상태가 되어 국민으로서의 지위를 상실하고 외세의 노예가 되고 모든 인권은 사라지고 만다는 걸 우리 민족은 지난 백여년 간 처절하게 경험했다.

즉, 국가주권은 모든 사회적 명분과 대의의 최상위에 있는 것이며 그렇게 중요한 주권은 바로 자국민과 외국인을 철저하게 구분하여 권리와 의무에서 차등대우하는 데서부터 시작된다.

그러지 않고 아무나 한국 땅에 와서 살게 하고 한국인과 똑 같은 권리를 줘 버리면 대한민국 땅은 그저 온 세계 나라들의 식민지나 다름없게 되며 모든 한국적인 전통과 역사와 문화는 그들에 밀려 사라지게 된다.

[참고 글] 주권국가에서 외국인 차별은 당연한 것이다.

우파가 가장 중요시하는 건 바로 그런 국가주권 수호와 이를 위한 내외국인 구별과 적절한 차등대우이며 이는 국가 유지를 위해서는 지극히 당연한 일이다. 지극히 당연한 주장을 하는 게 바로 우파 내지 극우인 것이며 이는 모든 국민들로부터 존중받아야 할 대상이지 비난의 대상이 아니다.

반면 좌파는 우파의 종속 변수이며, 건전한 우파가 사회의 다수를 차지하여 사회가 유지될 때에만 좌파가 그에 기생하여 기능하는 게 모든 인간 사회의 원칙이 되어야 하는 것이다. 좌파는 우파에 기생하는 게 원칙이다.

그런데 이 좌파가 그 분수를 망각하고 외국인노동자들을 포함한 소수자 인권 보호를 절대시할 때 바로 지금의 한국처럼 나라가 망할 위기에 몰리게 되는 것이다. (다문화, 다인종화는 결국 나라를 망하게 만드는 것이다.)

모든 국가라는 건 다수의 권익을 기초로 해서 세워졌고 그 게 애초의 약속이고 다수의 권익을 위해 존재하는 게 바로 헌법을 비롯한 법과 제도이며 국가기강이라는 것이다. 소수에 대한 배려는 다수가 안전하고 여유를 가졌을 때에만 가능하다.

그런데 좌파가 자기 분수를 망각하고 소수자 인권 보호를 절대시하여 소수자 권익만 앞세우게 되면 그것은 곧 다수의 권익을 무시하는 것이고 결국 국가 기강을 파괴하여 국가의 존립 자체를 위태롭게 하는 것이며 그렇게 되면 소수자 뿐만 아니라 전체 국민들의 권익과 인권은 철저히 파괴되고 마니 결국은 좌파가 강조하는 소수자들의 인권을 챙겨 줄 길도 영영 사라지고 만다. 그리고 그런 일이 바로 지금까지 대한민국에서 벌어져 왔다. 〈다문화〉와 외국인노동자 인권 보호라는 명목으로 말이다.

□ 우파는 애국자, 극우는 열렬한 애국자

자, 양식 있는 사람들은 이상에서 말한 것만으로도 〈우파 내지 극우〉는 〈애국자 내지 열렬한 애국자〉라는 필자의 말에 동의할 것이다. 우파는 대체로 자기 나라와 국민들을 위하는 사람들을 뜻하고 극우는 그런 일에 더 적극적으로 매진하는 사람들을 뜻하는데 그런 사람들을 뭐라고 불러야 하겠는가? 편견을 버리고 상식으로 바라 보라.

우파는 바로 〈애국자〉인 것이며 극우란 바로 〈열렬한 애국자〉에 다름 아닌 것이다. 그런 애국자들이 2차세계대전 이후 세계 각 나라에서 제국주의 앞잡이 언론들에 의해 〈극우〉라는 어감이 안 좋은 말로 매도되어 온 것이다. (국제금융자본이 그 실체인 제국주의 최고 두목들은 지난 수백년 동안 유럽의 나라들을 세계 침략을 위한 용병으로 이용해 왔으며 그들에게는 유럽 각 나라들의 애국주의도 결국 파괴의 대상이다.)

세상에 자기 나라를 사랑하고 자기 나라 국민들을 위하는 건 너무나 당연한 애국적 행위이며 그러기 위해서는 자국민들과 외국인들을 철저히 구별하여 차등대우하는 게 필수인 것이다. 그러지 않고 자기 나라 국민들을 위하는 방법이 도대체 어디에 있겠는가?
사해동포주의와 홍익인간을 한답시고 자국민과 외국인을 구별하지 않고 똑 같은 권리를 주어 대우해 버리면 외국인들이 끊임없이 한국에 와서 눌러살게 되고 대한민국은 결국 외국인들의 수가 자국민들의 수보다 더 많아지게 되어 '자국민'이라는 용어조차 그 존립기반을 잃어버리게 된다. 자국민과 외국인의 구별이 없어진 나라는 더 이상 나라가 아니며 외세의 손쉬운 침략과 수탈의 대상이 될 뿐이며 이는 우리 민족이 지난 100여년 동안 처절하게 겪은 일이다.

그리고 지금까지 세계적으로 그런 열렬한 애국자들을 폄하하여 각 나라의 애국적 풍토를 제거하고 국제금융자본들(=국제유대자본)이 마음대로 투기질하고 설치는 분위기를 만들려는 공작들이 국제금융자본들과 각 나라 정치인들, 유엔의 결탁하에 세계인들 모르게 대대적으로 진행되어 왔고 그런 공작들에는 신자유주의, FTA 남발, 다문화, 다인종화 책동 등이 있다. 다문화, 다인종화 책동도 제국주의 침략의 수단인 것이며 그 것을 쉽게 하기 위해 각 나라의 애국자들을 인종주의자로 매도하는 공작들을 벌여 온 것이다.

[참고 글] 다문화는 신자유주의 침략의 수단이며 〈대 국민 사기극〉이다.

애국자들 내지 열렬한 애국자들, 즉 우파 내지 극우는 자기 나라와 민족과 국민을 사랑하기 때문에 거대자본과 기업들이 멋대로 설쳐서 자기 국민들을 괴롭히는 짓거리들을 절대 방관하지 않고 막으려 한다. 제대로 된 극우와 민족주의는 제국주의자들, 국제금융자본들에게는 가장 큰 방해물인 것이다.

즉, 국제거대자본들은 세계 각 나라에서 애국자 내지 열렬한 애국자들이 없어져야 자기들이 마음대로 투기질하고 설칠 수 있기 때문에 각 나라의 정치인들을 매수하고 언론을 장악하여 애국자들을 폄하하는 작업을 대대적으로 벌여 왔고 그 가장 핵심적인 수단이 바로 애국자와 열렬한 애국자들에게 〈극우〉라는 안 좋은 어감의 말을 갖다 붙이고 인종차별주의와 동일시해 버리는 일이었던 것이다.

□ 극우주의(애국주의)는 인종주의나 제국주의와는 다르다.

그리고 똑똑히 알아야 한다. 진정한 극우주의자는 국제상호주의자이며 문화상대주의자이며 인종차별을 싫어한다. 내 나라, 내 민족의 소중함을 아는 극우는 다른 나라, 다른 민족들도 똑 같이 소중함을 잘 알고 서로 평화공존하려고 노력하는 것이다.

진정한 극우는 침략을 싫어하고 오히려 아프리카의 마사이족 등 지구상 많은 민족들의 역사와 문화가 사라지는 걸 원치 않고 오히려 잘 보존하고 발전시켜 나가기를 바란다.

진정한 문화상대주의자는 극우주의자들인 것이다. 오히려 각 나라마다 외국인들의 대거 유입을 통한 다문화, 다인종화는 지구상 모든 지역과 모든 나라들을 문화적으로 인종적으로 짬뽕이 되게 만들어 결국 각 지역의 고유한 문화와 역사들을 희석시키고 소멸시켜 버리는 짓거리가 되고 마는 것이다. 다문화, 다인종주의자들은 오히려 지구상의 문화다양성과 문화상대주의를 파괴하는 자들인 것이다.

유럽의 예를 들면 2차세계대전 이후 유럽에서의 이른바 극우란 자기 나라의 문화적, 역사적 정체성을 지키려는 부류들이지 타국에 대한 침략주의가 아닌 것이다. 2차세계대전 이후 유럽 각 나라들이 벌인 침략전쟁도 있기는 하지만 그 이면을 들여다 보면 그 주동자와 기획자는 국제금융자본을 두목으로 하는 제국주의자들이지 극우주의자가 아닌 것이다.

그리고 알아야 한다. 2차세계대전 이후 아프리카, 아시아, 중남미 등의 여러 나라들을 침략한 제국주의 세력과 유럽에서 다문화 다인종화를 조장한 세력은 모두 국제금융자본들로서 같다는 사실을.

□ 지난 수백년 동안 지구상에서 벌어진 침략과 학살은 대부분 제국주의자들과 폭정꾼들과 같은 악당들이 저지른 짓이지 극우주의(애국주의) 탓이 아니다. 뭐든지 악용하는 자들이 있기 마련이다.

지난 수백년 동안 지구상에서 자행되어 온 일본, 유럽, 미국의 침략행위는 극우주의 탓이 아니라 인종주의적 성향을 지닌 제국주의자들과 폭정꾼들의 탓이다.

극우주의(애국주의)는 국가 시스템이 유지발전하기 위한 필수 요소이며 사실상 국가 시스템의 일부분이다. 국가의 유지발전에는 국민들의 애국심과 단결심이란 것도 필수이기 때문이니 국가의 존재와 기능을 부정하지 않는 사람들은 극우주의(애국주의)의 존재도 부정하거나 비난해서는 안된다.

즉, 국가와 그 구성원들의 애국심, 이는 인간사회를 유지하기 위해 시스템적으로 필수 요소인 것이다. 시스템을 악용하는 자들이 문제지 시스템

자체를 문제 삼아서는 안된다. 인류 역사상 국가 간의 전쟁은 수없이 일어났는데 그렇다고 해서 국가라는 게 사라져야 한다고 말하는 사람들은 거의 없다는 사실을 상기해야 한다.

(가) 제국주의자들이 극우주의(애국주의)를 악용한 것이다.

제국주의는 국가사회와 국민에 직접적으로 기반한 게 아니라 특정 이권세력들이 국가사회의 권력을 독점했을 때 그들의 이익을 전 세계적으로 확장하기 위해 생기는 현상이고 그 과정에서 그들은 무엇이든지 이용한다.

종교, 인권주의, 민족주의, 애국주의(극우주의), 국가권력, 국민 등 모든 걸 그들의 침략과 수탈 목적에 악용하는 것이다. 세상 모든 게 제국주의자들에게는 악용의 대상이다.

인류 역사상 국가권력을 매개로 해서 수많은 전쟁이 일어났고 학살도 일어났다. 그리고 말한 대로 제국주의자들이 고의적으로 국가권력을 침략전쟁에 악용한 경우도 많다. 그러나 그렇게 국가라는 게 제국주의자들의 침략수단으로 이용되었다고 해서 국가 자체를 없애야 한다고 말하는 사람들은 없다.

서양 제국주의가 동양이나 아메리카, 아프리카 등을 침략할 때 천주교, 기독교 등 종교를 앞세웠다. 최근세에 제국주의 국가인 미국이 약소국을 침략할 때에는 〈인권〉을 앞세우며 침략한 경우가 많다.

그러나 그렇다고 해서 모든 종교와 인권주의가 지구상에서 사라져야 한다고 말하는 사람들은 별로 없다. 민족주의와 애국주의도 마찬가지로 제국주의자들에게 이용 당하는 경우가 있다고 해서 지구상에서 사라져야 하는 건 아니다.

(나) 폭정꾼들이 극우주의(애국주의)를 타국에 대한 침략주의로 유도하기도 했다.

역사적으로 각 나라마다 내정의 불안을 해소하거나 내정에 대한 국민의 불만을 외부로 돌리기 위해 타국을 침략하는 경우도 있었다.

그렇다면 그런 짓을 한 폭정꾼들을 타도하고 방지하면 그만이지 극우주의(애국주의)까지 배척해야 하는 건 아니다. 극우주의(애국주의)는 악당이 아니다. 지구상 모든 나라에서 애국심 내지 애국주의(극우주의)를 없애라는 건 곧 무정부주의를 하자는 것과 다름없다. 국민들의 애국심 없는 나라는 곧 무너지게 되어 있기 때문이다.

□ 유럽에서 극우주의와 스킨헤드는 구분해야 한다 -- 정식과 변종의 문제다 -- 변종은 어디에나 있을 수 있다. 변종이 있다고 해서 정식까지 매도해서는 안된다.

유럽에도 극우주의(애국주의)자들이 있는데 이는 상기한 바와 같은 애국이념을 갖춘 사람들로서 정식 애국주의 노선을 가는 사람들이라고 보면 된다. 그들은 제국주의자들에게 이용 당하지 않는 이상 아시아, 아프리카 등 다른 나라들의 극우주의(애국주의)와 공존가능하다.

한 편 그런 정식 노선과는 달리 머리를 이상하게 밀고 불특정 외국인들에 대한 폭력을 행사하는 자들이 있는데 그들을 일컬어 '스킨헤드'라고 들 한다. 이는 정식 애국주의가 되지 못하고 탈선한 변종 집단이라고 보면 되며 이들의 존재를 이유로 해서 정식 애국노선을 걷는 사람들(극우주의 자들)까지 매도해서는 안될 것이다. 어떤 나라, 어떤 사안에서든지 방법을 잘못 택하거나 삐딱선을 타는 자들이 있으니 말이다.

그리고 그런 스킨헤드들은 사실 유럽 각 나라에 외국인들이 과다하게 유입되는 시점에 발생하기 시작했으니 그들만 욕할 게 아니라 자국민들의 의견은 무시하고 그런 과다한 외국인 유입 정책을 쓴 각 나라 정치권과 관용주의자들부터 먼저 비난해야 옳다. 그런 관용주의자들은 과다하게 유입된 외국인들이 자국민들과 잘 화합하고 피해를 주지 않을 것이라는 〈근거 없는 자신감〉을 자국민들에게 일방적으로 강요했기 때문에 반드시 그에 대한 책임을 져야 한다.

□ "유럽에서 극우들이 설친다" 이렇게 말하면서 극우를 증오하는 사람들에게 묻고 싶다.

누구나 일자리를 잃으면 굶어 죽게 되므로 일자리보다 더 큰 인권은 없다는 사실은 아는가? 그리고 여러분들의 일자리가 외국인들에게 빼앗겨서 여러분들의 생존권과 인권이 위협을 당한다고 해도 그냥 가만히 있겠는가? 여러분들의 생존권이 위협당함을 무릅쓰고서라도 외국인들은 언제나 배려해 줘야 하고 그 권익을 챙겨줘야 할 대상인가? 정녕 그렇게 생각한다면 여러분들은 도대체 치료약이 없는 사람들이다.

외국인노동자들이 자국민의 일자리를 빼앗아 생존권을 위협한다면 당연히 외국인노동자들을 내보내야 하고 그런 일을 주장하고 관철시키려는 사람들이 바로 극우주의(애국주의)자들이다.

극우는 바로 여러분들의 일자리와 생존권을 외국인들로부터 지켜 주는 존재들이라는 걸 명심하라. 극우를 증오하는 자들은 자신의 일자리를 스스로 외국인들에게 갖다 바치고 자신과 자신의 자녀들이 살아가야 할 이 나라를 스스로 파괴하는 어리석은 자들이다.

□ 극우주의(애국주의)는 대한민국의 생존에 필수다. 극우주의를 해야 대한민국이 산다.

한국은 사방이 제국주의로 무장한 나라들이다. 어느 나라에서나 제국주의에 대항하는 세력은 극우주의(애국주의)와 민족주의일 수밖에 없다. 따라서 극우주의, 민족주의, 극우민족주의가 좋든 나쁘든 한국은 그것을 해야 한다. 한국만 무장해제해서는 안된다.

아래와 같이 우리 주변의 모든 나라가 침략주의, 제국주의로 무장하고 있는데 한국만 사해동포주의를 내세우고 애국주의(극우주의)를 버리는 건 미친 짓이며 자살행위다. 사해동포주의와 홍익인간주의는 필수도 아니며 의무도 아니며 우리가 나중에 남북통일을 하여 힘을 가졌을 때의 선택사항일 뿐이다.

일본.....언제든 군국주의를 부활시켜 한반도를 다시 침략할 나라이다.

틈만 나면 독도 문제를 일으키는 것만 보아도 알 수 있다.

중국.....중화주의로 무장하여 우리에게서 고구려, 고조선 역사 등을 빼앗으려 하고 있으며 우리 민족과 국가의 정체성과 존재를 말살시키고 싶어하는 나라이다.

러시아.......러시아도 기회만 되면 끝없이 영토 팽창을 시도하는 제국주의 국가이다. 오늘날 러시아의 광대한 영토는 바로 최근세의 영토 팽창의 결과이다.

미국.........미국이 제국주의 국가임을 아직도 모르는 사람들이 있는가? 인류 역사상 미국이 일으킨 침략 전쟁과 수탈 때문에 인류가 입은 피해와 고통은 너무나 크다.

이 모든 나라들이 제국주의 행각을 벌이고 있으며 제국주의자들의 이익을 최우선시하고 있다. 그런 상황에서 한국이 외국인들의 권익을 위해 다문화, 다인종화를 한다는 것은 오지랖이 넓다 못해서 찢어지는 지경에까지 온 것이다. 자기 죽을 줄도 모르고 외국인들 걱정부터 하는 천하의 등신국가 대한민국이로다.

돌이켜 보라!! 고구려 역사를 빼앗아 가려는 중국의 동북공정에 온 국민이 분노하던 때가 불과 10년도 안 되었는데 그 때의 그 감정이 바로 〈극우주의(애국주의)〉 내지 〈극우민족주의〉인 것이다. 아니면 그렇게 분노해야 할 이유가 없으니까. 냉정히 돌이켜 보라!! 필자의 말이 맞을 것이다.

수없이 이야기한 바 있지만 한국의 다문화, 다인종화는 우리 민족과 국가의 역사, 문화적 정체성을 파괴하여 결국 고구려 역사를 중국에 팔아넘기는 일에 다름 아니다. 다문화는 반민족, 반국가 행위인 것이다.

외국인노동자들이 불쌍하게 보인다고 해서 그들의 권익을 챙겨 주려고 그들을 한국 땅에 정주화시키고 더 많은 외국인노동자들을 유입시켜 또 정주화시키려는 정치권과 언론의 목적은 바로 한국을 다인종화 시켜 외세의 놀이터로 만들려는 것이며 그것은 바로 우리 민족의 남북통일과 역사와 전통과 국가정체성까지 포기하는 미친 짓이다.

국가, 국제정치 행위에는 언제나 피해보는 소수가 생기게 되어 있다. 정치 행위가 모든 사람들을 100프로 만족시킬 수는 없기 때문이며 외국인에 대해서는 더더욱 그렇다. 어떤 주권국가가 외국인들의 사정까지 봐 주며 권익을 챙겨줘야 할 의무는 그 어디에도 없다. 외국인들은 그저 국제관례에 크게 어긋나지 않을 정도로만 대우해 주면 된다. 한국의 정치권과 사이비 인권단체들처럼 도시락 싸 들고 다니며 외국인들의 인권을 챙겨 주는 건 미친 짓이다.

세계화니 국제화니 하는 것들과 다문화, 다인종화 등은 모두 세계 각 지역의 고유성과 정체성을 파괴하여 침략하기 쉽게 만들려고 제국주의자들이 기획하고 부추긴 것이며 그에 대항해서 나라와 국민과 민족과 〈인권〉을 지킬 수 있는 건 바로 극우주의(애국주의)이지 어설픈 인권주의나 사해동포주의가 아니다.

□ 홍익인간주의를 〈등신주의〉로 만들지 말라!! -- 무분별한 홍익인간 주장은 대한민국을 〈국제 등신〉으로 만들어 결국은 홍익인간을 불가능하게 만든다.

사해동포주의와 홍익인간은 각 나라별로 국가주권과 정체성을 확립하여 자기 나라 국민들의 복지를 향상시킴으로써 실천하는 것이며 그래도 부족한 부분은 유엔 등 국제기구를 통하거나 국제 원조를 통하여 실천하는 것이다. 즉, 개별 주권국가와 국민들은 자기 나라 땅에서 자기 나라 국민들을 우선적으로 챙김으로써 결국은 전 지구적으로 홍익인간 하는 것이지 자기 나라 땅에서 외국인들의 권익까지 자국민들과 같은 정도로 챙겨 주려는 건 오지랖 넓은 짓이며 미친 짓이며 결과적으로는 개개의 국가질서를 파괴하여 오히려 전 지구적인 홍익인간을 방해하는 짓이다.

그리고 다문화, 다인종화는 지구상 모든 나라의 문화적, 역사적, 민족적, 정체성을 다 파괴해 버리고 짬뽕으로 만들어 결국은 모든 나라의 국가주권까지 위태롭게 하는 것으로서 이는 제국주의 침략행위의 일환에 다름 아니다.

홍익인간은 어설픈 동정심이나 인류애로 하는 게 아니다. 철저한 현실인식과 국제역학관계의 본질을 인지한 바탕 위에서 하는 것이다. 그러지 않고 그저 불쌍하니까 보살펴 줘야 한다는 식의 행위는 홍익인간주의가 아니라 등신주의로서 자살행위에 지나지 않는다.

한국 정부와 한국인들이 파키스탄, 방글라데시, 아프리카인들 등을 한국 땅에 불러들여 살게 해 주어야 할 의무 같은 건 그 어디에도 없다. 외국인노동자로 한국에 온 외국인들은 그저 국제 관례에 크게 어긋나지 않는 선에서 그 권익을 챙겨 주면 그만이지 지금까지의 한국과 같이 정부와 사이비 인권단체들이 도시락 싸 들고 다니며 외국인들의 인권을 챙겨주는 건 오지랖 넓고 미친 짓이다.

□ 이상의 논지와 더불어 2011년 7월에 노르웨이에서 일어난 폭탄 사건에 관한 글 몇 가지도 참고로 제시하니 읽어보기 바란다.

노르웨이 폭탄 사건의 근본 원인은 극우민족주의가 아니라 다문화와 다문화 파시즘이었다는 걸 알아야 한다. 다문화를 반대하는 노르웨이 국민들이 자기 의견을 분출할 수 있는 민주적이고 영향력 있는 통로를 노르웨이 정부와 관용주의자들이 멋대로 봉쇄해 버리고 일방적으로 다문화를 밀어붙인 반민주적인 행위, 즉 〈다문화 파시즘〉이 사건의 근본 원인이었다는 사실을 알아야 한다.

어떤 사안에서든 민주적인 의견 분출통로가 봉쇄된 상태에서는 극단의 선택이 일어날 수밖에 없고 그 가장 큰 책임은 바로 의견분출 통로를 봉쇄한 자들에게 있다. 노르웨이 사건 현장의 범인은 물론 처벌해야 하지만 그런 사건이 일어날 수밖에 없도록 만든 노르웨이 정부 관계자들과 관용주의자들도 색출해서 처벌해야 하는 게 노르웨이 국민들의 나아갈 길이다.

[참고 글] 노르웨이에서 폭탄이 터진 이유는? 〈다문화〉와 〈다문화 파시즘〉이 원인이다.

[참고 글] 브레이빅의 주장은 대부분 옳다. 실천의 방법이 잘못되었을 뿐이다.

[참고 글] 노르웨이 사건은 노르웨이 정부의 〈다문화 파시즘〉이 초래한 것.

참고로 한국의 언론들은 노르웨이 폭탄 사건의 원인을 극우민족주의라고 계속 우기고 있는데 그것은 거짓말이며 한국의 언론들도 그 동안 정치권, 사이비 인권단체들과 한 패가 되어 〈다문화 파시즘〉을 저질러 왔다는 사실을 말해 둔다.

그리고 그러한 〈다문화 파시즘〉의 저변에는 묻지마 식의 사해동포주의와 관용주의도 깔려 있다는 사실도 말해 둔다. 무분별한 사해동포주의와 관용주의는 결국 그 의도와는 달리 피를 불러 오게 되어 있는 것이다.

□ 결국 널리 인간을 이롭게 하는 건 극우주의(애국주의)지 어설픈 사해동포주의나 사이비 인권주의가 아닌 것이다. 지구상의 인간 개개인 모두가 각각 하나의 국가와 영토에 속하여 살아가는 게 현실인 이상 자신이 속한 나라를 잘 살게 만들고 각 나라가 평화공존하도록 만드는 게 진정한 홍익인간의 길인 것이다.

어설픈 인권주의와 사해동포주의가 제국주의자들의 불순한 기도와 맞물려 촉발한 다문화, 다인종주의는 필연적으로 각 나라와 민족의 정체성을 말살시키고 국가질서를 파괴하고 다문화, 다인종 집단들 간의 갈등과 충돌과 내전이 일어나도록 만들고 결국 무수한 피를 흘리게 만들므로 오히려 진정한 사해동포주의와 인권에 역행하는 짓이라는 걸 알아야 한다.

[참고 글] 이 지구상에서 다문화를 해서 잘 된 나라는 하나도 없다. 다문화는 오히려 분열과 내전과 학살을 불러오는 것이다.

극우주의(애국주의)는 대한민국의 생존에 필수다. 다문화 책동은 반민족, 반통일, 반국가, 반서민 행위이니 반드시 막아야 한다.

아름다운 다문화는 없다. 불가능하다. 다문화(=다인종화)는 피를 부르는 것이다.

2011년 11월 9일

- 우파는 애국자, 극우는 열렬한 애국자이며 인종주의와는 다르다.
- 극우주의는 애국주의이며 주권국가 유지, 발전의 논리이며 국제상호주의에 바탕한다. 다른 나라의 애국자들도 존중하는 것이다. 즉, 극우주의는 서로 다른 민족과 국가에 대한 상호존중에 바탕한다.

- 제국주의자들과 그 앞잡이들이 각 나라의 애국주의자들에게 '극우'라는 딱지를 붙여 매도해 왔다. 각 나라에서 애국자들이 사라져야 제국주의자들(=국제금융자본)이 마음대로 활개칠 수 있기 때문이다.

– 극우주의(애국주의)는 사실 좋은 것이며 인종주의, 제국주의와는 다르다.

– 진정한 극우주의(애국주의)는 인종차별을 싫어한다.

– 예를 들어 극우주의(애국주의)는 아프리카의 마사이족을 포함한 모든 민족들이 영원히 자신들의 역사와 전통을 보존할 것을 바란다.

– 극우주의(애국주의)는 국가 시스템이 유지발전하기 위한 필수 요소이며 사실상 국가 시스템의 일부분이다. 국가의 유지발전에는 국민들의 애국심과 단결심이란 것도 필수이기 때문이다.

– 극우주의(애국주의)는 대한민국의 생존에 필수다. 극우주의를 해야 대한민국이 산다. 중국, 일본 등 제국주의 나라들이 대한민국의 주변에 존재하기 때문이다.

– 각 나라에서 극우주의(애국주의)가 사라지면 가장 이득을 보는 자들은? 국제금융자본을 필두로 하는 제국주의자들이다. 각 나라에서 마음껏 투기질을 하고 민중들을 농락할 수 있게 되기 때문이다.

– 각 나라에서 극우주의(애국주의)가 사라지면 가장 피해를 보는 사람들은? 결국 대다수의 일반 민중들이다. 극우주의를 버리고 다문화, 다인종 사회가 되면 서로 평화롭게 살 것 같지만 천만에. 인종갈등과 분열이 일어나서 제국주의자들이 조종하기 딱 좋은 상태로 되어 버린다. 다문화, 다인종 사회는 제국주의자들의 노예가 되는 지름길이다.

[단일민족]

  지금까지 〈극우〉라는 말은 다문화꾼들이 다문화반대자들과 애국자들, 민족주의자들을 공격하는 가장 효과적인 수단으로 쓰였지요. 그런 공격에 대한 가장 효과적인 대처는 바로 〈극우는 사실 좋은 것〉이라는 걸 증명해서 국민들에게 알려 나가는 것입니다. 그게 사실은 〈극우〉라는 소리 들을까봐 겁내며 다문화꾼들과 언론의 눈치를 보는 것보다 훨씬 좋고 빠른 길입니다. 그리고 본문에서 말한 대로 극우는 인종주의와는 전혀 다르고 오히려 인종주의를 싫어한다는 사실도 적극적으로 부각시킬 필요가 있습니다.

극우민족주의가 좋은 것이든 나쁜 것이든 그것은 한국인들의 숙명이
지 선택사항이 아니다

참으로 한심한 것이 〈극우〉라는 단어 자체에만 집착, 몰입해서 필자가
쓴 글의 내용과 주장들의 전체적인 맥락은 무시하고 멋대로 넘겨 짚어서
필자를 '파쇼'라고 비난하는 사람들이 있더군요. 이 모두가 국제금융자
본을 포함한 제국주의자들과 그 앞잡이 언론들이 대중들로 하여금 〈극우
〉라는 단어만 보면 앞뒤 가리지 않고 광분하여 거부하게끔 끊임없이 세뇌
해 왔기 때문입니다.

[관련 글] 극우주의(애국주의)는 대한민국의 생존에 필수다 —— 인간을
이롭게 하는 건 냉철한 극우주의지 어설픈 인권주의가 아니다.

토론은 논리와 맥락을 짚어 가면서 하는 것이지 자기 정서로 하는 게 아
니며 특정 단어에만 몰입해서 하면 안된다는 사실을 알아야 합니다. 같은
단어라도 필요에 따라 새롭게 의미규정해서 쓰는 경우도 있고 필자가 쓴
〈극우〉라는 말도 그렇습니다. 항상 단어에 몰입되지 말고 글의 전체 맥락
과 취지를 봐야 하는 것입니다. 〈극우〉라는 단어만 보고 광분하면 안되는

것입니다.

그리고 토론은 상대방이 실제로 한 말들만 가지고 논쟁해야 합니다. 하지도 않은 말들을 넘겨 짚어서 비난해서는 안되는 것입니다. 넘겨 짚이는 것이 있더라도 그것은 그 게 실제 발언이나 행동으로 구체화 되었을 때 왈가왈부해야 하는 것이고 그러지 않으면 토론이라는 것 자체를 억압하는 파쇼 행위가 되고 맙니다.

그럼 본론으로 들어가서 우선 이미 이야기한 바 있는 내 주장들을 몇 가지 나열해 봅니다.

1.필자가 말하는 극우민족주의는 국가공동체 유지의 필수 요소인 우파 내지 극우주의(애국주의)와 민족주의를 결합한 말이며 인종주의를 배제한 말이다. 즉, 극우민족주의 = 극우 + 민족주의, 인 것이며 앞으로 이런 식의 용어 정의가 널리 퍼져 사용되어야 할 것이며 이는 그 동안 제국주의 앞잡이 언론들에 의해 인종주의로 매도되어 온 우파 내지 극우(애국주의)의 명예 회복을 위해 꼭 필요한 일이다.

2. 역사 이래 지구는 약육강식의 정글이며 한반도 주변에도 일본, 중국, 미국, 러시아 등 제국주의 나라들이 정글을 형성하고 있으며 그들은 모두 극우 내지 민족주의를 기본으로 하고 있다. 정글에서는 정글의 법칙을 따라야 하며 정글에서 도덕을 논해서는 안된다. 논하더라도 그것은 적을 이기기 위해서 해야 한다. (물론 정글에서 도덕을 논하지 말라고 했다고 해서 그 게 꼭 다른 나라와 민족을 아무 이유없이 침략해도 된다는 말이 아

니고 꼭 이런 설명을 해야 할 필요도 없음은 양식있는 분들은 다 아실 겁니다. 필자가 말하는 정글이란 국내적으로 그렇다는 게 아니라 국제적인 환경을 사실대로 말하는 것이며 그런 국제 정글에서 살아남으려면 외국인에 대한 정책도 정글의 법칙에 따라서 냉정해야 한다는 말입니다. 외국인 정책 등을 온정주의와 어설픈 인권주의에 몰입되어 해서는 안된다는 말입니다.)

3. 따라서 정글의 법칙에 따라 한국에서 극우민족주의는 한반도에 살고 있는 절대다수의 생존을 위해 필수이며 숙명이다.

4. 한국에서 강력한 극우민족주의는 국내적으로 다른 가치들을 크게 억압하지 않고도 할 수 있으며 정당하고 필요하며 좋은 것이다.

5. 그리고 꼭 정글의 법칙을 거론하지 않더라도 극우민족주의는 그 자체로 한국과 한국인들에게 이롭고 의미있고 좋은 것이다. 국가와 민족의 정체성과 공동체 의식을 고양하는 것이니 말이다. 어떤 집단이나 그 집단의 정체성과 공동체 의식을 고양하는 건 모든 집단의 기본 생리이자 가치 추구 행위 중 하나다.

6. 우리가 추구하는 극우민족주의는 결코 다른 민족이나 나라에 대한 침략으로 흐르지 않을 것이다.

7. 우리가 추구하는 극우민족주의의 내용은 학교나 언론 등을 통해 국민들에게 고조선, 고구려 등 역사 의식과 민족문화, 정체성 보존 의식을 철

저히 고취하여 정신무장을 시키는 게 전부다. 물론 이미 거론된 다문화와 외국인노동자 수입에 적극 반대하는 것도 포함된다.

．．．．．．．．．．．．．．．．．．．．

그런데 이상의 주장에도 불구하고 그런 극우민족주의는 반드시 다른 민족이나 나라에 대한 침략과 공격으로 흐르게 되니 하지 말아야 한다고 말하는 사람들이 있어 문제인 것이며 그들은 그런 가능성을 지레 100프로 확신하고는 극우민족주의자들을 파쇼라고 멋대로 부르고 있는 것입니다. 그리고 그런 멋대로 식 행위들에 대하여 나는 다음과 같이 반론합니다.

．．．．．．．．．．．．．．．．．．．．

1, 한국의 극우민족주의가 반드시 다른 민족이나 나라에 대한 침략으로 흐를 것이라는 건 아직 전혀 현실화되지 않은 것으로서 추측일 뿐이다. 그런 추측이나 가능성에 대한 확신을 일반에 강요해서는 안된다. 그런 강요 행위야말로 한국인들의 자구적 정신무장을 방해하는 파쇼 행위이며 한국인들에 대한 인권침해 행위이다. 반면 한반도 주변이 정글이며 한국인들이 국제무대에서 정글의 법칙에 따라야 한다는 건 누구도 부인할 수 없는 현실이다.

2. 국가나 민족에게는 (1) 국가,극우민족주의를 통한 정신적인 무장, (2) 군대를 통한 무기적인 무장, 이 둘이 모두 필요하며 그러한 필요 행위나 존재가 미래에 침략으로 흐를지도 모른다고 해서 지금 그 행위나 존재에

제동을 걸어서는 안된다.

3. 말했듯이 국제무대는 정글이다. 정글에서는 정글의 법칙을 따라야 하며 한없이 냉정해야 하며 온정주의와 어설픈 인권주의에 〈몰입〉되어서는 안된다. 즉, 극우민족주의가 반드시 100프로 다른 민족이나 나라에 대한 침략과 공격으로 흐르게 된다고 해도, 극우민족주의가 원래 아주 나쁜 것이라고 해도 그것이 정글에서 살아남기 위해 필요하다면 해야 하는 것이다. (그런 필요성에 대해서는 다른 글에서 따로 더 자세히 이야기하겠습니다.) 국제무대가 정글임을 아는 이들은 누구나 필자의 이 말에 공감할 수 있을 것이다.

....

이상의 논지에 대해 예를 들어 설명하면, 물리적인 폭력이란 게 나쁜 거라는 건 모든 인간들의 공통적이고 원초적인 관점이지만 그것은 어디까지나 원론적이고 자연법적인 것일 뿐이며 인간 사회에 실제로 적용되는 것은 사회법이며 상황논리인 것입니다. 인간 사회에서는 같은 폭력이라도 항상 나쁜 게 아니라 상황에 따라 그 가치가 달라지며 경우에 따라 정당방위라는 게 성립되듯이 사상이나 주의도 마찬가지입니다.

방금 말했듯이 인간 사회에서 경우에 따라 물리적인 정당방위가 성립한다는 사실을 부정할 수 있는 사람들은 아무도 없을 겁니다.

그리고 사상이나 주의는 결국 어떤 다양한 상황들을 가정하고 그에 대한 행동을 예비하기 위한 것이니 유사시에 물리적인 정당방위라는 걸 〈제때에〉 할 수 있으려면 평소에 사상이나 주의 면에서도 준비가 되어 있어야 하고 그런 사상이나 주의의 정당성 여부에 대한 판단도 당연히 경우와 상황 논리에 따를 수밖에 없는 것입니다.

그리고 역사 이래 지구는 정글이고 한반도 주변도 정글이라는 사실, 이런 상황에 입각하여 한국에서의 극우민족주의라는 게 사상적, 주의적 정당방위이자 필요한 정신무장으로 인정받아야 하는 것입니다.

즉, 한국에서의 극우민족주의는 일본, 중국, 미국, 러시아 등 제국주의 세력들이 존재하는 정글적 환경에 반드시 필요한 것이며 한국인들의 숙명이지 선택 사항이 아닌 것입니다. 정글에서 인간의 선택은 항상 제한 받습니다. 한국과 한국인들이 국제적인 정글에 처해 있다는 사실을 인정하고 모든 문제를 다루어야 합니다.

한국에서 극우민족주의가 평소에 준비되어 있지 않으면 한반도에 만약의 사태가 닥쳤을 때 한국인들은 제 때에 필요한 정당방위들을 할 수가 없게 됩니다. 평소에 정신무장 된 국민과 민중과 민족들만이 유사시에 필요한 방어적, 저항적 행동들을 할 수 있는 것입니다.

평소에 아무런 민족주의적 정신무장도 없고 준비도 안하다가 그런 저항적, 방어적 행동들이 갑자기 나타날 수 있는 게 아닌 것입니다. 그리고 한국이 평소에 민족주의를 하려면 강력한 극우민족주의를 할 수밖에 없으며 그러지 않고 평소에 민족주의에다가 방어적이어야 한다느니 저항적이어야 한다느니 하는 말로 제한을 가하는 건 아예 민족주의를 하지 말라는 말과도 마찬가지이며 그것은 일본, 중국, 러시아, 미국 등 제국주의 나라들과 프메가 원하는 바이기도 하다는 사실을 말해 둡니다.

한반도 주변이 정글이라는 사실을 망각하고, 그런 경우와 상황을 망각하고 자연법적인 인권과 도덕주의를 강요하며 극우민족주의를 매도하는 행위야말로 한국인들에 대한 폭력이며 파쇼 행위이며 인권침해이며 비도덕이라는 사실을 알아야 합니다. 상황에 맞지 않는 행위가 바로 비도덕인 것입니다.

2012년 2월 11일

[단일민족]

한국의 극우민족주의가 일본의 침략주의자들에게 명분을 줄 것이므로 해서는 안된다는 주장을 하는 사람들도 있던데 그 건 쓸데없는 걱정이지요. 왜놈들이 언제 명분이 있어서 한반도를 침탈했습니까? 그 놈들이 무슨 명분을 갖다 붙이든 한국은 한국인들의 정신무장을 강화하고 군사력을 키우면 되는 겁니다. 정글에서 우리의 정신무장과 물리적 무장이 적에게 명분을 줄 것이라는 생각 자체가 어처구니없고 몰상식한 것이지요. 우리가 무장하든 말든 침략주의로 무장하는 왜놈들인데 말이지요.

[단일민족]

한반도는 아직도 전시 상황입니다. 그 전시 상황이란 남북한의 군사적 대치를 말하는 게 아니라 일본, 중국, 미국, 러시아 등 제국주의 나라들과 프메들이 호시탐탐 한민족 말살을 노리고 있으니 명백히 외세와의 전쟁 상황이라는 것입니다. 그런데 적지 않은 한국인들은 지금 총소리만 안 들린다고 하여 평화시기로 착각하고 정글과 전시 상황이 아닌 평화시기에 통용되는 도덕주의 논리들만 들이대며 자꾸 극우민족주의를 파쇼라고 비난하는 행태들을 보이고 있는 것입니다.

민족주의 담론의 대전제 -- 국제무대는 정글이다

민족주의에 대한 이야기가 나올 때마다 민족주의에 반대하는 사람들이 흔히 하는 말이 있으니 아래와 같습니다.

"민족주의는 유럽 등에서 너무 큰 학살과 폐해를 일으켰으니 하면 안된다."

이는 얼핏 그럴듯한 말처럼 들려서 보통의 사람들이 현혹되기 쉽습니다. 바로 이 말에 현혹되어 적지 않은 한국인들이 민족주의의 정당성과 필요성을 부정하게 되었고 급기야 오늘의 사태에까지 이르게 된 것입니다.

그러나 조금이라도 현실감각이 있는 사람들이라면 저 말의 헛점을 찾아낼 수 있어야 합니다. 그 헛점이란 무엇일까요? 그 건 바로 국제무대는 영원한 정글이라는 대전제를 망각하거나 무시했다는 것입니다.

민족주의 담론의 대전제는 바로 〈국제무대는 정글〉이라는 피할 수 없는 현실이고 국제무대가 정글이라는 건 우리 민족을 포함한 세계 모든 민족과 국가들이 지난 수백년 간 서양, 일본 등 제국주의 국가들의 침략을 받으며 처절하게 경험한 것임에도 많은 한국인들이 그저 당면한 일상의 평온함에 빠져서 그런 사실을 망각한 상태에서 민족주의에 대해 오판을 하고 있는 것입니다.

즉, "민족주의는 유럽 등에서 너무 큰 학살과 폐해를 일으켰으니 하면 안된다" 하는 말은 그런 대전제가 없을 때 그나마 〈부분적으로〉 맞는 말이지 엄연히 냉엄한 대전제가 존재하는 상황에서는 100프로 틀린 말이 되는 것입니다.

정글에서 살아남으려면 정신적으로나 군사적으로나 무장을 해야 하며 민족주의는 바로 정신적인 무장에 해당되는 것입니다. 민족주의가 과거에 다른 나라들에서 어떤 학살과 폐해를 일으켰든 그에 상관없이 국제 정글에서 한국인의 민족주의는 필수이자 숙명이지 선택이 아닌 것입니다.

물론 우리가 추구하는 민족주의는 세계 모든 민족들이 각자 정체성을 지키면서 평화롭게 상호공존하는 차원의 것이지만 설사 지금 우리의 의도와는 다르게 미래에 우리 민족이 다른 나라들을 침략하는 일이 벌어진다고 해도 우리는 지금 민족주의를 해야 하는 것입니다. 그러지 않으면 중국, 일본 등 주변의 침략국들에 의해 우리 민족이 제일 먼저 학살당하고 사라지거나 노예 신세가 되고 말기 때문입니다. 주변의 침략국들은 여전히 한반도를 호시탐탐 노리고 있다는 사실을 잊어서는 안됩니다.

또한 민족주의를 안하고 대한민국이라는 국가만 유지한다고 해서 한국인들의 안전이 보장되는 게 아닙니다. 남북 분단이 지속되면 남한과 북한은 언젠가는 중국, 일본 등에 의해 각개 격파되어 100년 전 망국의 고난을 다시 겪게 됩니다. 따라서 우리는 반드시 남북통일을 이루어서 강력한 통일국가로 나아가야 우리와 후손들의 안전이 보장되는 것이며 남북통일의 원동력은 바로 남한과 북한이 한 핏줄이라는 의식에 바탕한 민족주의가 될 수밖에 없는 것입니다.

[참고 글] 다문화는 남북통일을 불가능하게 만들어 버린다.

그리고 "민족주의는 유럽 등에서 너무 큰 학살과 폐해를 일으켰으니 하면 안된다" 이런 식의 말이라면 장래에 학살과 폐해를 일으킬만한 모든 존재와 제도들을 다 없애야 한다는 게 되고 맙니다.

인류 역사상 국가라는 이름으로 수많은 전쟁과 학살이 일어났으니 우리는 지금 대한민국이라는 국가를 없애야 할까요? 또 그런 국가들은 군대를 동원하여 전쟁을 했으니 우리는 지금 대한민국 군대도 없애야 할까요? 인류 역사상 종교의 이름으로도 수많은 전쟁과 학살이 일어났으니 우리는 지금 모든 종교를 없애야 할까요? 절대 아니라는 건 모두 아실 겁니다.

국가와 군대와 종교가 미래에 침략과 학살을 일으킬지 모른다고 해서 없애서는 안되듯이 민족주의도 마찬가지입니다. 민족주의는 국가와 군대와 마찬가지로 필수적인 생존 수단이자 방어 수단이자 단결 수단으로 봐야 하는 것입니다. 생존과 방어를 위해서는 단결이 필수이고 한국에서 가장 효율적인 단결 수단이자 남북통일의 수단은 바로 민족주의인 것입니다. 국가의 단결은 보통 국가 구성원들의 동질성 내지 공감대를 바탕으로 이루어지며 한국에서는 민족주의가 바로 그에 해당되는 것입니다.

자, 이제 "민족주의는 유럽 등에서 너무 큰 학살과 폐해를 일으켰으니 하면 안된다" 이런 말을 하는 한국인들이 있는 걸 보면 얼마나 한심스러운지 독자 여러분들은 아실 겁니다.

아니 도대체 우리 한민족은 지난 수백년 동안 민족주의로 남을 침략한 적도 없고 오히려 제국주의 국가들에 의해 침략당하여 모진 고난을 겪어 왔는데. 그런 한국인들이 "민족주의는 유럽 등에서 너무 큰 학살과 폐해를 일으켰으니 하면 안된다" 라고 말하는 건 경우실종의 대명사라고 할 수 있습니다. 즉, 행패는 서양과 일본이 부렸는데 반성은 한국인들이 하는 얼빠진 일들이 벌어져 온 것입니다. 정작 서양과 일본의 제국주의 세력들은 제대로 반성도 하지 않고 여전히 다양한 방법으로 약소 민족과 국가들을 침탈하고 있는데 말입니다.

한국이 민족주의를 버린다고 해서 주변의 중국과 일본도 같이 버리는 일은 절대로 없다는 사실을 알아야 합니다. 중국은 동북공정 등으로 한국을 침략하고 있고 일본도 호시탐탐 재침의 기회를 노리고 있는 현실. 따라서 한국이 민족주의를 버린다는 건 곧 전쟁터에서 혼자만 착하게 보이려고 총을 내려 놓는 등신 짓과도 같다는 말입니다. 그리고 착하게 보였다는 만족감은 아주 잠깐인 반면 외세의 침략에 가족친지와 이웃들이 학살당하고 노예신세가 되는 고통은 영원하고 무한대입니다. 민족주의를 버리게 되면그렇게 되고 맙니다.

 민족주의 담론의 대전제, 잊어서는 안됩니다. 국제무대는 정글이며 정글에서 민족주의를 버리는 건 곧 무장해제라는 사실.

 정글에서 무장해제는 곧 죽음이며 지금 정치권과 언론의 반민족, 반통일적인 다문화 책동이 바로 그런 무장해제를 주도하고 있습니다. 다문화 책동을 막아내고 민족주의로 나아가야 국민이 살고 민족이 살 수 있습니다.

                                        2012년 8월 8일

 - 민족주의는 싫어도 해야 하는 것. 그래야만 하는 정글적 상황이 형성되어 있다.
 - 민족주의가 좋은 것이든 나쁜 것이든 그 것은 한국인들의 숙명이지 선택사항이 아니다.

배타경끼즘을 버려라!! -- 개인이든 민족이든 국가든 적절한 배타
성은 필요하며 생존에 필수다

한국 사회에서 민족과 민족주의를 이야기하면 꼭 따라 다니는 말들이
있으니 혹은 민족주의를 아예 부정하면서 혹은 민족주의를 인정하면서도
무슨 요술에 걸렸는지 하나같이 하는 말들이다. 그것의 유형은 대개 다음
과 같다.

"민족주의는 배타적이어서 안된다."
"민족주의를 버리자는 말이 아닙니다. 배타적인 민족주의는 안된다는
말입니다."

전자는 아예 민족주의 자체가 배타적이라는 이유로 부정하는 것이고 후
자는 민족주의의 필요성을 인정하면서도 그것이 배타로 흘러서는 안된다
는 것이다.

이 둘의 공통점은 그러한 배타에 선행된 명분과 과정에 대한 고려가 전
혀 없이 〈배타〉라는 것을 무조건 싫어하고 '배타'라는 말에 무조건 경
끼를 느끼는 〈배타경끼즘〉에 걸려 있는 사람들이 하는 말이라는 것이다.

그런 배타경끼즘 역시 오늘날 문제가 되고 있는 '착한 한국인' 증후군의 하나가 아닐 수 없다.

(그리고 그런 '착한 한국인' 증후군은 그 동안 외세가 만들어 놓은 교묘한 논리가 한국의 교육제도와 과정 등에 침투하여 조장하는 측면이 있다. '서양의 근대 민족주의'에 관한 강론도 마찬가지이다. 그런 이론을 배운 한국인들이 정작 자신들의 생존에 필수적인 민족주의를 싫어하게 되는 기현상이 벌어지고 있는 것이다.)

과연 배타란 무조건 나쁜 것일까? 우리는 〈이유있거나 선량하거나 정당한 배타〉마저 부정적으로 봐서는 안 될 것이니 이를 악의적이고 부당한 배타와 구분하는 안목을 길러야 할 것이다.

차별에도 정당한 차별과 부당한 차별이 있듯이 배타도 마찬가지이다. 민족주의를 강조하는 이들 중에 아무런 이유없는 또는 악의적인 배타를 하자는 사람들은 없다.

인간사회에서의 상호관계를 크게 다음과 같이 분류해 놓고 이야기해 보자.

갑 -- 교류, 친선, 화합, 우호, 동반
을 -- 무관심, 단절, 배타, 적대

□ 배타성은 친화성에 우선하는 것이다.

세상 대부분의 사람들이 갑-계열을 선호하며 학교에서도 그렇게 가르친다. 그러나 사실 인간을 포함한 자연계에서는, 특히 국제사회에서는 적자생존의 먹이사슬과 침략과 기만이라는 변수가 적용되어 생존의 법칙상 구별과 배타성은 친화성에 우선하는 것이다.

생존을 위해서는 누구나 나와 남을 구분하고 〈일단 배타 후 친화〉라는 기제를 작동시킨다. 적이 아니라는 판단이 서야만 하는 것이다. 그러지 않고 무조건 친화하면 살아남을 수가 없다.

무릇 어떤 개인이나 단체든 교류, 친선과 같은 〈갑-계열의 처신〉만으로는 살 수 없으며 적절히 배타, 무관심 등 〈을-계열의 처신〉도 하면서 살아가는 것이 자연스럽다. 살다 보면 그렇게 해야만 하는 환경이 수시로 만들어지기 때문이다.

살다 보면 이유가 있든 없든 주변사람들과의 접촉을 끊거나 줄이고 싶은 경우도 생기게 마련이며 이유없이 그런 경우를 특별히 '선량한 배타'라 이름한다. 남에게 피해를 주는 것은 아니기에 말이다.

그리고 살다 보면 자신에게 손해를 입혔거나 그럴 가능성이 있는 사람들을 만나게 되는 경우도 있으니, 그런 사람들을 배척하고 심한 경우 적대감까지 느끼는 것은 매우 당연한 것이다.

을-계열의 처신은 사실 기본적으로 자신의 생존과 방어를 위한 것이지 타자를 침략하기 위한 것이 아닌 것이며 누구에게나 적절한 〈방어적 배타

〉는 필수인 것이다. 〈침략적, 비하적 배타〉만 하지 않으면 된다.

〈방어적 배타〉는 상호인정에 바탕을 둔 공존적 배타라 할 수 있다. 아(我)가 타(他)의 존재를 인정은 하지만 교류나 친선은 무조건 하는 게 아니라 상황에 따라 선별적으로 하며 자신에게 해를 끼치는 자들과는 친선하기 싫다는 의미의 배타이다. 사회생활을 하다 보면 친하게 지내는 사람이 있고 그저 그런 사람이 있고 아예 싫어하는 사람이 있듯이.

〈비하(卑下)적 배타〉는 침략적 배타와 동의어라 할 수 있다. 타인이나 타 집단의 존재 자체를 부정하고 비하하여 그들에게 해를 끼치는 것을 당연시 하는 게 바로 비하적 배타요 침략적 배타라 할 수 있다. (이는 특히 근대에 서양과 일본의 제국주의가 너무나 많이 저지른 것이다.)

이상은 민족이나 국가 등 집단의 경우에도 마찬가지이다. 배타성을 무조건 싫어해서는 안되는 것이며 민족주의는 적절한 방어적 배타를 필수로 하는 것이다.

인간세상에서 각 존재들 간에 선을 긋는다는 의미에서의 배타 등 어느 정도의 배타는 필수이며 국가와 민족들 간의 교류나 친선도 아와 타의 정체성이 구분된 상태에서 하는 것.

민족주의란 기본적으로 우리 한민족을 포함한 지구상의 각 민족들이 교류와 친선 등 갑-계열의 처신을 선호하되 생존과 방어를 위해 〈필요한 경우〉 배타나 단절 등 을-계열의 처신도 망설임없이 할 수 있는 〈준비태세〉

를 평소에 갖추어 놓자는 것이니, 민족주의는 곧 배타준비태세를 환기(喚起)하는 강조어라 할 수 있다.

그리고 이는 특히 한미FTA 등과 같은 침략적인 세계화와 신자유주의가 판을 치는 현재의 상황에서는 그 대응책으로 반드시 필요한 것이다. 민족주의에서 배타성을 제거하라는 말은 곧 민족주의를 하지 말라는 말과도 같다.

□ 박애와 차별애 -- 착각해서는 안된다. 민족과 국가는 역사적, 문화적, 혈연적 연고를 같이 하는 집단이 자신들의 기득권적 이익과 전통을 수호, 증진하려는 이익집단이지 아무에게나 선심을 베푸는 자선단체가 아니다. 이익과 전통을 수호, 증진하려면 박애보다는 차별애(편애)가 우선이고 차별애를 하려면 적절한 배타가 기본이다. 지구상 모든 나라가 그렇게 하며 자국민들의 인권과 권익을 외국인들의 것보다 우선시하는 차별애를 실천하고 있는 것이다.

기본적으로 어떤 개인이나 집단도 생존원리상 〈선 배타 후 친화〉의 기제를 취한다고 했다. 아무하고나 친하지는 않는다. 평소에는 (침략이 아닌) 각종 교류를 통해 이익을 추구하지만 자신의 이익을 침해하거나 존립을 위협하는 존재에 대해서는 배타를 하고 저항을 하므로 이익집단인 것이다. 전 세계 모든 집단이 그러하다.

마찬가지로 민족은 배타적인 이익집단이다. 팔은 안으로 굽는다(차별애/편애)는 말이 민족이라는 존재에도 적용된다.

이러한 의견에 동의하지 않는 이들은 그럼 민족이 도대체 어떤 존재이기를 원하는가? 무조건 자비와 박애를 실천하는 자선단체이기를 원하는가? 적이든 누구든 아무하고나 친선교류하는 바보가 되기를 원하는가?

민족주의를 말하는 이들 중에는 다른 민족이나 나라와의 교류와 친선을 하지 말자는 사람은 아무도 없으며 단지 우리 민족에게 해를 끼치지 않는 경우와 상대를 골라서 교류하고 친선하고 해롭거나 적대적이어서 배타해야 할 상대는 배타하자는 것이라는 사실을 알아야 한다.

참고로 유가(儒家)의 관점에서 쓴 "박애와 차별애"라는 제목의 글을 하나 소개한다. 이는 오래 전에 어느 인터넷 애국애족 사이트 자유게시판에 올라 왔던 글이다.

　　[박애와 차별애] 유교는 '박애'를 말하지 않습니다

유교사상은 예로부터 무차별한 '박애(博愛)'를 배격하고 '차별애(差別愛)'를 주장해 왔습니다. 맹자가 겸애(兼愛)를 주장한 묵적과 위아(爲我)를 주장한 양주를 배격한 것도 바로 이러한 유교사상의 기본원칙 때문이죠. 즉 친한 사람은 사랑하지만 친하지 않은 사람은 사랑하지 않는 태도로서, 언뜻 편협된 듯이 보이지만 사실은 그렇지 않습니다.

인류보편의 박애라든가 세계평화니 사회봉사 같은 말은 멋있고 숭고해 보이기는 합니다.

그러나 이러한 박애는 몇몇 자선사업가의 명예욕과 도덕적 만족감을 충족시키는 효과를 기대할 수 있을지 모르지만 박애만으론 진정으로 사랑이 넘치는 사회를 만들 수는 없습니다.

무슨 말인가 하면, 모든 사람을 똑같이 사랑한다는 것은 아무도 사랑하지 않는다는 말과 같기 때문입니다. 반면에 사람들이 저마다 자기 주위 사람에게 차별애를 하면 누군가는 반드시 주위의 친한 사람에게 사랑받기 때문에 그것이 누적되면 박애라는 결과를 얻게 됩니다.

그런데 박애론자들은 인간이 만물을 고루 사랑할 수 있는 신(神)이 아닌데도 불구하고 누구나 똑같이 사랑하라고 주장합니다. 이러한 사상의 폐단으로 가까운 사람도 못챙기면서 남이 보기에 명예롭게 보일 수 있는 사회사업에는 발벗고 나서는 위선적인 유형의 인물도 나타나게 됩니다. (물론 자신의 이름은 숨기면서 소리없이 어려운 사람을 돕는 훌륭한 분들도 많다는 것도 인정합니다.)

서로 박애를 한다고 나서면서 가까운 사람을 안 챙겨 '박애'로써 도와주지 않으면 안되는 사람이 많아지는 상황이 나을까요, 아니면 서로 가까운 사람을 잘 챙겨서 굳이 '박애'가 많아야 할 필요가 없는 상황이 나을까요. 만약 가까운 사람을 잘 챙기는 문화가 잘 발달되어 있으면, 굳이 생면부지의 사람에게 도움을 받지 않으면 안되는 불우이웃은 적게 나올 것입니다.

한 가지 예를 들면 모든 사람이 자기 부모를 성심껏 봉양하는 문화가 잘 발달되어 있다면, 굳이 노인복지시설에서 수용하여 국가예산이나 독지가의 재력과 노력으로 따로 보호해야 할 노인은 별로 발생하지 않을 것입니다.

즉, 가까운 사람부터 챙기는 차별애의 결과 굳이 사회적으로 인위적인 '박애'를 동원하지 않아도 노인문제가 자연스럽게 해결되는 셈이죠.

그런데 자기 부모도 못챙기면서 박애만 하겠다고 나서는 사회라면 '박애'를 베풀며 성자의 이름을 얻는 훌륭한 사회복지가는 많이 나올지 모르지만, 노인들은 생면부지의 사람의 선의가 아니면 먹고 살기도 힘든 상황에 부딪히게 되며 이들의 도움으로 숙식은 해결하더라도 가족 등 평소에 친하게 지내던 사람에게 외면받았다는 소외감만은 결코 완전히 해결되지 못 합니다.

맹자가 말했던가요. 사람의 도리는 자신의 웃어른부터 먼저 섬긴 다음에, 자신의 어른을 섬기던 마음으로 남의 어른을 섬길 수 있다고. 집안에서 자신의 부모를 공경하는 사람은 남의 부모를 만나도 자신의 부모가 생각나서 함부로 못하는 법입니다.

반면에 누구에게나 평등한 박애를 주장하던 사람은 모두를 사랑하는 것 같지만, 실은 아무도 사랑하지 않는 것과 큰 차이가 없는 상황에 직면합니다. 인간은 전지전능한 신이 아니기 때문이죠.

유교는 공동생활의 기초단위가 되는 가정의 윤리를 다른 어떤 종교나 사상보다 더 잘 반영하고 있습니다. 먼저 어버이를 친애하고, 자식에게 자애롭고, 형제간에 우애있게 하는 최소한의 공동체적 윤리에서 출발하여, 이것을 남의 부모, 남의 자식, 남의 형제에게 확충시켜 나가는 것입니다.

아무리 사회가 개체 단위로 해체된다고 하더라도 가족의 가치를 사회적 덕목으로 확대시키는 유교윤리의 의미는 현대사회에서도 부정할 수는 없을 것입니다.

문중과 가족이 배타적인 성격을 가지고 있으며 때로는 그것이 사회적 폐단을 야기했던 것으로 비칠지 모르지만, 가까운 '우리'가 있어야 더 큰 '우리'도 있을 수 있다는 진리를 명심하시기 바랍니다.

(인용 끝)

그렇다. 박애란 '보다 큰 우리'의 행복을 위해 필요하기는 하지만 차별애 역시 결과적으로는 '보다 큰 우리'의 행복을 위해 꼭 필요하다는 것을 알아야 한다.

우리는 박애란 것이 차별애의 폭주로 인한 침략이나 수탈을 견제하고 차별애의 부족한 점을 보완하는 역할을 하는 것으로 보아야지 박애만으로 세상을 복되게 하는 주된 역할을 하는 것으로 보아서는 안 될 것이다. 어디까지나 차별애가 우선이고 박애는 보조적인 것이다.

민족주의도 일종의 차별애이다. 차별애가 있고 나서야 박애가 있는 것이니 무조건 처음부터 박애나 홍익인간을 외치는 일은 없어야 할 것이다.

지구상의 모든 민족이나 나라가 차별애를 우선시하고 그러한 차별애는 결국 적절한 〈배타〉를 전제로 한다.

우리 한민족이 아닌 타자의 입장에서 살펴 보더라도 미영중일러, 동남아인들, 아프리카인들, 중남미인들 등 지구상의 모든 나라 사람들은 그들의 이익상 필요하면 한국과 한민족을 배타할 것이다. 차별애를 적용할 것이다.

국제사회에서 일본의 조선 강점에 기여하고 조선을 배타한 카쓰라-태프트 밀약은 언제든지 다시 나올 수 있는 것이다. 우리 한민족만 그러한 배타와 차별애를 완전히 도외시해야 할 이유는 없는 것이다.

약육강식의 국제사회의 논리가 그대로 살아 있는데 세계화니 뭐니 하며 배타를 금기시 하는 것이야말로 시대착오적이다.

□ 그럼 배타는 구체적으로 언제, 어떤 존재에 대해 필요한가?

배타는 뭔가 지킬 게 있을 때 하는 것이다. 개인이나 집단이나 지켜야 할 건 언제나 존재하기 마련인 고로 배타는 필수다.

개인이든 집단이든 어떤 특정 존재에 대한 배타/배척이 필요한 경우는 대개 스스로의 정체성과 생존, 이익을 수호하려는 경우이다. 스스로의 정체성을 위협하는 대상에 대해서는 배타적일 필요가 있는 것이다.
예를 들어 남북통일에 필수인 한민족의 혈연적 정체성을 지키기 위해서도 방어적 배타가 필수다.

이 연재의 제3편이 혈연폐쇄성 편이었는데 혈연폐쇄성이란 다른 말로 혈연배타성인 것으로 민족주의를 하기 위해서는 다른 민족들과의 혼인을 최소화하는 등 혈연적으로 배타적이 되는 게 필수라는 것이다. 그리고 그렇다고 해서 우리가 다른 민족들의 존재를 부정하고 비하하는 것이 아님은 물론이다. 비적대적인 타자들과는 얼마든지 (혈연적 교류를 제외한) 우호적인 교류가 가능하다.

문화와 역사, 주권에 관해서도 마찬가지다. 한민족의 문화와 역사, 주권을 왜곡하고 말살하려는 세력에 대해서는 배타 내지 배타준비테세에 돌입하는 게 당연하다. 그들을 잘못 배우거나 모방하다가는 그들의 침략을 받을 수 있기에 말이다.

중국 -- 동북공정을 통해 한민족의 역사를 침탈하려는 중국에 대해서는 경제나 자원 등에서의 필요에 의한 교류는 할지언정 필요를 넘어선 진정한 우호나 친선관계는 불가능한 것이며 이는 전적으로 중국 정부의 책임이다. 그들과는 언제든 싸울 준비를 해야 한다.

일본 -- 일본에 대해서도 마찬가지. 아직도 자신들의 침략행위에 대해 반성하지 않고 오히려 군국주의 부활을 획책하고 있는 일본에 대해서도 〈배타 준비태세〉를 갖추어야 한다. 물론 평상시에 필요한 교류를 하지 말자는 말은 아니다.

유대인 -- 더 말할 필요도 없다. 유대인들은 미국과 영국의 정치와 경제, 언론 등을 장악하여 그들 나라가 제국주의 행각을 하는 것을 주도한 족속들이다. 미국과 영국은 일본에 막대한 자금과 물자를 지원하여 일본의 조선 침략을 도왔는데 그 자금의 대부분은 유태자본가들의 돈이다.

미국 -- 카쓰라/태프트 밀약과 막대한 재정적 지원 등을 통해 일본의 조선 강점을 돕고 지금도 한미FTA 등을 통해 한국의 주권을 침탈하려 하고 이라크를 아무런 명분없이 침략하고 세계 곳곳에서의 전쟁 책동을 일삼는 미국에 대해서는 항상 경계해야 하고 배타준비태세를 갖추어야 한다.

[참고 글] 카쓰라,태프트 밀약의 진실 - 미국이 적극적으로 일본의 조선 강점을 도왔다.

영국 -- 역사적으로 제국주의의 선봉에 선 국가이며 영국이야말로 미국, 일본과 함께 한민족에게 시련의 근대사를 제공한 주역 중의 하나이다. 전 세계 유태자본의 근거지는 영국 런던에 있다.

프랑스 -- 프랑스도 근대 제국주의 국가의 하나로서 베트남 등 아시아 여러 나라를 침략한 전력이 있고 당시 서양의 우리 한민족에 대한 침탈에도 관여되어 있다. 우리의 힘이 약해지면 언제든지 숟가락 들고 달려들 나라이다.

러시아 -- 러시아는 구한말에 조선의 잇권에 개입하려다 미, 영, 일에 밀려난 전력이 있고 연해주의 우리 동포들을 강제 이주시키는 짓을 벌였다. 한민족의 힘이 약해지면 언제든 다시 그런 짓을 할 수 있는 나라다.

자, 그리고 보니 우리가 익히 알고 있는 나라들 중에 우리가 진정으로 우호적인 친선교류를 할 수 있는 나라는 거의 없는 것이 아닌가? 그들이 우리와 필요에 의한 교류만 하려 하고 틈만 나면 침략하려 하는데 우리만 배타성을 접고 그들과의 진정한 우호친선을 추구해야 할 이유는 도대체 없다.

그런데도 불구하고 (미국과 영국 등이 주도하는) 세계화의 장점만을 운운하고 그것을 염려하는 민족주의의 배타성을 욕하는 이들은 도대체 무슨 요술에 걸린 것인가?

사실 국제사회에 진정한 우호/친선은 없다. 필요에 의한 교류를 하되 그것을 진정한 우호와 친선에 의한 것처럼 포장할 뿐이다.

이는 아프리카, 아라비아, 마사이족 등 아직 우리 한민족에게 국가적으로 해를 끼친 적이 없는 전 세계 약소민족과 국가들과의 교류에서도 마찬가지이다. 그들도 항상 적당한 선을 그으며 우리를 대하고 우리 역시 그리하면 되지 우리만 무조건 박애니 홍익인간이니 하며 다 열어제낄 필요는 없는 것이다.

분명한 게 하나 더 있다.
배타를 필수로 여기는 우리 민족주의자들은 저 아프리카 마사이족들의 핏줄과 문화가 이 지구상에서 사라지는 걸 원치 않는다. 반면 민족주의를 반대하고 폄하하는 세계화 주동자들은 어떠할까? 그들도 마사이족들이 사라지는 걸 진정으로 원치 않을까?

□ 우리의 정당한 배타와 민족주의로 인해 과연 누가 피해를 보는가?
배타경끼즘은 과연 누구를 염려해서인가? 아(我)인가? 타(他)인가?

배타경끼즘에 걸린 사람들에게 이런 질문에 대한 답을 요구하고 싶다. 도대체 누가 피해를 보는가? 배타할 일이 없으면 배타로 인해 피해 보는 이들이 없을 것이고 〈정당한〉 배타라면 그로 인한 피해는 오히려 당연하지 않은가?

서양, 미국 -- 자신들의 이익을 위해 아시아, 아프리카 등의 나라에 자신들의 질서와 가치를 강요하고 입으로는 민주주의를 외치며 실제로는 독재정권을 지원하고 자원을 수탈하는 것 자체가 제국주의요 침략주의 아닌가? 그들은 그들의 이익을 위해 아시아, 아프리카 등의 민족주의를 억제하려 한다.

일본 -- 과거 침략행위에 대한 반성은 커녕 군국주의가 언제든지 다시 발호하여 한민족을 다시 침략할 수 있는 나라

중국 -- 티벳을 강점하고 고구려 역사 등 한민족의 역사와 영토를 침탈하려는 침략행위를 하고 있다.
이들 나라가 피해를 본단 말인가? 이들은 피해를 봐도 마땅하지 않은

가? 어차피 이들은 우리가 민족주의를 하지 않는다 해도 항상 우리를 침략하려 노리는 세력들이니 우리가 민족주의로 〈대항〉하는 과정에서 그들이 피해를 본다고 해서 우리가 걱정해야 할 일은 아닌 것이다.

아니면 저 멀리 동남아와 아프리카, 중남미의 여러 나라들이 피해를 본단 말인가? 그러나 다시 말하지만 우리가 하는 게 〈정당한〉 배타라면 그로 인한 저들의 피해는 오히려 당연한 것이다. 그리고 현실적으로 그들이 우리 한민족에게 피해를 주지 않는 한 우리가 그들 나라를 배타하고 적대시할 일은 없을 것이다.

아니면 우리 자신?

우리 역사상 배타를 하여 우리 스스로가 손해를 본 대표적인 예로 구한말 대원군을 많이 드는데 이는 잘못된 예이다. 근세조선은 구한말 대원군의 배타/쇄국정책으로 인해 망했다고 하지만 이는 잘못된 주장이라는 말이다.

근세조선은 대원군의 배타 때문에 망한 게 아니라 민씨 정권과 고종이 외교에만 너무 의존해서 (즉, 자체역량을 키우려는 배타자존 의지가 없어서) 망했다는 주장도 있다.

[관련 기사, 오마이뉴스] 대원군 재평가 -- 만약 대원군이 러시아와 맞서 싸웠다면?
http://www.ohmynews.com/articleview/article_view.asp?at_

대원군은 당시 국제정세상 쇄국을 할 정당한 필요가 있었는데 이는 서양이 무조건 싫어서가 아니라 서양세력으로부터 국가주권을 방어하기 위해서라는 것이다.

"1866년 미국 선박 서프라이즈호가 조선 연해에서 조난을 당하자, 대원군 정부는 조난 선박을 구조하고 인도적으로 대우함으로써 서양에 대해 유화적 태도를 과시하였다. 또 신미양요(1871년) 시기에도 대원군 정부는 조난당한 프러시아(독일) 선박을 구조하고 인도적 조치를 베푼 적이 있다."

(관련기사 중에서)

그런 대원군이 쇄국정책을 한 것은 청나라가 서양에 당하는 것을 보고는 월등한 힘을 지닌 서양세력과 조선이 당장 수교를 했다가는 국가주권이 반드시 침탈될 것이라는 우려에 의한 것이고 왕권 강화와 내부결속 등 당분간 국내를 정비할 시간을 벌어보겠다는 것이었다는 말이다. (그러나 왕권 강화로 인해 대원군은 정치 일선에서 밀려나고 만다.)

그 후 조선은 병인양요와 신미양요를 거치면서 서양의 군사력이 생각보다 강하지 않다는 걸 파악하고는 마침내 1882년 이후 문호개방에 나서게 된다.

그리고 조선의 멸망은 그 문호개방 시기 대원군을 밀어낸 민씨 정권과 고종의 전략과 대처 부족으로 인한 것으로 보아야 한다.

즉, 민씨 정권과 고종은 대원군과는 달리 명백히 조선의 내적 역량으로 클 수 있었던 (그리고 왕실에 적대적이지 않았던) 동학농민군을 외국군대를 끌어들여 궤멸시키거나 궤멸당하도록 방치하는 등 조선의 자체 역량을 키우려 하기보다는 러시아, 청, 일본 등 수시로 외세의 군대를 끌어들여 외교로 줄타기하는 전략으로 일관하다가 나라를 망하게 했다는 것이다.

[관련 기사] 조선은 외교로 일관하다 망했다 – 〈원제〉 조선은 외교를 너무 잘 해서 망했다.
http://www.inews.org/Snews/11/articleshow.php?Domain=jkim0815&No=1421
[관련 기사] 고종은 '와이프 보이'는 아니었지만 '외세 보이'로 일관하다 망했다.
http://www.inews.org/Snews/11/articleshow.php?Domain=jkim0815&No=1521

한 마디로 대원군은 당시 상황에서는 꼭 필요한 배타, 쇄국정책을 했고 조선이 망한 것은 오히려 그 후 문호개방시대에 대원군을 몰아낸 민씨 정권과 고종의 무능과 오판으로 인한 것이었으니 배타로 인해 우리가 피해를 봤다는 주장은 잘못된 것이다. 오히려 배타자존 의지가 부족해서 피해를 본 것이다.

필자가 보기에는 대원군이 정치 일선에서 밀려나는 바람에 〈배타자존〉 의지를 겸비하고 강단있게 개방일정을 추진할 세력이 사라져서 조선이 망한 것이다. [관련 기사]에서도 말하듯이 고종 친정(親政) 이전 대원군이 집권할 동안에 조선은 서양열강이 '어려워하던' 나라였고 일본도 함부로 날뛰지 못 했다는 게 이를 증명한다.

배타와 친화는 어느 한 쪽만 필요한 게 아니다. 친화를 해야 할 때 하지 않으면 손해를 보는 것과 마찬가지로 배타를 해야 할 때 하지 않으면 오히려 더 큰 피해를 보게 되는 것이다.

덧붙여 침략적 민족주의는 서양과 일본이 했는데 마치 한국이 민족주의를 하면 침략적이 되어 누군가가 피해볼 것이라는 경끼즘에 빠져 있는 사람들이 많은데, 이야말로 못된 짓은 서양, 일본이 하고 경끼즘은 한국만 걸린 격이다. 서양, 미국, 일본은 여전히 제국주의적, 침략주의적 습성을 버리지 않고 〈준비태세〉를 갖추고 있는데 말이다.

작금의 한미FTA, 신자유주의와 세계화 논리가 바로 서양 등의 제국주의, 침략주의를 겉모양만 그럴 듯하게 포장하여 내놓은 것이다.

□ 그들이 꺼려하는 배타의 구체적인 내용이 도대체 뭐냐?

그리고 도대체 배타경끼즘에 걸린 이들은 (민족주의가 가진) 배타성 중 구체적으로 어떤 걸 우려하는 건지 짚고 넘어가야겠다.

민족주의자들이 무조건적인, 이유없는 교류 중단을 이야기하던가? 그러나 한국인들은 일본을 그렇게 싫어하면서도 일본과의 교류는 하고 있다.

민족주의자들이 국가 간의 여행, 방문, 임시 체류 등 인적 교류와 문화 교류 그리고 무역으로 대변되는 물적 교류를 이유없이 중단하자고 하던가? 그런 적은 없다. 외국인들을 왕따시키거나 폭력을 행사하자고 하던가? 그런 적도 없다.

다만 민족의 존립과 이익을 위협하는 존재에 대하여 배타하고 경계하자는 말을 할 뿐이다.

일본인 유대인 미국인 영국인 중국인 등 역사적으로 한민족에 대해 크나 큰 적대행위를 했으면서도 반성하지 않는 나라의 사람들에 대해 주의하고 경계하고 여차하면 배타하는 건 당연한 것이다.

혹여 불법체류자들을 추방하자는 걸 보고 배타라 그러는가? 그러나 그것은 부당한 배타가 아니라 정당한 배타이다. 그런 배타는 어떤 나라에서든지 그 정부와 국민의 정당한 권리이자 주권행사에 속한다.

그리고 외국인들에게 무관심하고 친절하지 않은 것을 두고 배타라 그러는가? 그러나 외국인은 외국인으로 대하면 된다. 그들에게 억지 웃음과 친절을 보여야 할 이유는 없다. 한국인이 세계 어느 나라를 가도 그 나라 국민들은 항상 어떤 선을 긋고 한국인들을 대한다. 우리 한국인들만 그러지 말아야 할 이유는 없다.

따지고 보면 배타경끼즘에 걸린 사람들이 우려하는 건 도대체 내용이 없지 않은가? 내용은 없고 우려만 있는 기이한 현상이 벌어지고 있는 것이다.

한 가지 내용이 있다면 그것은 배타를 필수로 하는 민족주의가 폭주하여 (민족주의만 폭주하는 게 아니다. 국가를 포함해서 이 세상의 모든 주의나 체제, 종교 등도 폭주할 수 있다. 그런 폭주 가능성을 이유로 유독 민족주의만 터부시하는 풍토는 사라져야 한다) 다른 나라와 민족에 대한 침략을 하는 폐해를 일으키지 않을까 하는 것인데 이에 대해서는 이 연재의 제4편인 폐해불구 편에서 "그런 폐해에도 불구하고 민족주의는 해야만 한다"는 이야기를 하고 있으니 참고하기 바란다.

□ 이상의 논거를 바탕으로 어느 네티즌의 주장에 반박해 보자.

▲ "민족을 배타적인 이익집단으로 규정하는 발언은 위험하다. 그리되면 역사적으로 계속 전쟁과 타민족에 의한 핍박을 면할 수 없다. 나는 기본적인 사관에서 차이가 난다고 본다. 역사를 힘에 의한 재화획득의 과정으로 보면 안된다."

〈--- 전 세계 모든 국가와 민족 집단은 기본적으로 배타적인 이익집단이다. 교류와 호혜는 각자의 이익에 손상이 가지 않는 한도 내에서 한다. 역사적으로 타민족에 의한 핍박은 우리의 민족주의(내지 법통의식)가 약화되었을 때 일어났다는 걸 알아야 한다.

그리고 전쟁이 싫어서 민족주의를 없애라는 이야기를 한다면 국가라는 것도 이 지구상에서 없애라고 이야기해야 할 것이다. 국가도 배타성이 필수인 이익집단이니까 말이다.

▲ "민족에서 배타성을 배제한다면, 지금처럼 민족을 구호처럼 외칠 이유가 없다. 다 사람이니까. 상호호혜의 정신과 홍익인간의 정신은 민족 개념이 없어도 얼마든지 실천가능하다."

〈--- 기본적으로 배타성이 제거된 민족은 더 이상 존립할 수가 없다. 외세가 침략해 와도 배타할 줄 모르고 순응해 버릴테니까.

그리고 민족과 국가가 없거나 힘이 약하면 외세의 침략을 받기 일쑤여서 홍익인간과 상호호혜의 정신을 베풀 기회 자체가 사라진다. 일제 때 우리 한민족이 살아남기 바빴지 과연 홍익인간의 정신을 베풀 기회가 티끌만큼이라도 있었던가?

▲ "논리와 행위의 근본적인 차이다. 아프리카 구호활동이나 빈민지원 등은... 민족이나 국가개념이 아니라도 얼마든지 하고 있다."

〈--- 이는 현실을 모르거나 무시하는 말이다. 아프리카 구호활동이나 빈민지원 등은 대개 민족이나 국가로 뭉쳐 힘을 키워 잘 사는 나라의 여유 있는 사람들이 하는 일이다. 특히 과거 제국주의 행각으로 부를 축적한 서양국들의 사람들이 많이 한다.

▲ "결국 민족은 좋은 일이 있을 때 찾는 개념이 아니다. 외부세력과 대항하여 힘과 생각을 결집시키는 도구일 뿐이다. 앞으로 민족성을 거론할 때는, 스스로의 역사와 뿌리를 찾을 때만으로 충분하다. 적어도 자신이 누구인지는 알아야하니까."

〈--- 외부세력과 대항하여 힘과 생각을 결집시키는 행위를 왜 하는가? (민족)집단의 생존과 재산 등 이익을 지키기 위해서이고 국제적으로도 정당한 이익 챙길 기회('좋은 일')가 있으면 신속하게 챙기기 위해서다. 민족은 기본적으로 배타적인 이익집단이다.

국제사회에서 민족이나 국가간의 이익이 충돌하는 일은 빈번하다. 그런 이익 충돌의 현장에서 우리 한민족은 "우리는 홍익인간 하는 착한 사람들입니다" 하면서 그냥 손 놓고 있어야 하는가?

그리고 "앞으로 민족성을 거론할 때는, 스스로의 역사와 뿌리를 찾을 때만으로 충분합니다. 적어도 자신이 누구인지는 알아야하니까요(A)" 하는 말은 본말이 완전히 전도된 말이다. 스스로의 역사와 뿌리를 찾고 싶은 마음 자체는 저절로 생기는 줄 아는가?

평소에 민족의 정체성과 전통을 강조하는 사회분위기 속에서나 그런 마음이 생기는 것이다.

이는 마치 가문과 족보의 중요성을 평소에 강조하는 분위기에서 커 온 사람들 중에 자신의 족보와 가문의 역사를 알아보고 챙기려는 마음이 더 많은 것과도 같다. 그런 분위기가 없는데도 그런 마음이 저절로 생긴다면? 그야말로 하늘이 낸 별종이 아닐 수 없다.

평소에 민족과 민족주의를 강조하는 분위기가 그래서 필요한 것이다. 한국도 형식적이고 어설프기는 하지만 그래도 지금까지 적어도 구호상으로는 평소에 민족과 민족주의를 강조해 온 분위기가 있었기에 한민족의 고대사를 포함한 역사와 뿌리를 찾고 싶은 마음들이 많이 생긴 것이지 그런 형식적인 분위기마저 평소에 없었다고 가정해 보라. 누가 있어 한민족의 고대사와 역사에 관심을 갖겠는가?

그런 분위기가 없었다면 A와 같은 말을 한 사람도 '스스로의 역사와 뿌리' 운운할 동기 자체가 생기지도 않았을 것이다.

▲ "선입관 없는 바람직한 민족정신이 무엇인지 고찰해봐야 한다."

〈--- '선입관 없는 바람직한 민족정신'이란 존재하지 않는다. 각 민족이나 나라마다 이해관계가 걸려 있고 그런 이해관계가 선입관을 만들 수밖에 없는 게 현실이다.

▲ "우리가 민족이라고 외치는 구호에 정녕 사심은 없는지? 민족정신이 여론에 의해 성립되고 유지되는 개념은 아니라고 본다."

〈--- 무엇을 두고 사심이라 그러는가? 민족의 생존과 이익을 챙기는 것을 사심이라 그러는가? 그렇다면 그것은 우리 한민족 보고 그냥 밥 먹지 말고 죽으라는 말밖에 안 된다.
사심이란 다른 나라나 민족을 부당하게 침략하려고 하는 경우에나 적용되는 말이고 또한 지금 민족주의를 주장하는 이들 중에 다른 나라를 부당하게 침략하자는 이들이 과연 있던가 묻고 싶다.

그리고 민족정신은 끊임없이 여론을 환기시켜야 유지되는 것이다. 자본주의 사회에서는 사람들로 하여금 민족에 무관심하게 만들거나 심지어는 민족을 폄하하게 만드는 요소들이 수시로 생기기 때문이다. 민족의 전통문화라는 것도 그렇지 않은가? 전통문화가 여론의 환기없이 저절로 지켜지는 것이라고 보는가?

□ 정리

개인이나 집단이나 적절한 배타는 필수적이다. 마찬가지로 우리는 한민족의 통일과 생존에 필수적인 민족주의를 하려면 적절한 배타가 필수적이라는 사실을 인정하고 받아들여야 한다.

배타는 무조건 나쁜 것이고 민족주의는 배타적이므로 하지 말아야 한다는 배타경끼즘은 버려야 하는 것이다. 그러한 배타경끼즘은 서양근대 주동자들과 그에 몰입된 일부 매국노스런 한국인들이 한민족을 영원히 수탈하기 위해, 한민족의 민족주의를 억제하기 위해 의도적으로 조장한 면이 있다는 사실을 분명히 알아야 할 것이다.

2007년 7월 13일

- '배타경끼즘'을 버려라. 민족주의는 배타적인 게 정상이다.
- 배타를 무조건 싫어하는 '배타경끼즘'이야말로 문제다.
- 개인이나 집단이나 배타는 필수다. 적절한 배타는 필요하다.

– 배타는 무언가 지킬 게 있을 때 하는 것이다.

– 개인이나 집단이나 지켜야 할 게 항상 존재한다. 고로 배타는 필수다.

국민의례는 충성서약 맞다. 준법서약인 것도 맞다. 그리고 정당하고 필요한 것이다

국민의례는 충성서약이고 준법서약이니 해서는 안된다고 말하는 사람들이 있는데 그들은 국민의례를 권력 자체에 대한 충성 맹세로만 보고 있기 때문이다. 이에 국민의례를 왜 해야 하는지에 대해 간단히 말하고자 한다.

국민의례란 무엇인가? 공동체와 이웃에 대한 충성 서약이 바로 국민의 례라는 것이며 그것은 정당하고 필요한 행위다. 이 나라 대한민국 땅에 나와 내 가족만 사는 게 아니라 수많은 이웃도 있고 나는 그 이웃들과 공동체적 운명이라는 사실에 대한 확인을 하는 의례가 바로 국민의례라는 것이다. 즉, 이웃과 공동체에 대한 존중과 상기 의례인 것이다.

그리고 그런 공동체의 구성원인 대한민국 국민이 합의하여 만든 법들을 잘 지키겠다는 다짐을 하는 것이니 준법서약이 맞고, 대한민국이 외적의 침입을 당할 경우 목숨을 걸고 대항하여 싸우겠다는 다짐을 하는 의례가 바로 국민의례라는 것이니 정당하고 필요한 것이다.

애국가를 부르고 국기에 대한 맹세를 하는 것도 바로 그런 차원의 것이다. 국기는 대한민국이라는 나라와 국민을 상징하고 더 구체적으로는 내

이웃과 지역사회 등을 상징하는 것이니 그런 이웃과 지역사회 등에 대한 충성을 다짐하는 게 바로 국민의례이다.

국기를 관념적으로만 바라보면 안되고 그것이 상징하는 실존들(이웃, 지역사회, 전통, 문화, 가치 등)을 바라보아야 하고 국기에 대한 충성 맹세는 관념적 국가에 대한 충성맹세라기보다는 사실 그런 실존들에 대한 존중과 충성 맹세인 것이다.

다만 관념적 국가의 외연은 그런 실존과 사실상 일치하기에 인간은 편의상 실존을 관념으로 대체하여 거론하는 것일 뿐인데 그 바람에 구체적 실존이 가려지는 경향이 있다면 다시 실존을 강조하면 된다. (그렇다고 관념적 국가를 무시하면 안된다. 관념적 국가는 실존 유지의 연속성과 일관성과 효율성을 보장하는 역할을 하기 때문이다. 항상 관념과 실존의 균형을 유지하려는 노력을 해야 한다.)

그렇게 같은 행위라도 의미를 제대로 부여하면 격이 달라지고 정당성이 생긴다.

그리고 국민의례는 권력 자체에 대한 충성 맹세가 아니다. 말했듯이 이웃과 공동체에 대한 충성맹세인 것이다.

"국민의례는 충성서약이고 준법서약이니 해서는 안된다"라고 말하는 사람들이 있는데 그들은 국민의례를 권력 자체에 대한 충성 맹세로만 보고 있기 때문이다.

물론 국민의례, 충성 맹세가 과거 독재정권들에 의해 악용된 경우가 있고 국민을 탄압하기 위한 '준법서약'도 있었지만 이 세상에 오용되고 악용된 경우가 있다고 해서 다 없애야 하는 건 아니다.

국민의례에 포함된 준법서약은 통상적인 공동체 구성원들끼리의 존중과 약속이 담긴 정상적인 것으로 보아야지 과거 독재정권의 불순한 '준법서약'과 연관지어서는 안된다. '준법서약'이라는 이름으로 독재정권이 저지른 〈오용〉과 악행이 있다고 해서 자연스럽고 정상적인 국민의례적 준법서약까지 터부시해서는 안되는 것이다.

군대도 독재권력 획득과 유지에 악용된 경우가 있는데 그렇다고 해서 군대를 아예 없애야 하는가?

TV, 신문 등 언론도 제국주의 외세와 그 앞잡이들에 의해 악용되는 경우가 숱하게 있는데 그렇다고 해서 모든 언론을 다 없애야 하는가? 그 건 아니다.

인류 역사상 종교가 일으킨 폐해, 종교의 이름으로 학살된 사람들은 무수하다. 그렇다고 해서 모든 종교를 다 없애야 하는 건 아니다.

국민의례를 포함한 어떤 행위나 존재가 권력 자체에 대한 충성으로 오용, 악용된 경우가 있다고 해서 다 없애야 하는 건 아니다. 오용된 부분이 있으면 원래 의미를 되찾아서 정상화시키면 되고 그렇게 노력하는 게 올바르다.

그리고 혹자는 한국처럼 국민의례를 하는 나라는 없다고 말한다. 그러나 한국만 국민의례 하면 안되는 법이라도 있나? 해야 하는 상황이라면 해야 하는 것이다.

분명히 알아야 한다. 우리 민족과 나라는 아직 외세와의 전쟁 중이며 비상 상황이다. 일제를 포함한 외세로부터 완전히 해방된 게 아니다.

한반도는 아직도 남북으로 분단된 상황이며 통일을 추구해야 하는 상황이다. 일본, 중국 등 외세가 호시탐탐 재침을 노리고 있는 한반도 상황이며 우리 국민들이 공동체 의식과 자주 의식을 잃어 버리면 100년 전과 같이 나라를 빼앗겨 엄청난 고난을 받는 일이 다시 일어나게 되어 있다.

강조하지만 우리 민족과 나라는 아직도 외세와의 전쟁 중이며 비상 상황이다. 평화시기로 여겨서는 안된다. 지난 수십년 동안 큰 전쟁 없이 독자 여러분들의 일상이 비교적 안정적으로 유지되어 왔다고 해서 안정된 시민 사회로 여겨서는 안된다는 말이다. 그런 일상의 안정이란 건 남북통일을 통한 굳건한 자주국가 건설 없이는 언제든 한 순간에 무너져 버리는 사상누각에 불과하다는 걸 알아야 한다.

이런 상황에 처해 있는 우리 나라와 민족은 공동체 의식과 의례, 즉 국민의례를 다른 나라들보다 훨씬 더 강조해야 하며 다른 나라들이 하지 않는 국민의례를 한다고 해서 비난해서는 안된다.

대한민국의 국민의례 강조는 우리 민족과 나라가 처한 비상 상황에도 부합하는 일이며 그런 국민의례에 딴지를 거는 행위는 우리 민족이 아직도 외세와의 전쟁 중이라는 현실을 망각하거나 부정하고 일본, 중국 등 외세와 그 앞잡이들만 이롭게 만들어 주는 짓이라는 걸 알아야 한다. 우리 민족과 나라는 아직도 100년 전 일제에 나라를 빼앗긴 일의 연장에 있는 상황이라는 걸 항상 명심해야 한다.

2012년 1월 1일

[단일민족]

국민이 국가에 충성한다는 말은 권력자들의 노예가 된다는 말이 아니라 이웃과 공동체를 존중하고 충성한다는 뜻입니다. '충성'이라는 말의 의미를 원래대로 되돌려야 합니다. 즉, '충성'이라는 말이 잘못 사용된 경우가 있다고 해서 그 말을 아예 폐기할 게 아니라 원래의 뜻을 되찾아 주면 되는 겁니다.

공동체를 위하여 충성하고 목숨까지 바칠 수 있는 사람들이 많아져야 김구 선생 등이 그토록 염원하던 완전한 자주독립국가를 만들 수 있는 것입니다.

완전한 자주독립국가는 말로만 이루어지는 게 아니고 어설픈 인권 나발과 개인의 개성과 자유로 이루어지는 게 아닙니다. 누군가는 국가공동체를 위하여 충성을 해야 하고 그 누군가가 많아져야 하는 것입니다. 그리고 국민의례는 바로 그런 분위기를 고양하기 위한 형식의 하나로서 정당하고 필요한 것입니다.

요즘 국가, 국민. 국가주의와 그를 위한 국민의례를 비웃고 천대하는 자들이 많은데 그들은 제국주의자들의 농간에 놀아나고 있는 것이지요. 지구상의 개별 국가의 주체성과 국가주의가 약화되면 가장 좋아하는 자들은 바로 유대금융자본을 두목으로 하는 제국주의자들이지요. 그들이 바로 세계의 주요 언론들을 장악하고 동원해서 국가, 국민, 국가주의를 시대에 뒤떨어진 낙후한 것, 폐악으로 매도하며 세계인들을 세뇌시켜 온 것입니다.

[단일민족]

참고로 현재의 애국가를 작곡한 안익태라는 인물이 친일 행위를 한 적이 있어서 문제가 있다고 하는데 그렇다고 해서 애국가 제창과 국민의례 자체를 거부하는 것은 말이 안됩니다. 현재의 애국가에 문제가 있으면 국회의원 등이 나서서 애국가를 다른 걸로 바꾸면 되지 애국가를 제창하는 것 자체를 거부하는 건 잘못이며 그의도가 불순하기까지 한 겁니다.

국기에 대한 맹세문도 마찬가지입니다. 국기에 대한 맹세문에 국민을 억압하는 요소가 있다면 토론을 거쳐 온 국민이 받아들일 수 있는 걸로 바꾸면 됩니다.

그리고 참고로 아직 모르시는 분들도 있을 것 같아 설명드리지만 다문화 선동 세력들은 몇 년 전에 원래 국기에 대한 맹세문에 있던 '조국과 민족'이라는 말이 국민을 억압하는 요소가 전혀 없음에도 불구하고 그것을 빼 버리고 '자유롭고 정의로운 대한민국'이라는 말로 바꿔 버렸습니다. 국민적인 토론 한번 없이 말이지요. '조국과 민족'이라는 말에는 국민을 억압하는 요소가 전혀 없습니다.

다문화 선동 세력들은 '조국과 민족'이라는 말이 역사성을 가지는 단어이고 남북통일을 전제로 하는 단어라서 다문화 책동에 방해가 되니 빼 버린 것이지요. 다문화 책동이란 게 바로 한반도에 역사적 연고가 없는 인종과 집단들을 대거 끌어들여 우리 한민족을 말살하려는 것이니까요.

'자유롭고 정의로운 대한민국'이라는 말에는 고조선, 고구려 등과 같은 어떤 역사성도 담겨 있지 않고 오로지 현재의 대한민국만 지칭하여 과거와의 단절을 획책하고 있는 것입니다. 그렇게 과거 역사와 단절되면 남한과 북한이 통일해야 할 역사적 근거도 사라집니다.

즉, 다문화 선동 세력들이 국기에 대한 맹세에서 '조국과 민족'이라는 말을 빼 버리고 '자유롭고 정의로운 대한민국'이라는 말로 바꾼 건 바로 일본, 중국 등 외세만 좋아하게 만드는 매국노 짓인 겁니다.

따라서 혹 학교나 직장 다니시다 각종 행사에서 국기에 대한 맹세가 나올 경우에 위와 같은 이야기를 한번씩 꺼내보시는 것도 좋으리라 봅니다.

다문화는 남북통일을 불가능하게 만들어 버린다
다문화는 반민족, 반통일, 반국가 행위다

남한에서 다문화, 다인종화가 진행되면 북한과 혈통적으로 달라져서 남북통일을 해야 할 이유가 사라지고 말며 따라서 남북통일은 영영 불가능해진다. 우리 민족이 남북통일을 이루기 위해서는 적어도 1945년 분단 직전의 혈연적 상태를 최대한 유지해야 하는데 그 것을 방해하는 다문화(=다인종화)는 반민족, 반통일, 반국가 행위인 것이다.

지금까지 남북통일을 해야 할 가장 큰 이유와 명분은 남한과 북한이 오랫 동안 역사와 전통문화를 공유한 하나의 핏줄이라는 것인데 남한이 다문화, 다인종화 되어 버리면 남한과 북한의 핏줄이 달라지고 역사적 공감대가 사라져 그 모든 이유와 명분이 사라지고 말기 때문이다.

그리고 남한과 북한을 포함한 우리 민족이 완벽한 순혈이어야만 한 핏줄인 게 아니다. 역사적으로 전쟁과 인류 이동을 통해 우리 민족 본류에 여러 집단들이 유입되었지만 모두 한민족이라는 바다에 융화되고 동화되었다는 게 중요하다. 단일민족 개념은 바다와 같은 구실을 하는 주류 집단의 존재와 그에 대한 여러 소집단들의 동화 여부로 판단해야 하는 것이지 순혈이냐 아니냐로 판단하는 게 아닌 것이다.

특히 1945년 분단 직전에 이미 한반도의 민중들은 문화적으로 인종적으로 아무런 갈등요소가 없는 단일한 정서와 공감대를 가지고 있었으며 분단이 되자 통일이 당연하다는 인식을 온 겨레가 했으며 그런 인식은 최근까지도 이어져 왔다는 사실이 중요한 것이다. 단일민족 개념은 혈연통계적인 〈개연성〉의 바탕 위에 사회적, 문화적, 역사적 합의와 동의에 의한 것이지 순혈이냐 아니냐로 따지는 게 아닌 것이다.

혹자는 남한과 북한이 핏줄이 달라지고 역사가 달라져도 남북이 경제공동체를 형성하는 식으로 통일을 이룰 수 있다고 말하지만 그 건 헛소리다.

우선 혈연민족에 의한 통일이 아닌 경제공동체 개념이라면 북한이 남한이 아닌 중국과 경제공동체를 이루어도 할 말이 없다는 게 되고 말며 이는 결국 중국의 동북공정을 도와주는 꼴이 되고 만다. 따라서 남북통일을 이야기할 때에는 어디까지나 혈연, 역사에 바탕한 혈연민족통일을 이야기해야지 경제공동체 따위는 아무런 실질이 없는 헛소리에 지나지 않는 것이다.

그리고 무엇보다 일본, 중국 등 외세는 남북한이 그런 경제 공동체를 이루거나 민족통일되는 걸 절대로 바라지 않고 갖은 수단으로 방해할 것이며 온갖 공작으로 다인종, 다문화로 된 남한을 인종충돌과 내전의 도가니로 몰아갈 것이기 때문이다.

[참고 글] 다문화의 끝은 한민족에 대한 인종청소.

이미 말했지만 남한이 다인종, 다문화로 되면 가까이에 있는 중국에서 중국인들이 가장 많이, 천만, 2천만명 이상 들어 오게 되며 그렇게 되도록 중국정부가 기획할 것이며 그렇게 되면 중국 정부는 남한에 대한 간섭을 할 근거가 생기게 되고 심지어는 남한에 어떤 혼란이 생기면 남한내 중국인들의 안전을 핑계로 군대를 파병할 근거까지 가지게 되고 마는 것이다. 그리고 중국정부는 남한에서의 그런 혼란을 기획할 것이다.

남한이 다인종, 다문화로 되면 이슬람인들도 천만명 이상 들어오게 되며 이는 이미 유럽의 사례가 증명하고 있다. 동남아, 아프리카인들도 천만명 이상 들어오게 될 것이다.

남한이 다인종, 다문화로 되면 일본열도의 잦은 자연재해에 불안감을 느낀 일본인들도 천만명 이상 들어오게 될 것이며 역시 그렇게 되도록 일본 정부가 기획할 것이며 그렇게 되면 일본은 남한내 일본인들 보호를 핑계로 한반도 재침을 할 수 있는 명분을 얻게 되고 만다.

즉, 일단 남한에서 다문화가 어느 정도 진행되면 중국인이든 일본인이든 동남아인이든 아프리카인이든 특정 나라 사람들만 골라서 막을 근거가 없어지므로 결국은 온갖 나라 출신의 인종과 문화가 무제한으로 남한에 들어오게 되고 마는 것이며, 그렇게 되면 [참고 글]에서 말하는 대로 남한에서는 이미 해체된 유고슬라비아 연방처럼 인종충돌과 내전이 일어나고 이는 결국 한민족에 대한 인종청소와 학살로 연결되어 우리 한민족은 영영 사라지고 마는 것이다.

즉, 아메리카 원주민들이 인종청소 당한 것과 같은 일들이 우리 한민족에게 일어나고 마는 것이다. 그런 일들이 일어나고 말기에 남북한이 통일되는 건 불가능해지며 경제공동체 같은 걸 만드는 것도 불가능한 일이 되는 것이다.

이상과 같이 남북통일을 영영 불가능하게 만들고 우리 한민족을 인종청소와 학살의 대상으로 만드는 게 바로 다문화 책동이다. 다문화 책동은 반민족, 반통일, 반국가, 반서민 행위이므로 반드시 막아야 한다.

2011년 10월 22일

[단일민족]
다문화는 언제나 통일과 화합보다는 분열과 충돌을 가져오는 것이지요.

어떤 주권국가에서나 〈사회통합〉이라는 말은 그 나라의 정식 국민들만 대상으로 쓸 수 있는 말이지 외국인들을 대상으로 쓰는 말이 아니다. 주권국가의 가장 기본은 바로 자국민과 외국인을 철저히 구분하여 권리와 의무에서 차등대우하는 것이기 때문이며, 우리는 바로 그런 기본 권능을 포함한 국가주권을 불과 백여년 전에 일제에게 빼앗겨 온갖 고난과 인권침해들을 겪어 왔다는 사실을 상기해야 한다.

즉, 어느 나라에서나 외국인들은 그 수가 아무리 많아도 그저 관리의 대상일 뿐이며 그들이 잠시 체류할 동안 국제관례상 부당한 대우를 받지 않도록 해 주고 동시에 그들이 범죄 등의 문제를 알으키지 않도록 관리하면 그만이지 외국인들을 사회통합의 대상으로 삼아야 할 이유나 의무 같은 건 도대체 어디에도 없다.

예를 들어 한국인들이 미국에 직장 파견이나 유학을 가면 미국 정부는 한국인들을 외국인으로서 문제를 일으키지 않도록 관리하는 것이지 사회통합의 대상으로는 삼지 않는다. 한국인들이 아프리카에 갔을 때도 마찬가지이며 역으로 미국인들이나 아프리카인들이 한국에 왔을 때도 마찬가지이며 이 역시 국제상호주의다.

그런데도 최근 한국의 다문화 선동 세력들은 외국인들을 멋대로 우리 사회의 통합 대상으로 끼워 넣으려고 언론을 동원하여 온갖 편파왜곡 선전을 일삼고 있는데 그 것은 주권국가로서의 대한민국의 존재 자체를 부정하는 매국노 짓으로서 반드시 국민의 심판을 받을 것이다.

불과 백여년 전에 일제에게 〈국가 주권〉을 빼앗겨 지옥같은 모진 고난과 시련과 엄청난 인권침해들을 겪어 온 우리 민족은 국가주권을 조금이라도 훼손하는 일들이 벌어지면 극히 민감하게 반응하여 대처해야 하는 것이 지극히 마땅하다.

그런데도 오히려 대한민국의 정치권과 언론과 인권단체라는 자들이 앞장서서 온갖 편파왜곡 선전으로 망국적인 다문화 책동을 벌이고 그 일환으로 외국인들을 〈사회통합〉의 대상으로 끌어들이려는 국가주권 훼손 행위를 자행하고 있는 게 작금의 현실이며 이는 명백한 매국노 행위이다.
심지어는 주권국가인 대한민국의 가장 기본적인 주권행사 중 하나인 불법체류자 단속과 추방 업무마저 다문화 책동에 가담한 사이비 인권단체들의 방해로 제대로 수행되지 못하고 오히려 불법체류자들이 단속반원들을 집단폭행하는 일까지 벌어지는 등 대한민국의 주권은 땅바닥에 떨어져 버렸다.

이런 현실을 그냥 두고 볼 것인가? 동포들이여, 국민들이여, 깨어나라!! 외국인들의 무제한 유입으로 결국은 국가주권 침해로 이어지는 저 다문화

책동을 막아내자. 국가주권이 추락하는 건 바로 조만간 여러분들의 인권
이 추락하는 일로 직결되고 만다. 한미FTA와 마찬가지로 다문화 책동도
사실은 대한민국의 국가 주권을 훼손하는 짓이다.

2011년 10월 15일

 – 외국인들은 그저 오가는 손님일 뿐이다.
 – 은근슬쩍 외국인들을 사회통합의 대상에 끼워넣지 말라!!
 – 어느 가정이나 국가에서든 손님은 그저 접대나 관리의 대상이지 통합
의 대상이 아니다.

[단일민족]
〈다문화 책동〉과 한미FTA의 공통점 중 하나가 바로 대한민국의 국가주
권 훼손으로 이어진다는 사실이지요. 핵심은 국가주권이고 외세와 매국노
들의 최종 목적이 바로 대한민국의 국가주권 침탈이며 그 핵심 수단들이
바로 다문화 책동과 한미FTA라는 것.

대한민국, 나라 맞아? 불법체류자들이 단속반을
집단폭행하는 사이비 인권의 천국 대한민국

정치권과 주요 언론들의 다문화 책동으로 인해 참으로 어처구니없는 일
들이 도처에서 벌어져 온 대한민국의 현실이다.

(1) 10월23일 경기 포천의 한 섬유업체. 불법체류자가 있다는 제보를 받
고 단속에 나섰던 의정부출입국관리사무소 직원 정모씨는 현장에서 불법
체류자 A(필리핀)씨를 검거하려다 A씨가 휘두른 흉기에 오른쪽 팔꿈치를
찔려 30여 바늘을 꿰매는 봉합수술을 받았다. 정씨와 함께 단속을 나갔던
팀장 임모씨도 단속 과정에서 또 다른 불법체류자 B(필리핀)씨에게 왼쪽
팔을 물려 병원으로 옮겨져 치료를 받았다.

(2) 같은 달 13일 경남 김해 소재 D기업 불법체류자 단속 현장. 부산출
입국관리사무소 직원 박모씨 등은 C씨 등 불법체류자 3명을 붙잡아 단속
차량에 태워 복귀하려다 동료 외국인 노동자 등 30여명에게 집단구타를
당했다. 박씨와 함께 단속에 나섰던 경찰관과 노동부 직원 5명도 폭행을
당해 크고 작은 부상을 입었다.

이상은 2009년 11월 1일자 머니투데이 기사에서 발췌한 내용인데 기사 원문 링크는 아래과 같다.

[머니투데이 기사] '인권'에 묻혀 매맞는 불법체류자 단속반
http://www.mt.co.kr/view/mtview.php?type=1&no=20091031174217
86871&outlink=1

기사에서 보다시피 도저히 정상적인 주권국가에서는 상상도 못할 일들이 대한민국에서 벌어져 왔으며, 불법체류자들이 크게 증가하고 있다는 소식이 흘러나오고 있는 지금도 2009년의 상황과 크게 다를 게 없을 것이다.

불법체류자들의 〈인권〉을 보호하라는 사이비 인권단체들의 등쌀에 우리 국민의 위임을 받은 정당한 공권력 수행자인 불법체류자 단속반원들이 오히려 불법체류자들에게 집단폭행을 당하고 있는 이 어처구니없는 현실 앞에 무덤덤한 자들은 대한민국 국민의 자격이 없다. 불법체류자 단속은 다른 범죄자 단속과 달리 대한민국의 주권행사이고 그런 주권행사자들인 단속반원들이 불법체류자들에게 집단폭행 당하는 건 바로 대한민국의 주권이 짓밟히는 일이다.

지금까지 사이비 인권단체들은 외국인 인권 보호를 빙자하여 대한민국의 국가 기강을 파괴하고 자국민의 생존권과 인권을 짓밟는 망동을 숱하게 벌여 왔으며, 그로 인해 불법체류자 단속반원들은 생명의 위협을 받으면서 임무를 수행하는 지경에 처해 있고 그에 따른 임무 완수의 어려움으

로 불법체류자들이 더욱 증가함에 따라 범죄율도 높아지고 우리 국민들은 안정적인 일상을 위협받아 인권을 침해당해 왔고 이대로 가면 그런 일은 더욱 심해질 것이다.

불법체류자들도 엄연한 범죄자요 대한민국 영토에 무단침입한 자들이며 그들을 강력하게 단속하여 추방해야 하는 건 국가 안보의 연장에 있는 것이다. 그들을 단속하는 임무가 제대로 수행되지 않으면 결국 불법체류자들의 수는 급격히 늘어나서 사회적 혼란과 범죄들을 대거 일으키게 되고 그 건 바로 절대다수 대한민국 국민들의 안정적인 일상을 방해하여 대한민국 국민들의 인권을 침해하는 일이다.

그리고 경찰은 범죄자를 체포하는 과정에서 범인이 반항하거나 흉기를 휘두르면 스스로의 안전을 위한 적극적인 조치를 취할 권리가 있고 그 과정에서 범인이 다치거나 죽는 경우도 있으며 그것은 어디까지나 흉기를 휘두르며 반항한 범죄자의 책임이지 경찰의 책임이 아니다.

그럼에도 불구하고 사이비 인권단체들은 경찰이나 단속반원들의 임무 수행 과정에서 불법체류자들이 조금이라도 다치면 인권침해라고 난리등쌀을 피워 왔고 그 통에 경찰과 단속반원들은 자신들의 안전을 지키는 조치를 하기 어려워졌고 임무 수행도 어려워졌다.

그런 어처구니없는 일들이 벌어져 온 대한민국이 과연 나라가 맞나? 대한민국, 나라 맞아? 외국인 인권 보호를 빙자한 사이비 인권단체들의 망동에 대한민국의 국가 기강이 파괴되어 왔으며 이는 우리 한국인들의 생존권과 인권이 짓밟히는 일로 연결되어 왔으며 이는 중장기적으로 보면 더 심각한 폐해를 낳는 일이다. 국가 기강이라는 건 국민의 생존에 필수적인 것이다.

하여 우리는 아래와 같은 사항들을 주장한다.

1. 불법체류자 단속반원들에게 총기를 지급하고 도주하거나 흉기를 휘두르며 반항하는 불법체류자들에게는 발포할 수 있게 하라. 단속반원들은 엄연한 우리국민이고 그들의 안전과 인권은 대한민국에 무단침입한 불법체류자들의 인권보다 더 소중하다. -- 불법체류자는 여느 범죄자들과는 달리 그 수가 늘어나면 국가 안보를 위협하는 〈외세〉와 같은 노릇을 하게 되므로 그 체포 과정에서도 다른 범죄자들에 대한 것과는 달리 초강력하게 대처해야 한다. 그래서 도주하기만 해도 발포할 수 있게 하라는 것이다. 특히 지금 한국내 불법체류자들의 비율 내지 증가 비율이 세계에서 가장 높은 만큼 국가적 비상 상황으로 여겨야 하고 그런 비상 상황에서는 더더욱 강력한 대응을 해야 한다.

2. 불법체류자 인권 보호를 빙자하여 출입국관리소와 불법체류자 단속반원들의 정당한 공무수행을 방해하는 사이비 인권단체들을 공무수행 방해죄로 구속하여 처벌하라. 그들의 망동으로 인해 나라의 기강 자체가 무너지고 안보가 훼손되고 있으므로 이야말로 국가보안법으로 다스려야 할 사안이다.

3. 불법체류자 단속반원들의 수를 대폭 늘이고 그래도 모자라면 전경, 의경 등을 불법체류자 단속 업무에 대거 투입하고 물론 총기도 지급하라.

지금 대한민국 공권력의 임무 중에서 불법체류자 단속보다 더 중요하고 시급한 건 없으므로 전의경 투입은 매우 타당하다.

4. 그리하여 1년 이내에 대한민국 내에 있는 불법체류자들 수를 제로로 만들라.

5. 불법체류자들은 당연히 추방해야 한다. 그리고 그냥 추방하지 말고 불법체류라는 범죄를 저질러 우리 대한한국과 한국인들을 능멸한 데 대해 엄격한 형벌을 받게 한 다음 추방하라. 그리고 불법체류자들이 한국에 불법체류하면서 번 돈들은 전액 몰수하라. 불법체류자는 엄연한 범죄자들이고 범죄자들에게는 노동3권이 없으며 그들의 취업은 불법행위이고 그들의 노동 역시 불법이므로 그리해도 된다. 한국의 일반 범죄자들에도 노동3권은 제한되고 이는 불법체류자들에게도 마찬가지여야 한다.

6. 출입국관리법을 더 엄격하게 개정하여 외국인들의 한국 입국 요건을 강화하여 불법체류자들이 생기는 환경을 원천적으로 없애라. 지금 지구상에서 외국인들이 가장 입국하기 쉬운 나라가 바로 대한민국이고 가장 불법체류하기 쉬운 나라도 바로 대한민국이다. 그런 불명예스럽고 국격을 훼손하는 환경을 바로 잡아아 한다.

2011년 10월 15일

- 외국인 인권을 빙자하여 국가 기강을 파괴하고 자국민의 생존권과 인

권을 짓밟는 사이비 인권단체들

　- 엄연히 범죄자인 불법체류자들을 〈미등록 이주노동자〉라 부르며 미화하는 사이비 인권단체들

　- 불법체류자 단속반원들에게 총기를 지급하고 도주하거나 흉기를 휘두르며 반항하는 불법체류자들에게는 발포할 수 있게 하라.

[단일민족]

　본문에서 단속 과정에서 불법체류자들이 도주하기만 해도 발포해야 한다고 말했는데 그 이유는 바로 본문의 논지 대로 불법체류자들은 여느 범죄자들과는 달리 주권국가인 대한민국의 주권을 침해한 자들이고 그것은 다른 말로 침략자이기 때문입니다.

　주권 침해 사범 내지 침략자들에 대해서는 초강력하게 대응해야 합니다. 어느 나라에서든지 불법체류는 그 나라의 주권을 침해하는 중대 범죄 행위라는 걸 이제 우리 국민들도 알아야 합니다.

소수자 권익을 무조건 챙겨주면 안된다 -- 소수에 대한 배려는 다수의 여유에서 나온다는 사실을 명심하라!!

우선 우리 한국에서 우파의 개념부터 바로잡아야 모든 게 제대로 풀립니다. 민족과 민족문화를 파괴하고 결국 남북통일을 불가능하게 만들어버리는 다문화 책동에 앞장서고 있는 새누리당 등은 우파도 아니요 우익도 아니요 보수도 아니지요, 그들은 사이비 우파이며 웰빙집단!!

[참고 글] 백범 김구 선생의 민족주의 -- 진정한 우파, 우익의 기본 소양이다.

우파와 우익의 기본 소양은 바로 민족주의와 남북통일주의가 되어야 하는 것입니다. 그리고 어떤 나라에서나 국가와 민족을 소중히 여기는 우파가 사라지면 결국 국가민족과 주권도 사라지고 민중은 제국주의자들의 노예가 되고 결국 노동운동이라는 것도 설 자리가 없어지지요. 우파와 국가민족을 떠난 노동운동이란 건 망상이며 실현불가능합니다.

진정한 우파는 노동운동을 적극 장려합니다. 그래야 국민이 잘 살게 되고 국가가 튼튼해지기 때문입니다. 이제 우파에 대한 개념을 바로잡아야 할 때입니다. 새누리당 무리들을 보고는 그 걸 우파라고 여기는 건 완전한 오해이니 바로잡아야 합니다. 지구상 어떤 나라에서도 새누리당 같은 처신을 하는 집단을 우파라고 부르지 않습니다.

즉, 노동운동이란 것도 사실은 국가민족과 절대다수의 권익을 중시하는 우파 정신을 기본으로 하고 여유가 생기면 소수자의 권익도 최대한 챙겨 주는 식으로 해야 하는 겁니다. 소수에 대한 배려는 다수의 여유에서 나오는 겁니다. 가만히 생각해 보십시오. 다수에게 여유가 있을 때에만 소수에 대한 배려라는 것도 가능한 겁니다. 다수의 이익을 무시하고 소수자들의 권익만 챙겨주려는 행위는 결국 모두를 해롭게 하는 짓입니다.

절대 다수 한국인들이야 일자리를 잃어 굶어 죽든 말든 외국인노동자들의 인권만 챙겨주려는 행위도 결국은 국가민족을 파괴하고 모두를 해롭게 하고 맙니다.

어떤 사안에서 소수자들의 권익을 챙겨 주려고 할 때에는 항상 다음과 같은 사항을 고려해야 합니다.

1. 그 사안이 다수의 이익과 소수의 이익이 양립할 수 있는 성질의 것인가? 절대 양립할 수 없는 경우도 있기 때문이며 예를 들어 한국내에서 외국인노동자들의 이익과 한국인노동자들의 이익은 절대로 양립할 수 없는 것이며 이는 이미 숱하게 말한 사실입니다. 따라서 한국내 외국인노동자들은 모두 내보내야 합니다.

2. 양립할 수 있더라도 다수(=국가민족,대중)에게 안보, 질서, 치안, 재정, 문화, 정서 등 여러가지 측면에서 여유가 있는가?

이렇게 따져 봐서 양립할 수 있고 여유가 있을 때에만 소수자들의 권익을 챙겨줘야 하는 것입니다. 소수자들의 권익을 무조건 챙겨주려고 하다가는 사회 전체가 망하게 됩니다.

그런데 지금 우리 한국에서는 그런 양립과 여유 여부를 따져 보지도 않고 무조건 소수자라 하면 그 권익을 다 챙겨 주려는 풍조가 난무하고 있어 문제입니다. 반드시 시정해야 할 일입니다.

대와 소가 양립불가능할 경우에 대를 위해서 소를 희생하는 건 정치의 기본입니다. 그런 기본 자세가 안된 자들, 다수의 권익과 소수의 권익이 양립불가능한 경우에도 냉정하지 못하고 인정에 이끌려 소수의 권익을 챙겨 주려는 온정주의자들은 모든 공직과 정치 조직에서 추방해야 합니다. 그들의 온정주의적 행위를 그대로 두면 결국 나라를 망치고 전체 국민을 해롭게 하기 때문입니다.

소수자의 권익을 무조건 챙겨주는 걸 진보요 선이라고 여기는 잘못된 풍조는 사라져야 합니다.

2012년 3월 3일

법이란? 인권의 우선순위를 정해 놓은 것. 그게 법이란 거다
법이란 것 자체가 이미 〈정당한 차별〉의 종류를 규정하는 것이다

인간 사회에서는 각종 필요와 〈상황〉이 수시로 발생하는데 범죄 예방과
해결, 질서 유지, 환경 보호, 재난 대비, 서민생활 보호, 국가 안보 등의
필요와 상황이 바로 그 것이다.

그런 상황들에서는 대개 각 집단이나 개인의 인권 내지 이익들이 서로
양립불가능해지는 경우도 생긴다. 그런 각각의 상황에서 양립불가능한 인
권들 간의 우선순위를 정해 놓은 게 바로 법이라는 것이니 인권을 제한하
는 경우와 그 제한의 정도와 방법을 규정해 놓은 게 바로 법이라는 것이
다. 인정하기 싫은 사람들도 있겠지만 그 게 바로 법이 존재하는 이유이며
냉정한 현실이다.
범죄자의 보편적인 인권을 보장한답시고 징역형 등의 처벌을 하지 않고
그대로 두면 결국 범죄가 만연하여 사회질서가 파괴되고 절대 다수의 선
량한 보통 사람들의 인권이 침해되어 살기 어려워진다.

어떤 주권국가에서 외국인들의 보편적인 인권을 위한다면서 함부로 영
주권이나 국적을 내 주어 아무나 와서 살게 해 주면 결국 기존의 절대 다

수 국민들의 인권이 침해되고 주류 문화가 파괴되고 국가의 질서가 파괴된다. 모든 주권국가에서 외국인들과 내국인들의 인권은 평등할 수 없는 것이며 선택이 필요한 경우 항상 기존 내국인들의 인권을 우선하는 게 원칙이며 진리이며 국제상호주의다.

그리고 모든 법은 항상 소수보다는 다수의 인권을 더 존중한다. 이게 바로 다수결의 원칙이요 사실은 전체주의다. 전체의 인권을 소수의 인권보다 우선하는 게 전체주의이며 이는 역사상 어떤 인간사회에서나 진리다. 개인의 인권이나 개성은 사실 전체주의하에서나 보장될 수 있는 것이며 전체가 무너지면 개인의 인권이나 개성은 일체 보호받을 수 없다는 걸 우리는 일제침략 등을 통해 처절하게 겪었지 않은가.

우리는 전체주의와 획일적 파시즘을 구분해야 한다. 지금까지는 유럽의 근대사에 있었던 획일적 파시즘을 전체주의로 규정지어 왔는데 이제는 그러면 안된다. 전체주의라는 말에 그런 식의 나쁜 의미를 부여해 놓으니까 정작 인간사회 전체의 이익을 소수의 이익보다 우선시하는 당연한 일까지도 나쁘게 보는 사람들이 생겨 왔다. 따라서 이제는 전체주의를 말 그대로 "인간사회 전체의 인권을 소수보다 우선시하는 것"으로 새롭게 의미규정하여 써야 한다.

전체주의는 항상 개인주의보다 우선되어야 하는 것이다. 개인주의라는 것도 사실은 전체의 안녕이 없으면 금방 무너지는 사상누각에 지나지 않는다. 개인주의가 무조건 나쁜 건 아니지만 어디까지나 전체의 안녕을 해치지 않는 선 안에서 이루어져야 한다.

그리고 인간에게는 누구나 천부인권(=보편적인 인권)이란 게 있지만 그

것을 100프로 보장해 줘 버리면 사회질서가 무너지고 만다. 인간사회에서는 천부인권이 아닌 '사회인권(=상대 인권)'이라는 개념을 적용해야 한다. 인간사회의 각 상황과 필요에 따라 인권의 우선순위와 제한의 정도와 방법이 법으로 정해지는 일이 필연적이라는 차원에서 〈사회인권〉이라는 용어의 도입이 필수적인 것이다.

우리는 사회인권을 천부인권에 최대한 일치시키려고 노력할 수 있을 뿐 완전한 일치는 불가능하다는 걸 알아야 한다. 사회인권과 천부인권이 완전히 일치하는 경우는 오로지 무인도에 가서 혼자 살 때일 뿐이다.

지금 한국에서는 다문화꾼들이 외국인 인권 운운하면서 한국에 외국인들을 천만명 이상 끌어들여 다민족화 하려고 온갖 작당질을 하고 있는데 그것은 미친 짓이며 매국노 짓이다. 다문화 책동은 대한민국을 파괴하는 짓이며 절대다수 한국인들의 인권을 침해하는 짓이다.

외국인들에게도 천부인권이 있기는 하지만 한국이라는 국가사회도 엄연히 인간사회이니 사회인권을 적용해야 한다. 천부인권은 사람들 마음 한편에 명심해 두고 최대한 가까이 가려고 노력하는 차원의 것이지 그것을 그대로 사회에 적용하면 사회가 망하고 나라가 망하고 결국은 모든 개개인의 인권은 일체 보호받을 수 없게 되고 만다.

최대 다수의 최대 행복, 최대 다수의 최대 인권, 이게 바로 인간사회가 추구해야 할 인권인 것이며 소수에 대한 배려는 다수의 여유에서 나오는 것이다. 소수에 대한 배려, 소수의 인권에 대한 배려가 다수의 안녕과 인권을 파괴하는 경우가 분명히 있으며 그런 경우에는 소수의 인권은 무시해야 한다.

외국인들의 인권을 지켜준답시고 외국인들에게 함부로 영주권이나 국적을 내줘서 한국에서 눌러 살게 해주는 행위, 그리고 불법체류자들을 강력히 단속하여 추방하지 않는 행위도 바로 절대다수 한국인들의 안녕과 인권을 해치는 일임은 물론이며 이는 이미 유럽 여러나라의 사례들이 증명해 주고 있다. 지금까지 유럽 여러 나라들이 외국인들의 인권을 위한답시고 무분별하게 이민을 받아들인 결과 정작 자국인들의 일자리와 생존권과 인권이 크게 침해되는 결과를 가져온 것은 이미 판명난 사실이다. (참고로 일자리는 곧 생존권이니 그보다 더 큰 인권은 없다.)

어떤 주권국가와 국민이든 외국인들을 무조건 불러 들여 함께 살아야할 의무 같은 건 도대체 어디에도 없다. 어느 나라에서든 외국인들은 그저 오가는 손님이며 손님 대접을 해 주면 그만이지 영주권과 국적을 함부로 내주어야 할 의무 같은 건 어디에도 없는 것이며 우리 한국도 마찬가지다. 한국인들이여 〈착한 병〉에서 빨리 벗어나서 매국노 정치권과 언론의 다문화 책동을 분쇄하라. 그러지 않으면 여러분과 여러분의 자손들이 피눈물 흘리는 날이 곧 닥치고 말 것이다.

2011년 7월 6일

- 인권의 우선순위를 정해야 할 상황이 수시로 발생한다.
- 천부인권과 사회인권, 인간사회에서는 사회인권을 적용해야 한다.
- 전체주의는 불변의 진리다. 전체의 안녕 안에서 개인주의라는 게 존재할 수 있다.

- 소수에 대한 배려는 다수의 여유에서 나온다.
- 다문화 책동은 절대다수 한국인들의 인권을 침해하는 짓이다.

[단일민족]

일본, 대만, 싱가포르, 홍콩, 태국 등의 나라들이 파키스탄, 방글라데시 노동자들을 받지 않는 것도 정당한 차별이다.

이는 파키스탄, 방글라데시인들이 하도 문제를 많이 일으켜서 일본 정부 등이 취한 조치인데 결국 특정 외국인 집단에 대한 〈혐오〉에서 비롯된 것이고 분명히 특정 인종을 차별하는 행위인데도 누구도 그런 조치를 욕하지 않는다. 이유있고 정당한 혐오의 결과이고 이유있는 차별이기 때문이다. 어떤 외국인 집단이 〈통계적으로〉 문제를 많이 일으키면 주권국가 정부는 그런 외국인 집단 전체에 대해 입국금지 조치를 취하거나 추방할 수도 있는 것이다.

예전에 인터넷에서 본 글을 토대로 이야기해 보겠다. 한국이 다문화(= 다민족화)로 되면 결국 외래인들에 의해 원주민인 한국인들이 인종청소당 한다는 것이며 그 반대, 즉 원주민인 한국인들이 외래인들을 인종청소하 는 경우는 절대 일어나지 않으며 일어날 수 없다는 것이다.

설마 한국인들이 인종청소당하는 일이 생기겠느냐는 사람들이 많겠지만 설마가 사람잡는 경우가 많고 특히 남북으로 분단된 한반도 상황에다가 외세가 호시탐탐 한민족 파멸을 공작하고 있어 더욱 그렇다.

우선 이대로 가면 한국에서 다문화(=다민족화)라는 게 어느 정도까지 진행될 것인가부터 살펴 보겠다. 그 진행의 단계는 다음과 같다.

1. 이대로 가면, 정치권과 언론의 다문화 선동질을 그대로 두면 외국인 들이 한국 인구의 10프로인 4, 5백만 이상을 점유하는 때가 반드시 온다.

2. 그런 10프로 점유는 더 많은 외국인들을 급속히 유입시키는 교두보로 작용하며 그런 외국인 유입은 이제 결코 그 누구도 멈출 수 없게 된다.

3. 결국 외국인들이 이 좁은 남한 땅에서 인구의 50프로 이상을 점유하여 2, 3천만명 이상이 되는 지경에까지 가게 된다. 이렇게 되면 이제 더이상 고조선과 고구려 역사를 한국의 공식 역사로 가르칠 수 없게 된다. 수천만명에 달하는 외국인들이 각각 자신들 고국의 역사도 가르치게 해달라고 요구할테고 그들에게는 고구려 역사는 남의 나라 역사로밖에 보이지 않을테니까. 설이나 추석 등 전통 명절과 풍습도 마찬가지 신세로 되고만다.

4. 수가 늘어난 외국인들은 자연스럽게 특정 지역들에 모여 살게 되고한국인들은 그들을 피해서 이사가게 된다. (벌써 서울 근처 몇몇 지역에서 이런 일들이 일어나고 있다.) 결국 각 인종별, 출신국가별로 사는 지역을 달리 하게 되고 원주민인 한국인들이 사는 지역도 따로 정해져 버릴 것이다. 반드시 그렇게 되게 되어 있다.

5. 자, 이렇게 되면 보스니아 사태와 같은 인종충돌과 학살이 일어날 조건이 다 만들어진 것이 되며 그 최대 희생자는 바로 원주민인 한국인들이 될 것이라는 말이다. 서두에서 말한 대로 수가 늘어난 외래인들에 의해 원주민인 한국인들이 인종청소당한다는 것이며 그 가장 큰 이유는 바로 일본, 중국, 미국 등 외세의 공작이다. 외세는 반드시 공작하게 되어 있다.

6. 이런 상황이 1910년의 경술국치와 뭐가 다른가? 조금이라도 눈치가 있는 사람이라면 다문화 책동이란 게 바로 제2의 경술국치를 유도하기 위한 정치권내 매국노들(=외세의 앞잡이)의 선동질이라는 걸 알아 챌 것이다.

지금 다문화에 찬성하는 사람들이 착각하고 있는 게 바로 한국이 안정된 시민, 민주주의사회라는 것이고 그러므로 외국인들을 받아들여 다문화를 하자는 것인데 결코 그렇지 않다. 한반도는 여전히 남북으로 분단되어 있으며 이는 1910년 경술국치의 연장이다. 언제든 틈만 보이면 일본, 중국 등 외세는 한국을 집어삼키려 할 것이며 미국도 마찬가지다. 미국과 일본의 카쓰라-태프트 밀약을 상기하라.

동포들이여, 한국인들이여 명심하라. 수십년 간 개개인의 일상이 별 탈 없이 영위되고 큰 전쟁이 일어나지 않았다고 해서 안정된 시민, 민주주의사회인 게 절대 아니다. 남북통일이 되지 않고 한민족 자주, 자강을 이루지 못한 상태에서는 그런 일상의 영위와 시민사회라는 건 어느 한 순간에 무너질 수 있는 사상누각이라는 걸 알아야 한다. 또한 안정된 시민, 민주주의사회이면 반드시 외국인들을 받아들여 다문화를 해야 한다는 법은 그 어디에도 없으며 외국인 정책을 엄격히 하는 주권국가의 논리가 가장 우선시되어야 한다.

외세는 지금도 모습만 바꾼 제국주의 행각을 벌이고 있다는 것을 명심하라. 세계화니 국제화니 탈민족이니 하는 것도 다 그런 제국주의 외세가 우리 민족을 비롯한 세계 여러 민족들을 정신적으로 무장해제 시키기 위해 만들어 낸 용어들이요 환상이라는 걸 명심하라. 그런 용어들에 혹하지 말라. 우리의 살 길은 오로지 단일민족주의 뿐이다.

외세는 다문화, 다민족화된 한국에서 반드시 인종갈등과 충돌이 일어나게 공작할 것이며 그것도 원주민인 한국인들이 인종청소 당하는 방향으로 유도할 것이다. 그 때에는 어차피 한국인들이 단일민족정신과 민족적 단결을 포기하여 다문화로 된 것이니 인종충돌이 일어나면 가장 희생당하기 쉬운 상태의 집단이 바로 한국인들일 것이다.

　외세의 공작으로 한국에 보스니아처럼 내전상태가 조성되어 인종갈등과 충돌이 일어나면 가장 단결력이 없고 투지가 없는 집단이 토끼몰이되어 가장 먼저 대규모로 희생되며 그 때의 한국인들이 바로 그런 상태에 있을 것이다. 반면 한국내 중국인, 일본인, 동남아, 서남아인, 백인 등 외래인들은 자기들끼리 단합하게 되어 있으며 더구나 외세가 막대한 자금과 공작으로 그런 단합을 유도할 것이다. 지금도 그렇지만 그 때에는 한국의 군대와 경찰도 간부든 사병이든 이미 민족성을 다 잃은 월급장이에 지나지 않아 외세의 공작을 막지 못할 것이다.

　즉, 일단 한국이 다민족화되면 남북통일은 물건너 가고 한국은 외세의 손쉬운 분열공작대상으로 전락하여 내전이 일어나고 인종갈등과 충돌이 일어나는 건 너무나 쉬운 일이 되고 마는 것이며 그 와중에 가장 큰 희생을 당하며 인종청소되는 집단은 바로 민족단결력을 상실한 한국인 집단이 되고 마는 것이다.

　다문화의 끝은 한민족에 대한 인종청소라는 사실을 알고 매국노들의 다문화 책동을 저지하는 일에 온 겨레가 나서야 한다. 바로 지금 나서야 한다.

2011년 6월 20일

한국이 다문화(=다민족화)로 되면 가장 좋아할 나라는 어디일까? 바로 일본과 중국이다.

한국이 다문화(=다민족화)로 되면 그 동안 일본의 침략정책에 대항해 왔던 한민족 세력은 한반도내에서 그 정체성과 선명성을 잃어버리게 되고 우리 한민족의 일본에 대한 경계심과 대항의식은 그저 한반도내 여러 민족들의 성향 중 하나로만 여겨져 그 입지가 약화되고 마니 이 어찌 일본이 가장 좋아할 일이 아니고 뭔가?

독도 문제도 마찬가지다. 한국이 다문화(=다민족화)로 되면 결국 독도 문제를 가지고 일본에 대항하는 한반도내 세력의 입지가 약화되는 것이니 이 어찌 일본이 가장 좋아할 일이 아닌가?

한국이 다문화(=다민족화)로 되는 과정에서 한국에 들어오게 되는 외국인들은 일본의 침략정책에 대한 경계심과 독도문제 등에 대한 관심이 전혀 없는 사람들이며 오로지 돈벌이에만 관심있는 자들이다. 그들에게는 독도문제나 일제의 과거사 문제 등은 남의 일이고 헛소리로 들릴 뿐이다. 그들의 수가 늘어나면 날수록 독도문제 등 한민족의 민족적인 목소리는 빛을 잃게 되는 것이다. 오히려 우리 한국인들은 그런 민족적 목소리를 수가 많아진 외국인들의 눈치를 보아가며 내야 하거나 아예 못내게 되고 마는 것이다.

이대로 가면 그런 외국인들이 한반도내에서 1천만, 2천만 이상이 되기는 시간문제다. 한국의 매국노적, 친일 정치권은 지금까지 〈언론통제까지 하면서〉 외국인들을 불러들여 한국을 다민족화하는 데 혈안이 되어 왔고 한국의 민족정신을 없애버리고 싶은 일본, 중국 등은 자국인들을 1천만, 2천만명 이상 〈기꺼이〉 한국에 제공하여 한국을 점령해 버릴 것이다. 동남아, 서남아, 아프리카 각지에서도 엄청난 수의 외국인들이 무제한으로 들어오게 될 것이다. 게다가 전세계적으로 이민자들은 출산율이 높은 경향이 있으니 외국인들의 수는 더욱 늘어날 것이다.

설마 그렇게 되도록 한국정부와 정치권이 방치하겠느냐고 말하는 사람들도 있겠지만 설마가 사람 잡는다. 말한 대로 지금까지 한국의 정치권과 언론을 장악한 다문화 선동 세력들이 〈언론통제까지 하면서〉 외국인들을 불러들여 한국을 다민족화하는 데 혈안이 되어 왔다는 사실을 알아야 한다. 그들은 엄연히 범죄자인 불법체류자들까지 〈이주노동자〉라는 말도 안 되는 이름으로 불러 가며 한국에 온 모든 외국인들을 한국에 〈정주화〉시키는 데 혈안이 되어 왔다는 사실을 알아야 한다.

한국의 다문화(=다민족화)는 지금까지 한국의 매국노적 정치권과 주요 언론들이 고의적으로 조장해 왔으며 그런 사실을 안다면 미래는 뻔한 것이라는 사실도 알아야 하고 바로 지금 온 국민이 힘을 합쳐 대항해야 한다.

그리고 이대로 가면 중국은 고구려 역사 문제와 관련하여 동북공정 같은 걸 할 필요도 없어진다. 한국이 다문화(=다민족화)로 되는 과정에서 엄청난 수의 중국인이 한국에 들어오게 되면 그 자체로 이미 한국인의 민족성과 정체성은 사라져 갈 것이고 한반도는 인종간, 민족간 갈등과 충돌로 피를 흘리며 세월을 보내게 될 것이기 때문이다. 한국이 다문화(=다민족화)로 되면 일본뿐만 아니라 중국도 좋아하게 되는 것이다.

한국이 다문화(=다민족화)로 되면 일본과 중국 등 외세가 분열공작 하기가 훨씬 더 쉬워진다. 그렇게 일본과 중국이 가장 좋아하는 한국 정치권의 다문화질. 그것은 미친 짓이니 당장 중단시켜야 한다.

한국이 다문화(=다민족화)로 되면 한국은 인종갈등과 충돌의 전쟁터가 되고 만다. 한국인과 외국인들간의 인종갈등과 충돌도 일어나겠지만 외국인들끼리의 민족간 감정으로 한국인들과는 상관없이도 한국은 인종갈등의 전쟁터가 되고 만다는 것이다. 벌써 얼마 전에 외국인들 간의 민족적 감정으로 폭력행위가 벌어졌다는 뉴스가 보도되었는데 지금이야 소규모 폭력행위로 그쳤지만 외국인들의 수가 수백만, 수천만으로 늘어나는 경우에는 그야말로 대규모 폭동과 민족간 전쟁으로까지 번지고 그 와중에 우리 한국인들도 피를 흘리게 되고 마는 것이다. 그러니 어찌 일본과 중국의 침략주의자들이 좋아하지 않을 리가 있겠는가. 다문화는 미친 짓이니 당장 중단시켜야 한다.

아래는 2012년 4월 총선 관련하여 새누리당이 비례대표로 공천한 필리핀 출신 여성 이자스민이 내걸었다는 선거 공약이라고 인터넷에서 떠돌았으나 루머로 밝혀진 것들이다.

외국인 우대 정책

불법체류자 다문화가정 무료 의료 지원

다문화 가정 특례 입학

보육료 무료 지원

국/공립 유치원 우선입학(교육비 100% 전액지원)

외국인 유학생 각종 장학금 지원

명절 지원비 지급

고향 귀국비 지급

외국에 계신 가족 한국초청 비용지급

병원비 지원

바우처사업 우선발급

매달 7만원 입금

방문과외 무료

국/공립 학원 무료

놀이공원,스케이트,영화 등 지원

교재 지원

임대주택 1순위

대학 특별전형

대출 할인

우체국 할인

전기세 감소

주민등록증 발급 공자

전화/문자비 할인

출산비 지원

여행비 지원

결혼비 지원

생계,주거,교육,해산,장제,의료 급여 지원

한국어 교육,요리교실,각종 취미교실 지원

한국어 토픽 응시료 지원

어린이 학습지,장학금 지원

운전학원비 지원

자조모임 운영비 지원

그리고 새누리당은 그런 루머가 인터넷에 퍼진 걸 두고 허위사실 유포라고 네티즌들을 비난하고 이자스민에 대한 정당한 비판들까지도 인종차별로 몰아갔다.

그런데 사실은 위에 있는 내용들은 이자스민의 선거 공약만 아니다 뿐이지 이자스민과 새누리당의 정책 코드에서 크게 벗어나지 않는 것들이며 그 중에는 이미 새누리당이 집권여당으로 있는 한국에서 새누리당과 이명박 정권의 제동없이 시행되고 있는 것들도 있으며 그에 비추어 봤을 때 네티즌들이 근본적으로 잘못한 건 아니라는 말이다.

　즉, 네티즌들은 '선거 공약'이라는 사실과는 다른 표현을 썼을 뿐 이자스민과 새누리당의 반국가적 정책 코드를 까발린 것이며 국민으로서 필요한 정치 참여 행위를 한 것이라고 봐야 한다. 네티즌들은 다만 사실과 다른 표현을 쓴 게 잘못일 뿐이다.

　그리고 이자스민과 새누리당은 그런 네티즌들을 비난할 자격이 없다. 왜냐 하면 그들의 정책 코드는 정상적인 사람들이라면 누가 보아도 〈국가파괴적〉이고 자국민 차별적인 것들이기 때문이다. 예를 들어 1. 불법체류자들과 그 자녀들에 대한 새누리당의 온정주의적 태도는 누가 보아도 국가파괴적이며 2. 대한민국 국적을 운전면허보다 따기 쉽게 만들려는 법무부를 일체 제동하지 않는 집권여당 새누리당의 태도는 명백히 국가파괴적이다.

　그런 새누리당의 국가파괴적인 행위들을 까발리는 과정에서의 몇몇 비사실적인 표현의 잘못은 오히려 새누리당의 국가파괴 행위보다 훨씬 가볍다 할 것이다.

　네티즌들의 비사실적 표현보다 훨씬 더 엄중하게 규탄받아야 할 게 바로 이자스민과 새누리당의 국가파괴적 정책코드인 것이다. 그리고 이자스민은 새누리당의 국가파괴적 행위들에 대해 어떤 비판도 없이 비례대표를 수락했으니 같은 정책 코드를 가진 것으로 취급받아 함께 규탄받아야 하는 것이다.

그리고 사실 반민족, 반통일, 반국가, 반서민적인 다문화 책동은 이미 90년대에 김영삼 정권 때부터 세계화니 뭐니 하는 기만적인 이름으로 시작되었고 특히 지난 노무현 정권 때 본격적으로 심화되어 지금에 이르렀으니 당시 노무현 정권과 열린우리당 내지 민주당에게도 크나 큰 죄가 있으며 당시 필자는 노무현 정권을 집중적으로 규탄했다는 사실을 간단히 말해 둔다. 단지 지금은 새누리당이 집권 여당이고 그들이 여전히 노무현 정권의 다문화 책동을 이어받아 상황을 더욱 악화시켜 왔으니 새누리당을 집중적으로 규탄하는 것이다.

2012년 4월 17일

이자스민이란 여자에 대한 비례대표 공천을 즉각 취소하라!!

참으로 어이없는 일이 또 벌어졌다. 2012년 4월 총선에서 새누리당이 다문화 책동의 일환으로 필리핀 출신 여성 이자스민을 비례대표로 공천하는 미친 짓이 벌어진 것이다. 그 게 왜 미친 짓인지 간단히 설명해 보기로 한다. 즉, 이자스민이 국회의원이 되어서는 안되는 이유, 이자스민이 학력 위조를 하지 않았더라도 국회의원이 되어서는 안되는 이유를 설명해 보겠다.

(이하 네티즌들의 댓글 중 일부 요약 포함)

1. 우리 국민들도 외국 나가서 정치하는 사람 있다. 하지만 그들은 비례대표로 거저먹는 경우는 없었다. 그들은 지역사회 봉사활동을 기반으로 하여 동네 이장, 지역구 의원 등 낮은 직급부터 시작했고 주류사회가 동정심이나 정치적 이해관계에 의해 이끌어 주는 것이 아니라 스스로 해 나가고 있는데,

이자스민이란 여자한테는 뭐라고 알아서 당선증을 주나? 미친 거 아닌

가?

2. 외국에 나간 한국인들은 밑바닥부터 시작해서 자기 스스로 그 자리에 올라갔지 이렇게 비례대표로 거저먹는 사람 없었다. 불공정하다. 국가유 공자들에게도 안 주는 특혜를 왜 외국 출신들에게 주나?

3. 비례대표가 될 수 있는 자격은 한국에서 나고 자란 사람들에 한해야 한다. 국민으로서의 자질 검증이란 문제가 있기 때문이다.

4. 대표적인 이민국가인 미국도 이민 1세대를 정치에 참여시키는 경우 는 극히 적고 참여하더라도 모두 각자의 노력과 능력에 의해서이지 자스 민이처럼 비례대표로 거저 먹게 하는 경우는 없다. 이민자들은 대개 2세 대, 3세대가 되어야 정치에 참여하는 게 보통이고 또 그게 사실은 바람직 하다. 해당 국가사회에 대한 이해와 충성심은 2세대, 3세대가 되어야만 검증받는다고 여기는 게 옳기 때문이다.

이민 1세대는 자신의 모국에서 만들어진 정서와 사고방식이 그대로 남 아 있어서 이민을 받아 준 국가에 대한 충성에는 한계가 있기 때문이다.

국제무대에서 국가 간의 관계는 언제 어떻게 될지 아무도 모른다, 예를 들어 필리핀과 한국이 서로 잘 지내다가도 언제 갈등과 분쟁이 일어날지 도 모르는데 필리핀에서 나고 자란 여자를 한국의 국회의원 시켜 줘 봐라. 그 여자가 결정적인 순간에 한국을 위하겠나 필리핀을 위하겠나? 결정적 인 순간에 서슴없이 한국을 위하기 위한 필요조건 중 하나는 바로 한국에서 나고 자라야 한다는 것이다.

따라서 이자스민이란 여자에 대한 비례대표 공천은 즉각 취소해야 한다. 아울러 역시 외국에서 나고 자란 박노자라는 자에 대한 비례대표 공천도 취소해야 한다.

5. 이 책에서 수시로 강조하다시피 국제결혼으로 온 사람들과 그 자녀들은 철저히 한국문화에 동화시켜야 한다. 그러지 않고 그들 모국의 문화를 인정해 줘 버리면 그들의 집단이 커졌을 때 반드시 인종갈등과 문화갈등과 충돌이 일어나게 되어 있기 때문이다.

그리고 동화를 시키려면 동화의 대상(이자스민 포함)에게 국회의원직 같은 정치 권력을 주면 안된다. 동화의 대상인 부류들이 정치 권력을 갖게 되면 그들의 권력을 이용해서 동화되지 않으려고 하기 때문이다.

어떤 집단이 존재한다고 해서 무조건 인구 비례에 의해 그 집단에게도 헌법상의 인권을 그대로 적용하여 비례대표를 내 줘야 하는 건 아니다. 국가와 헌법상의 인권이란 건 〈상황〉에 따른 차등대우를 전제로 하는 것이기 때문이다.

예를 들어 대한민국 헌법 제9조에는 "국가는 전통문화의 계승·발전과 민족문화의 창달에 노력하여야 한다" 라고 명시되어 있는데 이는 대한민국이 민족국가라는 특수한 〈상황〉을 반영한 것으로서 이에 따르면 국제결혼 가정과 그 자녀들은 한국문화에 철저히 동화시켜야 민족문화와 전통문화가 보존, 창달되기 때문에 동화의 대상들(이자스민 포함)에게 동화 거부에 악용될 수 있는 국회의원직 같은 정치권력을 내어 주면 안되며 비례대표의 자격에서 예외로 취급해야 하는 것이다. 이자스민 등 동화의 대상들에게 비례대표의 자격을 주면 안되는 것이다.

즉, 헌법 제9조에 따라 비례대표의 자격은 전체 한국인과 문화적인 정체성이 같은 사람들 내지 철저히 동화된 사람들로 한해야 하는 것이며 동화주의에 정면으로 위배되는 다문화 책동에 적극 가담한 이자스민 같은 부류들에게 비례대표를 내어 주면 절대로 안되는 것이다.

6. 정치라는 건 어설픈 동정심이나 인권주의에 몰입되어 해서는 안된다. 냉정해야 할 때는 한없이 냉정해야 하는 게 바로 정치다. 냉정해야 할 때 냉정하지 못하면 전체 국민이 다 피해보게 된다.

7. 이른바 '다문화 가정'들에게 주는 모든 특혜를 폐지하라. 그들 중 어렵게 사는 사람들이 있다면 그저 한국내 극빈자들의 일부로 취급하여 극빈자 전체에 대한 지원을 강화해야지 '다문화 가정' 출신들에게만 따로 지원하는 건 명백한 특혜요 국민에 대한 배신행위다.

2012년 3월 26일

안동 김씨, 경주 이씨 등 성씨 문중들은 〈다문화 반대〉 운동에
적극 나서야 합니다 -- 다문화는 제2의 민족말살 책동이다

작금에 대한민국에서 국민의 동의와 토론 절차도 없이 멋대로 벌어져
온 다문화 책동이라는 건 바로 불순한 무리들이 대한민국을 다인종, 다민
족으로 만들어 남북통일을 방해하고 일제 때와 같이 우리 민족을 말살하
려는 짓입니다.

그리고 우리 민족이 말살되면 안동 김씨, 경주 이씨 등과 같은 각 성씨
문중들도 더 이상 존립기반을 잃어버리고 사라지게 됩니다. 즉, 대한민국
이 다문화, 다인종, 다민족으로 되면 이슬람인들, 중국인들, 동남아인들
등 외국인들이 대거 한국내에 유입되는데 시간이 지나면 결국 각 인종과
민족들은 한국내에서 그들만이 사는 지역을 따로 형성하게 되고 그 건 바
로 한국의 역사와 전통문화가 커다란 위협을 받게 되는 걸 뜻합니다.

그렇게 되면 안동 김씨, 경주 이씨 등 성씨문중과 관련된 전통과 역사와
문화도 보존이 어려워집니다.

왜냐 하면 그런 성씨문중 전통과 문화라는 건 대한민국이 단일 역사와

전통을 유지할 때에만 고조선, 고구려, 백제, 신라, 고려, 조선 등 역사 계승하에서 가능한데 그러지 못하고 대한민국이 다문화, 다인종화 되어 버리면 고구려 역사 등은 더 이상 대한민국의 공식 역사가 되지 못하고 한국내 여러 다인종, 다민족들의 역사 중 하나로 취급되어 버리고 말기 때문입니다.

예를 들어 지금 한국에서 다문화를 책동하고 있는 무리들은 국제결혼 자녀들을 핑계로 해서 학교에서 베트남, 동남아 역사 등도 가르치려 하고 있는데 그런 일들이 많아지다 보면 결국 고구려 역사 등은 사라지게 되는 겁니다.

고구려 역사 등이 대한민국 공식 역사 지위를 잃게 되면 안동 김씨, 경주 이씨와 같은 성씨문중들도 설 자리를 잃게 되는 겁니다. 그런 성씨문중들의 시조와 기원은 고조선, 고구려, 백제, 신라, 고려, 조선 등 우리의 역사 속에서만 기원하고 설명되어지는데 역사가 사라지면 모든 토대가 사라지기 때문입니다. 그리고 참고로 다문화로 한국내에 대거 유입되는 이슬람인들과 중국인들은 결코 타 민족의 역사와 전통을 존중하는 집단들이 아니고 자신들의 수가 많아지면 오히려 대한민국을 자신들의 입맛에 맞게 바꾸려 할 것이고 그들은 우리의 성씨문중 문화도 존중하지 않을 겁니다.

그리고 한국이 다문화, 다인종으로 되면 한국의 성씨와 관련된 각종 유무형의 문화유산들이 더 이상 한국의 공식 문화재로서의 지위를 갖지 못하고 그저 여러 인종과 문화들 중 하나로 취급되어 보존과 발전을 위한 예산 지원도 크게 줄어들고 말 것입니다. 다문화, 다인종으로 된 한국에서는 이슬람인들과 중국인들의 문화도 정부 예산으로 지원할 것이고 그러지 않으면 그 다문화 집단들이 불공정하다고 항의할 것이니 말입니다. 결국 한국의 성씨 관련 문화와 유산들은 찬밥 신세가 되고 마는 겁니다.

이와 같이 작금에 TV 등 언론에서 국민 무시하고 일방적으로 선전해 온 다문화라는 건 대한민국의 정체성을 말살시키고 민족을 말살시키려는 불순한 무리들이 꾸민 짓이라고 볼 수밖에 없습니다. (성씨문중 문화도 대한민국의 정체성 중 하나입니다.)

안동 김씨, 경주 이씨 등 성씨문중을 지키고 보존하려면 〈다문화 반대〉 운동에 적극 나서야 합니다. 각 성씨문중 관계자 분들의 각성과 분발을 촉구하는 바이며 모든 다문화반대인들은 각각 자신이 소속된 성씨문중 사이트 등에 이러한 취지의 글들을 올려 주시면 고맙겠습니다. 화수회, 종친회를 비롯한 각 성씨 문중 사이트들은 인터넷 검색을 하면 찾으실 수 있습니다.

2011년 12월 14일

군(軍) 선서문 등에서 〈민족〉이라는 말을 빼는 건 반민족, 반통일,
반국가 행위이다 -- 〈민족〉은 유지되어야 한다

이 글은 필자가 아래 2011년 11월 11일자 서울신문 기사를 보고 국방부
에 제기한 민원의 내용을 조금 보완하여 옮긴 것이다.

[서울신문] 군이 다문화 시대를 맞아 충성 대상을 '민족'에서 '국
민'으로 바꾸기로 했다.

국방부는 11일 임관 및 입영 선서문에 "국가와 민족을 위하여 충성을
다하고…"란 문구를 "국가와 국민을 위하여 충성을 다하고…"로 바꾸
는 군인복무규율 개정안을 입법 예고했다. 최근 다문화 가정이 급증하고
있어 '민족'을 고집하기보다는 '국민'으로서의 공감대를 반영하겠다
는 취지가 담겼다.

국방부 관계자는 "적합한 용어 사용으로 국군의 이념과 사명에 부합되
는 선서를 하도록 했다."면서 "한국 국적을 가진 다문화 가정 구성원들
도 대한민국 국민이라는 공감대를 넓혀 가게 됐다."고 말했다. (인용 끝)

-- 이하 필자의 요구와 주장 --

이상의 기사 내용에 실린 국방부의 방침과 관련하여 본인의 요구와 주장은 다음과 같습니다.

◆ 군(軍) 선서문 등에서 〈민족〉이라는 말을 빼는 건 반민족, 반통일, 반국가 행위이다.

1-1. 군인복무규율의 입영 선서문 등에서 〈민족〉이라는 말은 절대 빼서는 안되며 〈민족〉을 빼 버리는 법안을 만든 자들을 모조리 색출하여 엄중히 처벌해야 한다. 그런 중차대한 일을 국민의 의견도 묻지 않고 멋대로 처리한 죄와 더불어 반민족 행위죄로 처벌해야 한다.

1-2. 지금 대한민국 군대 내에서 〈장병들에 대한 다문화 교육〉이 실시되고 있다고 들었는데 만약 사실이라면 그런 교육은 반민족, 반통일, 반국가 행위이니 즉각 중단해야 하고 그런 교육을 지시한 자들도 색출하여 엄중히 처벌해야 한다.

2. 〈민족〉이라는 말을 폐기하는 건 곧 대한민국이 단일민족 국가임을 부정하고 다민족, 다인종 국가로 만들겠다는 것이며 그렇게 되면 대한민국은 결국 다민족, 다문화로 인해 내전과 학살이 일어나 쪼개진 유고슬라비아 연방처럼 되고 만다.

3. 다문화, 다인종 국가는 반드시 분열과 내전으로 치달아 피를 불러오

게 되어 있고 이는 인류의 역사가 증명하고 있다. 다문화는 국가분열의 지름길인 것이다. 대한민국이 다문화, 다인종으로 되면 결국 나라가 쪼개지고 마는 것이다.

4. 그러니 군(軍) 선서문 등에서 〈민족〉이라는 말을 빼는 건 반민족, 반통일, 반국가 행위인 것이다. 대한민국은 단일민족을 유지해야 한다.

5. 작금의 다문화는 곧 대한민국의 다인종화를 뜻하며 이는 자연스러운 현상이 아니라 우리 민족을 말살하고 남북통일을 방해하려는 불순한 세력들의 음모에서 비롯된 것이다. 그야말로 〈책동〉인 것이다. 그게 아니라면 다문화에 반대하는 주장들을 TV 등 언론에서 이렇게 일사불란하게 거의 봉쇄에 가까울 정도로 외면할 리가 없다. 다문화 책동은 즉각 중단시켜야 한다.

6. 지금까지 다문화에 반대하는 주장들은 TV 등 주요 언론에서 제대로 보도해 주지 않고 오로지 다문화를 찬양하는 주장들만 대대적으로 보도하는 등 다문화 책동은 반민주적이고 파쇼적으로 벌어져 왔다. 다문화 반대 주장에 대한 국민의 알 권리가 무시되고 짓밟혀 온 것이다.

7. 군 선서문에서 〈민족〉이라는 말을 빼 버리면 이는 곧 남북한이 하나의 민족이라는 사실을 부정하는 것이 되어 남북통일을 포기하는 행위가 되고 만다. 그러한 행위는 반민족, 반통일 행위인 것이다.

8-1. 〈다문화 가정〉이란 용어는 사용하면 안되며 〈국제결혼 가정〉이라

불러야 한다. 국제결혼 가정과 그 자녀들은 한국문화에 동화시켜야 할 대상이지 다문화 권장의 대상이 아니다. 대한민국의 인구 5천만 중 국제결혼 가정은 불과 수십만 내외이고 이는 그냥 놓아 두면 자연스럽게 한국문화에 동화되게 되어 있다. 동네 방네 다니며 〈다문화 가정〉이라는 말로 떠들 필요가 없다.

8-2. 한국인들이 국제결혼을 안해도 결혼할 수 있는 환경을 만들어야 하고 그런 환경은 충분히 만들 수 있다.

9. 우리 민족이 국제결혼 가정들을 위해 남북통일까지 포기해야 할 이유는 그 어디에도 없다. 남북통일은 전체 국민들의 권익과 인권에 관련된 것으로서 국제결혼 가정들의 권익보다 훨씬 더 중요하다.

10. 정치권과 언론은 다문화 책동을 즉각 중단하라!! 국방부 등도 다문화 책동에 부화뇌동한 것에 대해 반성하고 대한민국 군대를 〈민족의 군대〉로 더욱 강화해야 한다.

11. 대한민국 군대는 〈민족의 군대〉가 되어야 히고 남북통일을 위한 평화유지 군대가 되어야 한다.

이상의 요구와 주장들에 대하여 국방부 관계자들은 숙고하여 반영해야 할 것입니다. 군(軍) 선서문 등에서 〈민족〉이란 말을 빼는 건 반민족, 반통일, 반국가 행위이며 반드시 국민의 심판을 받게 될 것입니다.

2011년 11월 12일

제 5장 온정주의가 나라를 망친다

국제무대에서 호의는 호의로 돌아오지 않는다 -- 다문화에 대한 호의
가 다문화 집단들의 우리에 대한 호의로 돌아오지 않는다

다문화에 찬성하는 사람들과 외국인 인권을 몰입적으로 강조하는 사람들이 가장 착각하고 있는 게 바로 우리가 다문화 집단들에게 호의를 베풀면 그 다문화 집단들도 우리를 호의로 대할 것이라는 생각이다. 그러나 이는 참으로 순진무구한 생각이 아닐 수 없으며 자기 혼자서 살아가는 무인도에서라면 상관없으나 모든 국민들이 유기적으로 얽혀서 살아가고 있는 국가사회에서는 타인들에게 심각한 피해를 끼치는 사고방식이 아닐 수 없다.

왜냐 하면 우리가 살고 있는 이 지구는 힘의 논리가 지배하는 정글이며 이는 인류의 오랜 역사 내내 진리요 법칙으로 작용해 왔기 때문이다. 세상은 힘의 논리로 움직이지 선의와 호의로 움직이는 게 절대 아니라는 게 지난 인류의 역사로 이미 충분하고 넘칠 정도로 증명되었기 때문이다.

더구나 우리 한민족은 지난 백여년 동안 그런 힘의 논리를 앞세운 외세 침략자들에게 처절하게 당하며 살아 왔으며 아직도 그런 힘의 논리는 한반도 주변을 포함한 세계를 지배하고 있다는 사실을 잊어서는 안된다. 우

리 민족과 나라는 아직도 외세와의 전쟁 중이라는 걸 잊어서는 안된다.

우리가 다른 인종이나 문화집단에게 무조건 선의와 호의를 베푼다고 해서 그들도 우리에게 선의와 호의를 베풀 것이라고 생각하는 건 그야말로 순진하고도 어리석은 일이라는 걸 구한말 이후 백여년 동안 처절하게 경험한 우리 민족이다.

그리고 이 대한민국 땅에서 작금에 벌어지고 있는 다문화 책동이라는 건 지난 날의 그런 경험과 교훈에 정면으로 위배되는 것이다. 우리는 항상 한국 땅에서 다문화, 다인종 집단의 수가 늘어났을 때 〈힘의 논리〉가 어떻게 작동할 것인가를 염두에 둬야 하고 그렇다면 다문화 책동은 지금 당장 중단시켜야 하는 것이다.

일반적으로 다문화 집단들이 아직 소수일 때는 그들이 우리의 눈치를 보고 우리를 함부로 대하지 못하지만 그들의 수가 늘어나서 무시 못할 다수가 되어 버리면 그 순간부터는 집단의 쪽수를 배경으로 한 〈힘의 논리〉가 작동하기 시작한다는 걸 절대 잊어서는 안된다. (이는 말 그대로 일반적인 이야기이고 벌써 한국내 외국인노동자들은 그들을 무조건 옹호해 주는 인권단체들을 믿고 한국인들을 함부로 대하기 시작했고 이는 외국인 범죄의 급속한 증가로 나타나고 있다.)

다문화꾼들은 자꾸 우리 보고 외국인들에게 양보하고 그들에게 혜택을 베풀 것을 강요한다. 그러나 설혹 우리가 양보한다고 해도 한국에 흘러 들어 온 다문화 집단도 그들의 세력이 커졌을 때 우리를 존중하고 양보할 것이라는 보장은 그 어디에도 없고 결국은 우리가 도저히 받아들일 수 없는 요구까지 하여 우리와 대결하게 되어 있으며 그래서 많은 다문화 국가들에서 인종갈등과 충돌, 학살이 일어난 게 바로 세계사적인 현실이다.

아메리카 원주민들이 처음에 백인들에게 호의적이었고 공존하려 했지만 백인들은 그들을 학살하고 인종청소해 버렸다. 굴러 들어 온 돌이 박힌 돌을 빼내는 건 세계사에서 흔한 일이다. 세상을 냉정하게 보지 않으면 학살과 침략만 당하게 된다. 세상은 양보와 친선의 미덕이 아닌 힘의 논리에 의해 돌아가는 게 현실이다. 지난 백년 간 그런 현실을 처절하게 겪은 우리 민족과 나라인데 우리 동포들은 그런 과거들을 모조리 잊었단 말인가?

유럽에서 왜 다문화가 실패했다고 자인했겠는가? 그것은 바로 유럽에서도 이슬람을 주축으로 한 다문화 집단들의 규모가 커짐에 따라 그들이 힘의 논리를 작동시켜 유럽 각 나라들의 기층 문화와 관습과 법제도를 무시하고 오히려 자기들 입맛에 맞게 뜯어 고치려는 행태들을 보여 왔기 때문이며 이는 다문화를 허용한 경우 벌어지는 필연적인 수순이다.

스웨덴, 노르웨이, 프랑스, 영국 등 다문화로 인해 폭동이 일어나고 나라의 정체성이 무너져 처참하게 망가져 가고 있는 유럽을 보라. 한국 땅에서도 다문화, 다인종화가 진행되면 그런 일들이 벌어지게 되는 건 필연이다. 다문화가 진행되면 한국에서도 인종갈등과 폭동이 일어나게 되는 건 필연인 것이며 특히 한국은 역사적, 지정학적 특수성 때문에 더 끔찍한 일들을 겪게 되고 만다. 아래 참고 글을 읽어 보라.

[참고 글] 다문화의 끝은 한민족에 대한 인종청소.

그리고 한국 땅에서 다문화, 다인종화가 진행되면 필연적으로 중국 출신들과 이슬람권 출신들을 포함한 각 다문화 집단들이 자기들 모국의 역사와 문화도 한국의 학교에서 가르쳐야 한다고 요구하게 될 것이고 결국 그들의 요구를 거부할 수 없게 된다. 그 때에는 이미 다문화 집단들의 쪽수를 배경으로 한 힘의 논리가 작동할 것이기 때문이다. 그렇게 되면 고구려 역사 등은 대한민국 대표 역사로서의 지위를 잃어버리고 그저 한국내 여러 다인종, 다민족들의 역사 중 하나로 취급되어 버리게 되고 말며 결국 고구려 역사는 사라지게 된다.

특히 남한이 다문화, 다인종화 되는 과정에서 중화주의로 무장한 중국인들이 가장 많이 들어올 것이라는 점에 유념해야 한다. 그들은 쪽수가 늘어나면 우리 민족과 역사와 문화를 존중하기는 커녕 배척하고 없애려고 할 것이 분명하다.

그리고 역시 남한에 많이 유입될 이슬람인들도 마찬가지 행태를 보일 것이다. 이슬람인들은 쪽수가 많아지면 자신들을 받아 준 나라의 문화와 전통을 절대로 존중하지 않는다는 건 지금 유럽의 사태가 증명하고 있다.

즉, 한국이 다문화로 되면 중화주의로 무장한 중국인들과 일부다처제를 허용하는 이슬람인들 등 한국의 역사와 문화에 적대적인 요소가 있는 집단들이 가장 많이 들어오게 되는데 그렇게 만들어 놓고는 "다양한 문화와 인종이 어울려 사이좋게 잘 사는 다문화 사회"를 건설하자는 게 도대체 말이 되는가? 그런 시도는 〈근거없는 자신감〉의 발로이고 지금까지 한국의 정치권과 언론들은 그런 근거없는 자신감을 국민들에게 일방적으로 강요하며 다문화를 선동질해 온 것이다.

다문화에 대한 호의는 호의로 돌아오지 않는다. 다문화 집단들에 대한 호의가 그들의 우리에 대한 호의로 돌아오지 않는다. 오히려 총칼이 되어 돌아오게 되어 있다.

[참고 글] 다문화에 베푼 호의와 동정심, 총칼되어 돌아 온다.

그리고 이미 한국 땅에서는 다문화 집단들에 대한 호의가 우리에 대한 호의로 돌아오지 않는다는 사실이 심각한 외국인 범죄로 증명되고 있다. 지금까지 사이비 인권단체들이 외국인 내지 외국인노동자들에 대해 무한한 호의와 동정심을 베푼 결과는 그들의 우리에 대한 존중과 호의로 나타난 게 아니라 정 반대로 살인, 강간, 성폭행 등 엄청난 외국인 범죄 증가율로 나타난 것이다.

사이비 인권단체들이 동남아 등에서 온 국제결혼 여성들에게 무한한 호의와 동정심을 베푼 결과도 마찬가지로 그 여성들의 무단 가출과 국적취득 후 의도적인 이혼을 빈발케 하는 등 국제결혼이 외국 여성들의 한국 국적 취득을 위한 수단으로 되는 걸 부추기는 현실로 나타났다.

사이비 인권단체들이 어처구니없게도 엄연히 범죄자인 불법체류자들에게도 무한한 호의와 동정심을 베푼 결과도 그들이 한국의 단속반원들을 집단폭행하여 대한민국의 〈주권〉을 침해하는 만행으로 나타났다. (불법체류자 단속은 주권국가의 가장 기초적인 주권행사 중 하나다.)

호의와 동정심은 함부로 베풀어서는 안된다. 외국인들과 다문화에 대한 분별없는 호의와 동정심은 나중에 총칼이 되어 돌아와서 여러분들과 자녀들의 목을 겨누게 된다는 사실을 명심해야 한다. 다문화는 반민족, 반통일, 반국가, 반서민 행위이니 반드시 막아야 한다.

2011년 11월 22일

- 우리가 외국인들에게 호의를 베푼다고 해서 외국인들도 항상 우리에게 호의를 베풀 것이라고 여기는 건 순진무구함의 극치이며 스스로 매를 버는 짓이다.

- 국제무대는 힘의 논리가 지배하는 곳이지 호의와 동정심이 통하는 곳이 아니다. 한국내 외국인 내지 외국인노동자들 관련해서도 마찬가지다. 그들의 수가 늘어나면 그들은 그 수를 바탕으로 힘의 논리를 작동시켜 대결하려 하지 한국인들을 존중하려 하지는 않는다. 그 게 현실이며 법칙이다.

- 외국인노동자들에게 한국은 돈벌이 대상일 뿐이고 그들에게 잘해 주면 잘해 줄수록 그들은 한국을 더 이용하고 등쳐먹을 궁리만 한다. 그게 현실이다. 예를 들어 사이비 인권단체들이 외국인 인권을 몰입적으로 챙

겨준 결과 외국인 범죄가 급속히 증가한 게 현실이다.

 - 외국인들의 인권과 권익은 그저 국제관례에 크게 어긋나지 않는 정도로만 챙겨주면 되지 한국의 사이비 인권단체들처럼 도시락 싸 들고 다니며 챙겨주는 건 미친 짓이다. 외국인들의 인권은 자국민들의 인권이 침해되지 않는 선에서만 챙겨줘야 한다. 언제나 자국민의 인권을 외국인의 인권보다 우선해야 한다.

학교 폭력, 왕따 악폐는 온정주의와 인권몰입의 소산 ── 온정주의와
인권몰입주의가 대한민국을 파괴하고 있다

학교 폭력의 가해 학생들에게 처벌다운 처벌을 하지 않고 '교내봉사 2
주' 이런 식으로 온정주의와 인권몰입주의로 처리하니까 학교 폭력과 왕
따 악폐가 끊이지 않고 있는 것입니다.

강력한 처벌이 필수입니다. 그리고 우리 사회에 만연한 잘못된 인권주
의, 인권몰입주의를 타파해야 합니다. 누구의 인권부터 지켜 줄 것인가를
항상 먼저 판단해야 하고 그렇다면 당연히 피해 학생의 인권이 우선이고
피해 학생을 포함한 대다수 학생들의 인권을 보호하자면 가해 학생들에
대한 강력한 처벌은 필수입니다.

뭐 다들 아시는 거지만 온정주의와 인권몰입주의를 부각시켜 비판하는
뜻에서 이야기해 보는 겁니다.

그리고 한국에서 온정주의와 인권몰입주의는 외국인노동자들, 국제결혼
외국여성들을 위해서도 판을 치고 있지요. 외국인들의 흉악범죄와 폐해는
언론에서 숨겨 버리거나 축소보도하고 사기 국제결혼의 경우 외국 여성들
의 인권만 챙기고 그에 피해 당한 한국 남성들의 인권은 무시해 버리는 자

들과 단체들이 판을 치고 있지요.

심지어는 엄연히 범죄자인 불법체류자들을 〈미등록 이주노동자〉라는 얼토당토 않은 말로 미화해서 부르며 그들을 합법화 해 주자는 자들도 설치고 있습니다. 이 모두가 어떤 특정 집단에 대한 온정주의와 인권몰입주의에 빠져서 국가민족과 사회 전체의 존립과 안전은 외면해 버리는 망국적 행태입니다.

누구의 인권부터 지켜 줘야 하는가? 당연히 자국민들의 인권을 외국인들보다 우선적으로 지켜 주는 게 정상적인 주권국가입니다. 그러나 지금 대한민국은 거꾸로 가고 있습니다.

바야흐로 외국인들에 대한 무한한 온정주의와 인권몰입주의도 대한민국을 망쳐가고 있는 중입니다. 온정주의와 인권몰입주의가 대한민국의 국가 기강과 사회 기강을 파괴하고 있습니다. 이를 바로 잡지 않으면 대한민국의 미래는 없습니다.

2011년 12월 28일

외국인노동자 필요없는 한국경제,
만들 수 있고 만들어야 한다
국제결혼 안해도 결혼할 수 있는 대한민국,
만들 수 있고 만들어야 한다

제 6장 다문화 파시즘을 규탄한다

〈'다문화 파시즘' 행위자 색출과 처벌을 위한 특별법〉
제정을 촉구한다

이 글에서는 일단 다문화 자체에 대한 찬반 여부를 떠나서 다문화 선동
세력들의 반민주적이고 파쇼적인 행태에 대해서 논하고 그에 대한 수사와
처벌을 위한 특별법 제정을 촉구하는 바이다.

(가) 다문화 책동은 반민주적으로, 파쇼적으로 자행되어 왔다. 이에 대
하여 관계기관들의 수사를 촉구한다.

1. 국민적 토론 한 번 없이 멋대로 다문화를 기정 사실화 해 버렸다 --
외국인들의 대거 유입을 초래하여 나라의 인적 구성 자체를 바꾸어 버리
는 다문화 실시 여부는 국가의 정체성과 안보에 관련된 일이다. 그런데도
한국의 정치권과 언론은 다문화는 과연 해야 하는 것인가에 대한 공정한
토론을 국민 앞에서 한 적이 단 한 번도 없이 멋대로 다문화를 기정 사실
화 해 버리고 다문화는 선이요 반(反)다문화는 악이라는 구도를 국민들에
게 강요해 왔다.

국가를 운영하다 보면 국내에 체류하는 외국인들 수가 일시적으로 많아지는 경우가 있으며 그런 경우에 외국인들 수를 조절하고 통제하는 방법을 찾으라고 정부와 정치권이 존재하는 것인데 대한민국 정치권과 언론은 국민을 배신하고 직무를 유기하고 그런 일시적 증가를 핑계로 멋대로 다문화를 기정사실화 해 버린 것이다.

2. 한국의 주요 언론들은 다문화에 반대하는 의견들은 제대로 보도해 준 적이 없다. 설혹 보도하더라도 단편적으로만 보도해서 국민의 알 권리를 침해해 온 반면 다문화에 찬성하는 의견들은 대대적으로 보도해서 국민을 세뇌해 왔다. 명백한 편파보도를 해 온 것이다.

3. 그러한 편파보도는 정치권과 주요 언론들이 일체가 되어 조직적이고 일사불란하게 자행해 왔다. 이는 대한민국의 민주주의를 훼손하는 명백한 헌정질서 파괴 행위로서 관련자들을 색출하여 엄중하게 처벌해야 한다.

4. 지금까지 대한민국의 정부와 언론들은 남북통일, 민족, 전통문화, 안보, 주권, 내수경제 등 국가사회의 여러 분야에 다문화가 끼치는 영향 평가, 즉 사회영향평가를 공정하게 한 적이 단 한 번도 없다. 어떤 정책이든지 그 장단점을 종합적으로 비교평가하고 사회에 미치는 영향평가를 공정하게 거쳐서 실시 여부를 결정해야 한다. 장점이 몇 가지 있더라도 단점과 폐해가 더 크면 실시하지 말아야 하는 게 정책의 기본이다.

그러나 다문화에 대해서는 그런 사회영향평가를 한 적이 단 한 번도 없으며 오로지 다문화를 찬양하고 미화하는 주장들만 보도해 주고 다문화의 폐해와 반대 의견들은 고의적으로 숨겨 왔으니 이는 대한민국 정치권과 언론이 국민을 배신한 파쇼독재 행위이며 헌정질서 파괴 행위이다.

5. 외국인 범죄들이 제대로 보도되지 않고 은폐되어 왔다 -- 〈양주 여중생 잔혹 살해 사건〉, 〈등산하고 내려오는 부부 사건.....남편이 보는 앞에서 아내가 외국인들에게 윤간 당하여 결국 부부가 차례로 자살한 사건〉 등 외국인들의 흉악범죄들이 비슷한 유형의 내국인 범죄들에 비해 그냥 일과성으로 아주 작게 보도되거나 아예 보도되지 않는 등 주요 언론들이 조직적으로 대대적으로 일사불란하게 외국인범죄들을 은폐해 온 흐름들이 포착되고 있다.

반면 2011년 10월에 부산에서 어떤 우즈벡 귀화여성이 목욕탕 업주에 의해 입장이 거부된 사건에 대해서는 온 언론들이 벌떼처럼 일어나 그것을 〈인종차별금지법〉 제정을 위한 기회로 악용하고 있다. 목욕탕 업주의 주장은 제대로 보도하지 않고 관련된 한국인들의 인권은 무시하는 편파기획보도로 말이다.

즉, 외국인 범죄들은 작게 보도하고 외국인 내지 귀화인들이 당한 피해 사례는 대대적으로 보도하는 자국민 차별적이고 파시즘적 행태들이 만연하고 있으며 이는 어떤 강력한 배후세력이 없으면 일어날 수 없는 일이다.

6. 대한민국의 기본적인 주권행사에 속하는 불법체류자 단속 업무가 공공연히 방해받고 있는 등 국가주권이 훼손되고 있다 ----- 외국인 인권보호를 빙자한 사이비 인권단체들이 출입국관리소의 불법체류자 단속 업무를 공공연히 방해하고 있다. 심지어는 불법체류자들이 단속반원들을 집

단폭행하는 일들까지 벌어져 왔다.

7. KBS 등 방송과 언론이 다문화와 불법체류자들을 미화하고 그들에 대한 동정심을 유발케 하는 방송보도로 국민을 세뇌해 왔다.

이상의 조직적인 편파보도와 국가기강 파괴 행위들은 그 배후에 어떤 강력하고 불순한 세력이 없으면 불가능한 일이다. 예를 들어 남한에서의 다문화, 다인종화 진행이 남북통일에 미치는 악영향은 관련업무에 종사하는 사람들이라면 누구나 조금만 생각하면 쉽게 예측가능한데도 전혀 공론화된 적이 없으니 이는 그런 공론화를 가로막으려는 불순한 배후세력이 없으면 불가능한 일이다.

따라서 우리는 이상의 조직적인 편파보도 행위 등을 〈다문화 파시즘〉으로 규정하고 이러한 헌정질서 파괴, 국가 안보 훼손과 사회안정 파괴 행위에 대해 관계기관들이 수사에 착수하여 그 주범과 종범들을 색출하여 엄중하게 처벌할 것을 촉구한다. 국가보안법이란 바로 이런 때 필요한 것이다.

그리고 그러한 수사를 촉진하기 위해서 상기한 이름의 특별법 제정을 촉구하는 바이다.

(나) 인종차별금지법은 반드시 한국인을 역차별하게 되어 있는 반(反)국민적 악법이며 이 역시 다문화 선동 세력들에 의해 반민주적으로, 파쇼적으로 그 제정이 시도되고 있다.

1, 인종차별금지법이 왜 반국민적인가 하는 건 별도의 문서로 첨부할 것

이다. 여기서는 우선 다문화 선동 세력과 언론들이 그런 법을 제정하려고 시도하는 과정이 반민주적이고 파쇼적이라는 사실을 지적한다.

2. 다문화 선동 세력들은 2011년 10월에 부산 목욕탕 사건을 기획하여 대대적이고 조직적인 편파보도로 국민을 속이면서 인종차별금지법 제정을 시도하고 있다. 이에 대해서도 역시 별도의 문서로 첨부할 것이다.

우리는 그런 인종차별금지법 제정기도 세력들의 반민주적, 파쇼적 행위들을 수사하고 그들을 색출하여 헌정파괴 죄 및 반민족, 반국가 행위 죄로 처벌하기 위한 수사에 착수할 것을 관계기관들에 촉구한다.

우선 부산 목욕탕 사건에 대한 주요 언론들의 조직적인 편파보도에 대해 관계기관들이 수사에 착수하여 그 주범과 종범들을 색출하여 엄중하게 처벌할 것을 촉구한다. 말했듯이 저런 조직적인 편파보도는 그 배후에 어떤 강력하고 불순한 세력이 없으면 불가능한 일이다. 설혹 배후가 없더라도 그런 국가질서 파괴적인 편파보도가 만연하고 있는 현실에 대해 파악하고 국민들에게 알려서 바로잡아줘야 하는 게 관계기관들의 임무이고 존재 이유다.

3. 부산 목욕탕 사건의 개요와 사건 보도의 편파성에 대해서 별도의 문서를 첨부한다.

(다) 다문화 관련 각종 편파보도의 사례들을 추후 별도의 첨부 문서로 제시한다.

이상에 언급된 다문화 책동 관련된 각종 편파보도와 총체적인 헌정 파괴, 국가기강, 국가주권 파괴 행위들은 국가안보를 담당하는 기관과 집단에서 주동적으로 나서서 제지하고 그 주범들을 색출하여 처벌해야 할 사안이다. 이에 관계 기관들의 철저한 수사를 촉구하는 바이며 아울러 국회는〈'다문화 파시즘'행위자 색출과 처벌을 위한 특별법〉제정을 서두를 것을 촉구하는 바이다.

2011년 10월 21일

노르웨이 사건은 노르웨이 정부의 〈다문화 파시즘〉이 초래한 것

먼저 이 번 노르웨이 사건은 절대 일어나서는 안되는 일이라는 걸 분명히 말하고 희생된 사람들에게 깊은 애도를 표하는 바이다.

일단 이 번 사건의 범인이 노르웨이의 〈극우 민족주의자〉라는 언론의 보도에 기초하여 이야기한다. 이 번 노르웨이 사건 자체는 잘못이고 일어나서는 안되는 일이지만 그 원인은 정확하게 따져야 한다.

이 번 사건은 민주주의와 파시즘이라는 측면에서 봐야 하고 사건이 일어나기 전까지 노르웨이 정부와 언론의 반민주적이고 파시즘적인 다문화 지원 행위가 오랫 동안 자행되어 온 게 근본 원인이라는 것이다.

즉, 그 동안 노르웨이 정부의 다문화 관련 정책이 파시즘적으로, 반민주적으로 진행되어 왔고 노르웨이 국민들의 다문화에 대한 공정한 찬반토론 없이, 노르웨이 국민들의 의견도 제대로 묻지 않고 일방적으로 다문화 정책을 강행한 데 따른 비극적인 결과가 바로 이 번 노르웨이 사건이라는 것이다.

아울러 민족주의자라는 말 앞에 무조건 '극우'라는 딱지를 붙이고 인종주의로 매도해 온 유럽 각 나라의 정치권과 언론의 행태도 파시즘이며 이 번 노르웨이 사건을 초래한 주범에 포함시켜야 한다는 것도 말해 둔다.

분명히 그 동안 노르웨이를 포함한 유럽 각 나라의 국민들은 다문화의 장단점에 대해 토론하고 다문화에 반대하는 의견을 개진할 권리와 기회가 원천적으로 박탈당해 왔다. 다문화에 반대하는 주장을 하면 무조건 극우나 인종주의자로 몰아서 관련 토론을 원천봉쇄해 온 노르웨이 등 유럽 정치권과 언론의 행태, 그 게 근본 문제이고 이 번 사건의 또 다른 주범이었던 것이다.

그리고 지금 노르웨이를 포함한 온 유럽이 다문화로 인해 시끄럽고 사회가 불안정하고 몇몇 나라의 경우 본토박이들이 이민자들을 피해 다른 나라로 이민을 가는 사태까지 벌어지고 있는 건 무얼 말해 주는가? 바로 다문화반대자들이 옳았다는 것이며 노르웨이 정치권과 언론은 그들에게 의견을 개진할 기회와 토론을 할 기회를 공정하게 주었어야 했다는 걸 말해 준다. 그러나 그러지 않았기에 문제가 발생한 것이다.

다시 한 번 말하지만 이 번 노르웨이 사건 자체는 잘못이고 일어나서는 안되는 일이지만 그 원인은 정확하게 따져야 한다.

즉, 이 번 사건의 범인이 〈극우 민족주의자〉라서 사건을 저지른 게 아니라 그들의 의견을 개진할 통로가 원천봉쇄되어 있었기 때문에 그에 대한 분노가 폭발한 측면이 더 클 것이라는 말이다. 만약 그와 그를 포함하는 다문화 비판자들의 의견이 공정하게 노르웨이 언론을 통해 보도되고 적극적인 토론을 할 기회가 그들에게 주어졌다면 그가 그런 사건을 일으키는 일은 없었을 거라고 본다. 토론을 공정하게 하면 무조건 다문화 반대자들이 이기게 되어 있을 정도로 근거가 풍부하기 때문이다.

의견을 개진할 언로가 사실상 원천봉쇄되고 토론을 할 기회마저 박탈당한 사람들은 막다른 골목에 몰린 거나 마찬가지로 되기 쉽고 그런 상태에서 분노가 폭발한 게 이 번 노르웨이 사건이라고 보는 것이다. (물론 막다른 골목에 몰렸다고 해서 누구나 다 그런 사건을 일으킨다는 말은 아니지만, 인간이라는 존재는 예측이 불가능하니 그런 극단의 사건이 일어나는 걸 완전히 막을 수는 없다는 말이다.)

즉, 지금까지 노르웨이 정치권과 언론은 범인으로부터 그런 행동을 유발할 수 있는 상황으로 몰아 온 것이니 이 번 노르웨이 사건의 더 큰 범인은 바로 노르웨이 정치권과 언론의 〈다문화 파시즘〉이었던 것이다. 노르웨이 등의 다문화 정책이 공정한 토론과정을 거쳤다면 이 번의 끔찍한 사건은 아마 일어나지 않았을 것이다.

따라서 노르웨이 국민들은 이 번 사건의 범인을 처벌하는 일도 필수이고 중요하지만 국민을 무시하고 속여 가면서 그런 〈다문화 파시즘〉을 자행해 온 노르웨이 정치권과 언론을 처벌하는 일도 반드시 병행해야 할 것이며 이는 앞으로 한국에서도 반드시 실행해야 할 일이다. 지금까지 한국에서도 〈다문화 파시즘〉이 자행되어 왔다.

아울러 노르웨이가 혹시 서양제국주의에 가담하여 세계의 약소국들을 괴롭혔거나 혹은 괴롭히고 있다면 깊이 반성하고 그런 제국주의 대열에서 빠져 주기 바란다.

  그리고 누가 이 글을 노르웨이 말이나 영어로 번역하여 노르웨이와 유
럽의 국민들, 특히 다문화 반대자들에게 전달해 주었으면 한다. 그러면 그
들에게 현 상황을 타개할 수 있는 논리 중 하나를 제공해 주는 것이 되니
큰 도움이 될 것이다.

2011년 7월 24일

브레이빅의 주장은 대부분 옳다. 실천의 방법이 잘못되었을 뿐이다

어떤 주장의 정당성과 실천 방법의 정당성은 별개의 문제다. 후자로 전자를 판단해서는 안된다.

미국, 이스라엘 등의 제국주의 침략전쟁에 대한 이슬람인들의 항전에서도 방법을 잘못 택하는 경우가 종종 있다. 이라크 등지에서 여성이나 어린이들을 폭탄테러의 수단으로 이용하고 그 타깃으로 미군이 아닌 죄없는 민간인들이 다수 살상되는 경우가 바로 그 것이며 그런 민간인 희생자들의 수는 이미 노르웨이의 브레이빅이 살상한 사람들의 숫자를 훨씬 넘어선지 오래다.

그러나 그렇게 항전의 방법이 잘못되었다고 해서 미국의 침략전쟁에 대한 이슬람인들의 주장 자체가 잘못되었다고 말하지는 않는다. 어떤 주장과 그 실천 방법에 대한 평가는 별개의 문제이기 때문이다.

주장이 정당하더라도 그 실천 방법이 잘못되었으면 그 방법에 대해서만 규탄하면 되는 것이지 그 주장까지 무조건 부당하다며 규탄하는 행위는 인간 사회의 올바른 문제 해결을 가로막는 파시즘적 행위에 다름 아니다.

그리고 이하 2011년 7월에 노르웨이에서 노르웨이 정부의 다문화 정책에 반대하여 폭탄을 터뜨린 브레이빅이 〈극우 민족주의자〉라는 언론의 보도에 기초하여 이야기한다. 브레이빅이 프리메이슨 회원이라는 이야기도 있지만 그 건 일단 논외로 치고 이야기한다.

이 책의 다른 글에서도 말하지만 극우의 다른 이름은 〈열렬한 애국자〉다. 노르웨이의 브레이빅 등 지금 전 세계의 언론들이 극우로 부르고 있는 부류의 주장들은 사실은 지구상 모든 주권국가 국민과 정부의 생존에 필수적인 논리이다. 내국인의 인권을 외국인보다 우선시하고 내국인의 일자리 등 가장 중요한 생존권과 인권이 외국인에 의해 침해될 때 외국인을 법에 따라 처벌하거나 추방하는 식으로 적절히 규제하는 건 지구상 모든 주권국가의 필수적인 권리이며 국제상호주의라는 말이다. 그리고 그런 권리를 주장하는 건 너무나 분명하게도 전형적인 애국자의 논리이지 무슨 깡패나 범죄자의 어거지가 아니다.

따라서 브레이빅은 자신의 주장을 실천하는 방법이 잘못되어 많은 인명을 살상한 것에 대한 합당한 처벌을 받으면 되는 것이지 그의 주장까지 무조건 다 틀린 건 아니다. 그의 주장은 대부분 옳은 것이요 절대다수 노르웨이 국민들의 생존권과 인권을 위한 애국적인 주장이 되는 것이다. 오히려 국민의 뜻도 제대로 묻지 않고 일방적으로 반민주적으로 다문화 책동을 벌여 온 노르웨이 총리 등이야말로 노르웨이의 범죄자요 매국노인 것이다.

그러나 그럼에도 불구하고 지금까지 〈국제유대자본〉의 배후조종을 받는 세계 많은 나라의 매국노 정권과 언론들은 극우를 마치 흉악한 범죄자인 것처럼 매도하여 자국민들을 속이기에 혈안이 되어 왔다. 그런 부류의 정권과 언론들은 대개 '인권'이니 '관용'이니 '포용'이니 하는 아름다운 말들을 입에 달고 살지만 정작 자국민들이 외국인들에 의해 받는 심각한 생존권 침해와 인권 침해에 대해서는 모르쇠로 일관하는 경우가 대부분이다.

그들 정권과 언론들은 자국민들이 외국인들에게 일자리를 빼앗겨 생존권을 위협받게 되어 항의를 해도 그것을 마치 어린 아이의 이유없는 투정처럼 묘사하는 일에만 열중해 왔다. 도대체 일자리보다 더 큰 생존권과 인권이 어디에 있다고 그런 식으로 묘사한다는 말인가?

예를 들어 남아프리카공화국의 경우에도 외국인노동자들에게 일자리를 빼앗긴 내국인들이 외국인노동자들을 직접 폭행하는 일들이 벌어지곤 한다. 그런데 그런 남아공 국민들을 〈'극우' 테러리스트〉나 〈스킨헤드〉로 매도하는 건 바로 남아공 국민들의 생존권과 인권을 무시하는 행위라는 것이다. 일자리는 바로 생존권이다. 일자리보다 더 큰 생존권과 인권은 없다.

남아공 정부가 무분별한 외국인노동자 수입으로 자기 국민들의 일자리를 빼앗아 생존권을 박탈해 놓고는 그들을 〈'극우' 테러리스트〉로 본다면 그야말로 큰 잘못이며 정상적인 정부이기를 포기한 행위이다. 저런 경우 남아공 국민들의 행위는 바로 생존권 수호를 위한 정당방위요 자구행위가 되는 것이지 스킨헤드나 '극우' 테러리스트로 매도하는 건 배부른 자들이나 하는 헛소리라는 말이다.

생각해 보라. 독자 여러분들이 만약 정부의 무분별한 외국인노동자 수입으로 일자리를 빼앗겨 가족들이 굶어죽게 생겨서 정부에 항의했는데도 정부는 외국인노동자들의 인권만 거론하며 모르쇠로 일관한다면 여러분들이 할 수 있는 일은 과연 무엇인가? 그런 극단에 몰린 경우 인간이라면 누구나 자구행위를 취하게 되어 있으며 그 것이 남아공 등에서 외국인노동자들에 대한 직접 폭행으로 나타난 것이며 그것은 폭행에 가담한 남아공 국민들의 책임이 아니라 그런 극단적인 환경을 조성한 그 나라 정권과 언론의 책임이라는 걸 분명히 말해 둔다.

어떤 나라의 국민들이든지 자신들의 일자리 등 생존권과 역사와 전통을 외세로부터 지키려 하는 건 너무나 자연스러운 인간 본성의 발로이자 애국심의 발로이지 결코 깡패나 범죄자의 어거지가 아닌 것이다. 그리고 외국인도 기본적으로는 외세이며 그런 외국인들이 원래부터 다인종국가가 아닌 어떤 주권국가에 단순히 손님으로 오가는 경우에는 우리가 친절하게 대해 줄 수 있지만 그러지 않고 대량으로 유입되어 나라의 정체성 자체를 위협하는 현상은 당연히 외세의 침략으로 여기고 대응해야 하는 것이다.

그리고 이상에서 이야기한 극우 내지 극우주의자들이란 말한 대로 국가 민족을 위한 확실한 주관과 논리를 갖춘 사람들로서 〈열렬한 애국자〉를 뜻하며 그들은 외국인들이 자기 나라와 민족에 해를 끼치지 않는 한 자기 나라에 오가는 외국인들을 무조건 싫어하지는 않으며 오히려 손님으로 친절하게 대하기도 하며 혹은 아예 관심 자체를 갖지 않는다. 필자도 사실은 지금처럼 외국인들의 대규모 유입을 획책하는 다문화 책동이 드러나기 전에는 외국인들을 손님으로 대우하고 친절하게 대한 적이 있다. 그러나 지금은 어떤 외국인을 봐도 우선 국가민족의 입장에서 경계하는 마음이 앞서는데 그렇게 만든 책임은 바로 국민의 뜻도 묻지 않고 반민주적이고 파쇼적으로 다문화 책동을 벌여 온 정치권과 언론에 있는 것이다.

이상과 같은 극우는 다른 나라와 민족에 대한 침략주의로 흐르지 않는 한 아무런 문제도 없으며 오히려 권장할 필요도 있는 것이다. 극우와 침략주의는 다른 것이다. 더구나 어떤 주권국가내의 외국인 문제는 어디까지나 국내 문제이며 외국인들이 손님의 상태로 있는 한 누구도 일부러 싫어할 일이 없다. 어떤 주권국가에서나 외국인들은 손님일 뿐이며 그럴 때에만 그들을 친절하게 대할 수 있는 것이며 이런 당연한 주장을 하는 부류들이 바로 극우인 것이다.

그리고 그런 극우주의자들이 어떤 상황에서 자구행위로 외국인들에 대한 폭력을 선택하는 일이 벌어지는 것을 막으려면 각 나라 정권과 언론이 외국인 정책을 합리적이고 애국적으로 펴야 한다. 즉, 외국인들이 내 나라와 국민들의 안전과 전통을 위협하는 일이 벌어지지 않는 범위 내에서 외국인 정책을 펴야 하고 그런 범위내에서만 관용이라는 말을 사용해야 하는 것이다.

즉, 지금까지 노르웨이를 포함한 유럽과 한국 등지에서 관용이나 포용이라는 이름으로 벌어져 온 무분별한 외국인노동자 수입과 다문화 책동은 주권국가 국민들의 안전과 전통을 위협하는 매국노 짓이며 미친 짓이므로 당장 중단시켜야 한다.

2011년 8월 2일

   - 극우의 다른 이름은 〈열렬한 애국자〉다. 극우 민족주의란 사실 자랑스런 이름이다.

   - 극우는 주권국가와 국민에 대한 보호 논리이지 인종주의와는 전혀 다르다.

   - 극우를 인종주의로 매도하는 언론의 악습은 중단되어야 한다.

   - 극우 내지 민족주의는 인종주의가 아니라 역사와 전통문화에 대한 보호주의이다.

   - 그런 훌륭한 극우 내지 민족주의를 마치 무슨 깡패나 범죄자인 것처럼 매도하는 악습이 2차세계대전 이후 국제유대자본의 조종하에 전 세계에서 저질러져 왔다.

   - 인종주의란 아무런 이유없이 다른 인종이나 민족을 차별하는 것을 말한다.

   - 그러나 극우 내지 민족주의는 이유있고 정당한 차별은 하지만 이유없는 차별은 하지 않는다.

   - 개인이든 집단이든 이유있고 정당한 차별은 해야 하고 그럴 권리가 있으며 그런 권리도 인권에 포함시켜야 한다.

[단일민족]

극우의 다른 이름은 〈열렬한 애국자〉다. 이 당연한 사실을 이제 모든 사람들에게 알려야 합니다. 참고로 한국의 기성 정치권에 있는 자칭 보수, 우파라는 자들은 대부분 사이비로서 본문에서 말하는 극우와는 전혀 다르고 오히려 외세를 등에 업고 국가와 민족을 해치는 짓들을 하고 있는 수구꼴통일 뿐이며 그들은 망국적인 다문화 책동에도 적극 가담하고 있습니다.

진정한 우파는 국가와 민족을 최우선으로 해야 합니다.

노르웨이에서 폭탄이 터진 이유는?
〈다문화〉와 〈다문화 파시즘〉이 원인이다

독자 여러분들도 알다시피 2011년 7월에 노르웨이에서 노르웨이 정부의 다문화 정책에 반대하여 브레이빅이란 인물이 폭탄을 터뜨린 사건이 있다. 그 사건의 근본 원인은 바로 노르웨이 정부의 다문화 책동과 〈다문화 파시즘〉에 있었다는 사실에 대해 말해 본다.

먼저 다문화 자체가 원인이다.

1. 노르웨이에서 다문화, 다인종화 진행되지 않았으면 아예 그런 폭탄 사건이 일어날 껀덕지가 없었다. 다문화, 다인종 사회에서는 인종갈등과 충돌이 필연이다. 그 시기가 언제이며 누가 먼저 터뜨리느냐가 문제일 뿐이다.

그리고 누가 먼저 폭탄을 터뜨리느냐는 중요한 게 아니다. 다문화, 다인종 사회가 되면 누구에 의해서든 폭탄이 터지게 되어 있다는 사실이 중요한 것이다. 단지 노르웨이에서는 브레이빅이 먼저 터뜨렸을 뿐이다.

우리 한국도 이대로 다문화가 진행되면 다문화, 다인종 집단들 간의 내전과 학살극이 일어나서 나라가 쪼개진 〈유고 연방〉처럼 된다. 그래서 우리는 다문화 책동을 국가민족과 국민에 대한 반역으로 규정하고 막으려 하는 것이다.

2. 다문화꾼들은 마치 다문화 사회가 교육과 캠페인만 잘 하면 인종갈등 없이 평화롭게 유지되는 것처럼 말하고 있지만 그것은 새빨간 거짓말이거나 착각이다. 일단 다문화, 다인종 사회가 되면 인종갈등과 충돌은 그 어떤 교육과 캠페인으로도 막을 수 없는 것이다.

3. 설사 그런 교육과 캠페인으로 다문화 사회가 한 동안 평화롭게 유지되는 경우도 있다 하더라도 그런 평화는 잠시에 지나지 않는다. 왜냐 하면 다문화 사회는 그 통치자가 매우 유능하고 강력한 경우에만 각 다문화 집단들 간의 이해관계를 조정하여 사회 통합력을 유지하고 평화를 유지할 수 있는데 항상 유능한 통치자가 나온다는 보장이 그 어디에도 없기 때문이다.

4. 다문화 국가였던 유고연방의 경우도 강력한 통치자인 티토가 살아 있을 때에는 평화롭게 유지되었지만 티토가 죽고 나서 강력한 통치자가 나오지 않고 사회통합력이 사라지자 바로 내전이 일어나서 다문화 집단들 간의 학살극이 벌어진 것이다.

5. 즉, 어떤 사회나 국가이든지 언제나 강력하고 유능한 통치자를 만날 수는 없다. 바로 이런 불변의 원리에 의해 다문화 사회나 국가는 반드시 분열되고 학살극이 벌어지게 되어 있다. 그 게 인제 벌어지느냐의 문제일 뿐 다문화 사회에서 인종갈등과 학살극은 반드시 일어나게 되어 있는 것

이다.

〈다문화 파시즘〉도 원인이다.

1. 노르웨이를 비롯한 유럽에서는 그 동안 다문화 정책이 국민적 합의없이 정치권과 언론에 의해 일방적으로, 반민주적으로 강행되었고 다문화에 반대하는 주장들을 공식 통로로 제기하는 일이 원천적으로 금기시되는 사회분위기가 조성되어 왔다. 일종의 매카시즘이 형성된 것이고 이는 〈다문화 파시즘〉이라고 부를 수 있다.

2. 즉, 애초에 유럽에서도 〈다문화를 해야 하나 말아야 하나〉 하는 것에 대한 필수적인 토론과정이 완전히 생략되고 무시된 채로 다문화 정책이 일방적으로 강행되었으니 그 게 바로 문제의 시작이다. 그리하여 다문화에 반대하는 노르웨이 국민들이 많음에도 불구하고 그들이 의견을 표출하고 영향력 있는 토론에 참여하는 기회가 원천봉쇄되었다. 즉, 노르웨이 국민들의 말할 권리가 무시되고 짓밟힌 것이다.

3. 이렇게 의견 표출의 기회가 봉쇄된 상태가 계속 되다 보니 다문화에 반대하는 노르웨이 국민들이 자기 의견의 분출구를 찾지 못하여 억눌린 감정도 쌓여 갔고 결국 그것이 2011년 7월에 폭탄테러라는 잘못된 방법으로 터진 것이다. 즉, 다문화에 반대하는 노르웨이 국민들이 자기 의견을 표출하고 그에 대해 공정하고 민주적으로 토론하여 정책에 반영하는 공식적인 통로를 원천봉쇄한 노르웨이 정부와 언론의 〈다문화 파시즘〉이 바로 노르웨이 사건의 진짜 원흉인 것이다.

4. 노르웨이 국민들에게 자기 의견을 표출할 공식적이고 영향력 있는 통로가 보장되었다면 절대로 2011년 7월의 노르웨이 사건은 터지지 않았을 것이다. 사람들은 누가 자신들의 입을 막을 때 폭발하는 것이다. 어떤 나라이든지 각종 핑계로 국민의 입을 막는 분위기가 형성되면 국민의 에너지는 자기방어심리에 의해 극단적인 방법으로 표출될 수밖에 없고 그 건 바로 그 나라 정치권과 언론의 파시즘 탓이지 국민의 탓이 아닌 것이다.

5. 결론적으로 2011년 7월 노르웨이 사건을 일으킨 브레이빅은 처벌해야 하지만 브레이빅보다 더 큰 죄인들이 바로 그 동안 노르웨이 국민들의 입을 막으면서 일방적으로, 반민주적으로 다문화 정책을 강행해 온 노르웨이 정부와 언론이라는 사실을 똑똑히 알아야 한다.

모든 사건은 항상 그 배경부터 살펴야 한다. 직접 총을 쏜 범인만 보면 안되는 것이다. 현장의 범인에만 주목하다 보면 더 심하게 규탄받아야 할 세력들이 유유히 웃으면서 빠져 나가게 만들어 주는 어리석음을 범하게 되고 만다.

즉, 노르웨이 사건을 직접 일으킨 브레이빅은 처벌해야 하지만 그런 사건이 일어날 수밖에 없는 환경(다문화)을 〈파쇼적으로〉 조성한 놈들이 더 큰 죄인이라는 말이다. 그리고 그런 환경(다문화)은 안 만들어도 되는 거였는데도 노르웨이 정부와 언론이 억지로, 파쇼적으로 만든 것이라는 말이다.

이상의 사실들을 외면하는 한국의 다문화 선동 세력들은 마치 반(反)다문화가 노르웨이 사건의 원인인 것처럼 TV 등 언론을 통해 대대적으로 왜곡선전하고 있습니다. 국민 여러분들은 그런 왜곡선전에 속지 마시기 바랍니다.

2011년 9월 30일

부산 목욕탕 사건에 대하여

얼마 전에 부산의 어느 목욕탕 업주가 우즈벡 출신 귀화여성의 출입을 거부하여 언론에 〈인종차별〉이라고 크게 보도되었는데 이는 다문화 선동 세력과 언론이 〈인종차별금지법〉을 만들어 한국인들을 탄압하려는 불순한 목적에서 나온 편파기획보도가 아닌지 의심스럽습니다. 사건 당사자인 목욕탕 업주의 주장은 제대로 보도하지 않고 우즈벡 출신 여성의 주장만 침소봉대하여 모든 언론이 크게 보도했기 때문입니다.

이에 필자는 우즈벡 출신 귀화여성의 출입을 거부한 해당 목욕탕 업주의 조치는 인종차별이 아니라 보다 다수의 인권과 권익을 보호하기 위한 정당한 행위였다는 사실을 말하고자 합니다. 부산 목욕탕 사건에는 다음과 같이 크게 세 부류의 인권이 결부되어 있습니다.

1. 윤락행위를 하는 외국여성들이 많은 동네에서 각종 성병 등에서 자유롭게 안심하고 목욕탕에 가고 싶은 동네 사람들(한국인들)의 인권 --- 이는 〈실질적인〉 인권이지요. 이 동네 사람들은 해당 목욕탕이 외국인들도 받아들이게 되면 성병 등에 대한 염려와 불안 때문에 결국 목욕딩에 기지 못할 사람들이고 이야말로 더 거대한 인권침해인 겁니다. 그들의 인권

과 행복 추구권도 보호받아야 합니다.

2. 그렇게 외국인 윤락여성들이 많은 동네에서 영업을 하는 특수한 상황에서 동네 사람들의 요구를 충족시켜 주지 못하면 결국은 손님이 없어 폐업을 하게 됨으로써 생존권을 위협당하게 되는 목욕탕 주인의 인권 ─── 이 역시 명백히 보호받아야 할 〈실질적인〉 인권입니다. 귀화 여성의 기분상의 평등권을 충족시켜 주기 위해 목욕탕 업주가 외국인들도 입장시켜서 결국 폐업을 해서 굶어 죽으라는 거야말로 심각하고도 〈실질적인〉 인권침해인 겁니다.

3. 목욕탕 출입을 거부당한 우즈벡 귀화 여성의 인권 ─── 이는 잠시 기분만 나쁜 것으로 끝나는 것이고 그 여성은 근처의 외국인 전용업소를 찾아서 목욕을 하면 되므로 그 여성의 해당 인권은 상대적으로 실질적이지 못합니다. 참고로 대한민국에 외국인 전용업소가 참 많고 그런 업소들에서는 한국인들을 출입금지시키는 경우가 참 많다더군요.

그럼 우리는 위 세 가지의 인권 중 어느 인권을 우선적으로 보호해야 할까요? 당연히 다수에 해당하는 1번의 인권과 생존권이 달린 2번의 인권입니다. 위와 같이 다수의 인권과 소수의 인권이 양립불가능한 경우에는 당연히 다수의 인권을 우선적으로 보호해 줘야 하는 것입니다.

그리고 외국인 내지 귀화인들에게만 인권이 있는 게 아닙니다, 우리 한국인들에게도 인권이 있고 이는 외국인들의 인권보다 우선적으로 보호해야 하는 겁니다. 어떤 사건에서 한국인과 외국인의 인권이 충돌하는 경우 당연히 한국인의 인권을 우선적으로 보호해야 하는 것입니다. 여기는 한국이고 한국 땅에서는 토박이 한국인의 인권을 우선적으로 보호하는 게 당연한 것이고 이는 국가가 존재하는 이유이자 국가 운영의 기본 원칙이고 국제상호주의에 의한 것입니다.

따라서 부산 목욕탕 사건에서 우즈벡 출신 귀화여성의 출입을 거부한 목욕탕 업주의 조치는 불가피하고도 정당한 것이었다고 할 수 있습니다. 어떤 차별이 일어났다는 사실에 대해서만 몰입하지 말고 그 차별이 일어나야 할 불가피하고 정당한 이유가 있었는지 항상 종합적으로 상황의 특수성까지 고려하여 판단해야 합니다. 외국인 내지 외국 출신들의 인권에만 몰입해 버리면 더 중요한 것들을 놓치게 됩니다.

아울러 이번 부산 목욕탕 사건 관련한 TV 등 언론의 편파보도에 대해 국회의원 등 정치인들도 문제 제기를 해야 할 것입니다.

2011년 10월 18일

– 부산 목욕탕 사건 관련하여 주요 언론들은 명백한 편파보도를 자행했다.

– 외국인들의 인권만 중요한 게 아니다. 부산 목욕탕 사건에는 토박이 한국인들의 매우 〈실질적인〉 인권도 결부되어 있고 이는 우선적으로 보호받아야 할 성질의 것이다.

살인사건보다 목욕탕 출입거부 사건을 훨씬 더 크게 보도해 주는
대한민국 언론들

다문화 책동에 가담한 대한민국의 주요 언론들이 얼마나 심각한 편파보도들을 자행해 왔는지 그 예를 하나 들어 본다.

대한민국 언론들은 2011년 10월 부산에서 우즈벡 출신 귀화 여성 한 명이 목욕탕 출입을 거부당한 사건은 TV까지 동원하여 대대적으로 보도해 줬다. 왜? 인종차별금지법을 만들려는 여론몰이 차원에서. (참고로 인종차별금지법은 반드시 한국인을 역차별하게 되어 있는 악법이므로 만들면 안된다. 자세한 것은 이 글 하단에 명기된 사이트를 참고하기 바람.)

그러나 해당 목욕탕 업주가 그 우즈벡 여성을 출입금지한 건 해당 지역에 외국인 윤락여성들이 많다는 지역적 특수성에 기인한 〈정당한 차별〉이었다. 해당 지역의 한국인들이 안심하고 목욕탕에 갈 수 있는 권리가 더 중요한 것이기 때문이다. 만약에 그 우즈벡 여성의 목욕탕 출입을 허용해 줘 버렸으면 그 지역의 한국인들 대다수는 불안해서 목욕탕에 가지 못하게 된다.

[참고 글] 부산 목욕탕 사건에 대하여

즉, 우즈벡 여성에 대한 목욕탕 출입거부는 다수와 소수의 인권이 양립 불가능한 상황에서 다수의 인권을 선택한 당연하고도 정당한 차별이었던 것이다. 그럼에도 불구하고 대한민국 언론들은 그 우즈벡 여성이 마치 엄청난 인종차별이라도 당한 것처럼 침소봉대하여 TV는 물론이고 온 매체를 동원하여 대대적으로 보도해 줬다.

반면 여중생 강수현 양이 필리핀 불법체류자의 칼에 13번이나 찔려 잔인하게 살해된 사건에 대해서는 경기일보 단 한 군데를 제외하고는 모든 언론이 침묵해 버렸다.

더 어이없는 일은 처음에는 그 사건을 보도한 주요 언론들이 그 사건의 범인이 외국인 불법체류자로 밝혀지자 곧 바로 태도를 바꿔서 사건에 대해 일체 침묵해 버렸다는 사실이다. 이야말로 명백한 편파보도가 아닌가. 한국인들의 인권을 무시하는 행위요 한국인들에 대한 인종차별이 아닌가.

[참고 글] 경기도 양주에서 여중생 강수현 양이 불법체류자에게 잔인하게 살해된 사건

저런 어이없는 편파보도가 난무하는 대한민국. 대한민국은 과연 누구를 위한 나라인가? 대한민국은 외국인과 외국 출신들의 인권만을 위해 존재하는 나라인가? 우리는 누구를 위해 세금을 내고 국방의 의무 등 4대 의무를 다해 왔는가?2012년 3월 15일

수원토막살인사건의 근본 원인은 정치권과 언론의 막가파식 다문화 선동과 반국가적 외국인 정책

온 국민이 분노해야 할 일이 또 일어나고 말았다. 2012년 4월에 조선족 중국인에 의해 한국의 선량한 20대 여성이 잔인하게 강간토막살해된 사건이 일어난 것이며 이 또한 외국인 범죄이다.

그런데 이 사건을 두고 대한민국의 모든 주요 언론들이 약속이나 한 듯이 오로지 경찰의 잘못된 초동대응에만 촛점을 두고 비난하고 있는데 이 사건의 가장 큰 본질은 그 게 아니라 대한민국 정치권과 언론의 막가파식 다문화 선동과 반국가적 외국인 정책이 초래한 사건이라는 점이다. 경찰의 잘못된 초동대응에 대해서도 비판해야 하지만 그것보다 훨씬 더 크게 부각시켜 알리고 비판해야 하는 게 바로 이 점인 것이며 그 이유는 아래와 같다.

1. 한국의 정치권과 언론들은 국민의 뜻도 묻지 않고 제대로 된 토론 한 번 없이 일방적으로 반민주적으로 다문화(=다인종화) 선동질을 해 댔고 그 과정에서 제대로 된 심사도 없이 외국인 및 외국인노동자들을 대거 한국에 유입시키는 바람에 주로 저질 외국인들이 대거 유입되었다.

2. 대한민국 정부는 외국인들에 대한 출입국 관리도 고의적이라 할 수밖에 없을 정도로 허술하게 해 왔으며 불법체류자들에 대한 단속도 하는 시늉만 내 왔다.

3. 외국인들이 범죄를 저질러도 경미한 처벌로 끝내는 경우가 많았고 사이비 인권단체들이 떼로 몰려들어 외국인 범죄자에 대한 수사와 처벌을 방해하는 반국민적 폭거들을 저질러 왔다. 범죄를 저질러도 제대로 처벌을 받지 않으니 외국인들은 더 쉽게 범죄를 저지르는 것이다.

4. 대한민국 정부는 마치 아무 외국인들에게나 한국 국적을 내주지 못해 안달이 난 것처럼 국적 부여의 요건을 완화해 왔으며 그 결과 이 지구상에서 대한민국 국적이 제일 싸구려로 전락해 버렸다.

5. 그 결과 한국내 외국인 및 외국인노동자들은 한국과 한국인들을 등신 호구로 여기고 함부로 대하는 풍조들이 생기게 되었고 각종 흉악 범죄도 쉽게 일으켜 버리는 상황이 되어 버렸다.

결국 2012년 4월에 일어난 수원토막살인사건은 위와 같은 정치권과 언론들의 총체적인 국가기강 파괴 행위들과 반국가적 외국인 정책들, 다문화 선동 행위들이 누적되어 일어난 것이다.

우리 국민들은 그런 정책의 책임자들을 반드시 색출하여 처벌하고야 말 것이다. 다문화 책동은 반민족, 반국가, 반통일, 반서민 행위이니 즉각 중단시켜야 한다.2012년 4월 7일

국민 여러분, 속지 마십시오. 저 다문화꾼들이 제정하려는 인종차별금지법은 다문화 책동에 대한 국민의 반발이 커져 가자 국민의 입을 막기 위해 제정하려는 악법입니다. 저 다문화꾼들이 국민의 입을 막아 다문화에 대한 반론을 차단한 상태에서 한국을 다문화, 다민족 국가로 만들게 되면 결국 우리 한민족은 정체성이 말살되고 다민족들간의 인종갈등의 틈바구니에서 생존을 걱정해야 할 처지에 놓이게 되니 인종차별금지법은 바로 〈한민족 말살법〉인 것입니다.

설마 그렇게까지야 되겠느냐고 반문하시는 분들도 계시겠지만 설마가 사람 잡습니다. 저 다문화꾼들의 의도대로 한국에 어떤 외국인이든 와서 살게 허용하게 되면 결국 무엇보다도 중국에서 수백, 수천만명이 한국 땅에 몰려 오게 되어 있습니다. 동남아, 서남아 각지에서도 마찬가지입니다. 그렇게 되면 원주민인 우리 한국인들이 오히려 중국인들과 동남아, 서남아인들의 핍박을 받게 되어 있습니다. 쪽수보다 무서운 건 없기 때문입니다.

국민 여러분, 주권국가 국민들은 누구나 외국인 정책과 외국인들에 대한 비판을 할 권리가 있습니다.

비판의 과정에서 때로는 용어 선택의 미숙으로 욕설이나 격한 말을 할 수도 있는 겁니다. 그리고 사실 그런 욕설이나 격한 말들은 지금까지 TV 등 주요 언론매체들에서 다문화에 대한 반대 의견은 거의 보도하지 않는 등 다문화에 대한 국민의 반론권이 보장되지 않은데 대한 분노에서 오는 것이 대부분입니다. 반론권이 보장되면 그런 욕설을 할 일도 별로 없습니다.

권력을 잡은 다문화꾼들은 논쟁의 본질은 외면하고 그런 욕설이나 격한 말들만을 꼬투리 삼아 인종차별로 몰아서 아예 우리 한국인들이 외국인 정책과 외국인에 대한 비판 자체를 할 엄두를 못 내게 하려고 인종차별금지법이라는 걸 만들려고 하는 것입니다.

그리고 사실은 그런 욕설이나 격한 말들로 인한 부작용보다는 다문화에 대한 반대의견들을 국민들이 듣지 못함으로써 오는 부작용이 천만배 더 큽니다. 즉, 지금은 그런 욕설이나 격한 말들이 섞인 의견일지라도 다문화에 반대하는 의견들은 인터넷 등에서 존재할 가치가 있는 특수한 상황인 것입니다.

물론 될 수 있으면 욕설이나 격한 말은 삼가야겠지만 그런 욕설이나 격한 말들이 섞여 있다는 것을 꼬투리 삼아 인터넷상의 다문화반대 의견들을 삭제하거나 막으려는 건 더 큰 잘못인 것입니다.

국민 여러분, 단일민족국가인 우리 한국에는 인종차별금지법이 필요없습니다. 인종차별금지법이라는 건 애초부터 다민족으로 구성된 국가에나 필요한 것입니다. 한국 같은 단일민족국가에서는 그저 내국인들에게 〈외국인들을 대하는 교양〉 차원의 캠페인을 벌이면 되는 것입니다.

그리고 저 다문화꾼들은 반드시 국민의 심판을 받게 될 것입니다.

1. 다문화 책동을 반민주적으로, 파쇼적으로 강행한 데 대한 심판
2. 다문화가 반민족, 반통일, 반국가적이라는 사실에 대한 심판

2011년 5월 28일

"왜놈, 쪽바리, 뙤놈, 짱꼴라, 양키, 양놈, 깜디, 깜둥이" -- 이런 말들을 금지하면 안된다. 인종차별금지법은 한국인들을 억압하는 악법이다

우선 필자는 일상 생활에서 "왜놈, 쪽바리, 뙤놈, 짱꼴라, 양키"라는 말은 써 봤지만 아무런 이유없이 "깜디, 깜둥이"라는 말을 써 본 적은 없다는 걸 말해 둔다. 이는 사소한 것 같지만 매우 중요한 의미를 지닌다.

일본과 중국, 미국은 지난 백여년 동안 조선 강탈과 역사침략과 카쓰라-태프트 밀약 등으로 우리나라와 민족에 엄청난 피해를 끼친 나라들이니 우리 민족 구성원들은 그들 나라 국민들을 "왜놈, 쪽바리, 뙤놈, 짱꼴라, 양키, 양놈"이라고 불러서 우리의 분노와 원한의 감정을 발산할 권리가 있는 것이다.

우리가 일본인들에게 필요할 때마다 "왜놈, 쪽바리"라고 부르는데 그걸 가지고 인종차별이라고 딴지거는 놈들이 있다면 그 놈들은 역적의 무리로 여기고 규탄해야 한다. "뙤놈, 짱꼴라, 양키, 양놈" 등의 말에 대해서도 마찬가지다.

우리에게 적대 행위를 하는 외국 내지 외국인에 대한 국민의 분노감정 발산권은 필수이고 거기에는 욕도 포함될 수밖에 없다.

반면 흑인 집단들의 차원에서는 역사적으로 따로 우리 민족에게 큰 해를 끼친 적이 없으므로 필자는 지금까지 아무런 이유없이 흑인들을 "깜둥이, 깜디" 등으로 불러 본 적은 없다. 그러나 그런 말의 사용을 인종차별로 몰아서 금지하는 법을 만드는 데에는 절대 반대한다. "깜둥이, 깜디" 등의 말을 쓰는 걸 권장하지도 않지만 그것을 금지하는 법을 만드는 건 절대 반대하는 것이다.

왜냐 하면 어떤 나라나 민족, 인종 집단이든지 간에 언제 우리 나라와 민족에 해를 끼치는 행동을 할지 예측이 불가능한데 그런 해로운 행동을 할 때마다 우리도 그에 즉각 대응하여 그들을 욕하는 말을 할 수 있어야 하고 이는 국민 감정의 분출구로서 반드시 필요한 일이기 때문이다.

예를 들어 미국이나 유럽 등지에 나가면 흑인들이 우리 한국인을 포함한 동양인을 멸시하고 비하하는 언행을 하는 경우가 많다고 하는데 그런 일을 당한 한국인이나 그런 소식을 전해 들은 친지, 이웃들이 무슨 성인군자가 아닌 이상 당연히 그들의 분노 감정을 흑인들을 상대로 분출하는 말을 할 수 있어야 한다. 그러지 않으면 병 생긴다. 인간은 감정의 동물이어서 분노를 적절히 말(욕도 포함)로써 표출해야 하기 때문이다.

유럽 등에서는 이슬람권 출신 사람들도 대 놓고 한국인을 포함한 동양인들을 멸시하는 경우가 많다고 하는데 이에 대해서도 마찬가지다.

그런데 타민족이나 타인종에 대한 욕을 원천금지하는 인종차별금지법을 만들어 놓으면 어떻게 되는가? 흑인들이나 이슬람인들로부터 억울한 대우를 받은 한국인들이 그들을 욕할 권리가 봉쇄되어 버리고 만다. 우리나라와 민족에게 적대 행위를 하는 외세와 인종집단에게 마음 놓고 욕을 할 수 없게 만들어 국민을 속병 들게 만들어 버리는 것이다.

전 세계 모든 나라나 민족들에는 예외없이 타 민족을 욕하고 멸시하는 욕이나 말들이 존재하는데 중국이든 일본이든 아프리카 나라들이든 마찬가지라는 말이다. 그런 나라들에서 인종차별을 방지한답시고 그런 욕이나 말들을 못 쓰게 만드는 법을 제정한다는 건 우스운 일이며 당연히 해당 국민들의 저항을 받을 일이다.

단, 미국과 같은 나라는 예외다. 미국은 아프리카의 흑인들을 납치해서 노예로 부려먹은 원죄가 있고 역사적으로 대 놓고 이민국가를 자처했기 때문에 그에 대한 책임으로서 〈니그로〉 등의 말을 금지하는 등의 인종차별금지법이란 게 필요한 것이다. 그러나 다른 보통의 나라들은 그런 법을 만들 필요가 없고 만들어서도 안된다. 만들게 되면 반드시 자국민에 대한 역차별로 이어지게 되기 때문이다.

타국이나 타민족, 타인종을 이유없이 멸시해서도 안되지만 정당한 이유가 있을 때는 분노의 감정을 표출해야 하며 욕설도 배제되어서는 안된다. 이는 외국과 외세에 대한 경계, 국가 안보의 차원에서도 중요하다. 그런 분노 감정 발산은 외세의 침략에 대한 대응의 전초로 여겨야 하기 때문이다. 어떤 외국이나 외국인이든지 적대국이 될 가능성이 있다는 걸 명심해야 한다.

국민들은 언제든지 필요시 그런 분노 감정을 발산할 수 있도록 언어 사용에 제한을 두지 말아야 한다. 외국인이나 타인종, 타민족에 대한 언어 사용은 국민들의 교양과 재량에 맡겨야 하고 어떤 종류의 인종차별금지법도 만들어서는 안된다. 인종차별금지법은 그런 감정 발산권을 침해하는 악법이기 때문이다.

정당한 분노의 감정을 발산하지 못하는 국민은 죽은 국민이다. 법으로 해결해야 할 문제가 있고 교양이나 재량에 맡겨야 할 문제가 있다.

그리고 인간사회에서의 차별은 최소화하려고 해야지 모든 차별을 폐지하려고 해서는 안된다. 불가피하게 발생하는 차별도 분명히 존재하기 때문이다. 세상은 단순한 게 아니다.

2011년 11월 13일

부 록

수학기초론

괴델의 제1불완전성 정리는 틀렸다.

이 책의 제목과는 전혀 상관없는 글들이지만 필자가 지난 2008년부터 쓰다가 잠시 중단한 수학기초론 관련 글들을 몇 개 싣는다. 심심풀이로 읽어 보는 것도 괜찮을 것이다.

필자는 이 연재를 시작하려면 우선 괴델의 제1불완전성정리가 틀렸음을 설명할 필요가 있음을 느꼈다. 지금까지 괴델의 정리가 수학기초론의 잘못된 이정표 역할을 해 왔기 때문이다. 괴델의 제1불완전성정리는 다음과 같다.

"어떤 수학적 체계이든 본질적으로 불완전하다. 즉, 모순이 없는 임의의 수학적 공리계가 주어졌을 때 이 공리계로부터는 이끌어낼 수 없는 참인 수학적 명제가 반드시 존재한다. 그러한 논리식을 '결정불능명제'라 한다." (〈수학사 대전〉, 김용운, 김용국)

그리고 제1불완전성정리에 대한 괴델의 증명을 개요하면 다음과 같다.

□ 괴델 증명의 개요 -- 그 때 그 때 필요한 부분만 거론하기로 하며 의미 전달이 쉽게 적절히 표현을 바꾸어 이야기할 때도 있을 것이다. 이하 이 글의 목적상 x, y 등 각종 기호나 변수의 사용을 최소화하고 최대한 일상언어에 가깝게 이야기한다.

괴델은 각 명제(논리식)에 a. 자연수로 순번(順番)을 매기거나 b. 어떤 규칙을 만들어 자연수를 일의적(一意的)으로 대응시킬 수 있다고 말한다. a의 경우는 1, 2, 3, 4, ...와 같은 식으로 단순한 일련번호로서의 순번을 말하며 b의 경우는 이른바 괴델수(數)를 말한다.

그리고 제1불완전성정리에 관한 괴델의 증명에서 그러한 순번을 사용하든 괴델수를 사용하든 본질적으로 달라지는 것은 없다고 할 수 있다. 여기서는 순번을 사용하기로 한다.

괴델은 우선 다음과 같이 특정 초수학적 명제를 단계적으로 구성했다.

▶ 명제 (1) --- "순번 y를 가진 식(式) 내의 제1변항을 y의 수사(數辭)로 바꾸어 만든 식은 증명불가능하다." ....이를 대개 ~Bew(y, y) 등으로 나타낸다. ~Bew(R(y), y) 등과 같이 나타낼 수도 있으나 이미 이 글의 목적상 각종 기호나 변수의 사용을 최소화한다는 이야기를 했다.

그리고 괴델은 (1)의 순번 내지 괴델수를 q라 하고 이를 (1)의 제1변항인 'y'에다가 대입하여 다음과 같은 식을 만들었는데 이를 괴델식(式)이라 한다.

▶ 명제 (G) --- "순번 q를 가진 식(式) 내의 제1변항을 q의 수사(數辭)로 바꾸어 만든 식은 증명불가능하다." ....이는 ~Bew(q, q) 로 나타내어진다.

그리고 괴델은 이상과 같은 명제 G가 결정불능명제임을 이야기했다.

□ 우선 이상의 부분들에 대해 문제점들을 지적함으로써 괴델의 증명이 원천적으로 틀렸음을 이야기해 보기로 한다.

□ 괴델의 제1불완전성정리 증명이 틀린 이유 첫 번째 -- 명제 (1)은 수학적인 절차에 의해 유도된 명제, 즉 증명된 명제가 아니다. 기본적으로 모든 유효한 수학적 명제의 구성에는 이미 수학적으로 증명된 명제를 사용해야만 한다.

그런데 괴델은 수학적으로 전혀 증명된 바가 없는 명제 (1)을 멋대로 구성하고는 다시 그 것을 변형하여 명제 (G)를 만들어 낸 후 이 명제 (G)에 관해 논하여 결정불능명제라고 결론지었으니 그런 과정 자체가 전혀 수학적이지 못한 것이다. 따라서 괴델의 제1불완전성정리 증명은 틀린 것이며 그 것은 수학적 증명이 아니라 의미없는 문장놀이에 불과한 것이다.

이상의 이유와 논거만으로도 제1불완전성정리에 관한 괴델의 증명은 틀렸다고 할 수 있으며 나아가 제1불완전성정리 자체가 틀렸다는 증명은 이 연재의 다른 편에서 하기로 한다.

다음 편에서는 계속하여 제1불완전성정리에 관한 괴델의 증명이 틀렸다는 다른 이유들을 설명하기로 한다.

2008년 2월 23일

괴델의 제1불완전성 정리 증명이 틀린 이유에 대해 A-1-1 편에 이어 계속 이야기한다. 먼저 앞에서 이야기한 명제 (1)과 (G)를 다시 보면 다음과 같다.

▶ 명제 (1) --- "순번 y를 가진 식(式) 내의 제1변항을 y의 수사(數辭)로 바꾸어 만든 식은 증명불가능하다." ....이를 대개 ~Bew(y, y) 등으로 나타낸다.

▶ 명제 (G) --- "순번 q를 가진 식(式) 내의 제1변항을 q의 수사(數辭)로 바꾸어 만든 식은 증명불가능하다." ....이는 ~Bew(q, q) 로 나타내어진다.

괴델의 제1불완전성 정리 증명이 틀린 다른 이유는 또 무엇인가? 괴델은 명제 (1)에서 변항 y에 〈비수학적인 관계〉를 부여했기 때문에 괴델의 증명은 출발부터 잘못이라는 것이며 이는 수학철학적인 입장이기도 하다.

왜 명제 (1)에서 사용된 핵심적 변항 'y'에 괴델이 부여한 관계가 비수학적인 것인가에 대한 설명을 위해서는 먼저 다음 사항들을 짚고 넘어가야만 한다.

□ 정의 -- 괴델 연산자 -- "임의의 명제 X 내의 제1변항을 그 명제의 순번 y의 수사(數辭)로 바꾼다"라는 행위를 일종의 명제연산자로 본다면 이를 특히 '괴델 연산자'로 부르기로 하고 Gop로 나타내면 그러한 행위에 대한 인자표현은 Gop(X, y) 가 되고 이는 새로운 명제를 나타낸다고들 한다.

□ 수학적 행위와 비수학적 행위 -- 비수학적인 행위를 '기계적 행위'라고도 부르자.

일반적으로 명제의 변항에 대입하는 상수는 그 명제의 의미와 변항의 변역에 맞는 걸 골라야 수학적 행위라고 할 수 있다. 임의의 명제의 변항에 그 명제의 순번을 대입하는 행위와 같은 것은 수학적 행위라고 할 수 없다.

이는 일반적으로 임의의 명제내의 변항과 그 명제의 순번이 서로 어떤 수학적 논리적 관계도 가지지 않는다는 사실에서 그렇다. 명제내의 변항에 순번을 대입해 보아야 할 어떤 상황도 생기지 않는다.

다른 예로 어떤 명제내에 1/y 라는 항이 있다고 하면 변항 y에 임의의 수를 대입하는 건 비수학적인 행위라는 말이다. 0도 임의의 수 중 하나인데 y에 0을 대입하면 그 항은 1/0 으로서 불능이 된다. 명제의 의미에 따른 y의 변역에 맞는 상수를 골라야만 대입이 가능하다.

□ 초공리 超公理 (MXT-1) -- "수학적인 명제는 수학적 행위와 대상으로 구성되어야 한다."

□ 초공리 超公理 (MXT-2) -- "명제의 변항에 대입하는 상수는 그 명제의 의미와 변항의 변역에 맞는 걸 골라야 수학적 행위라고 할 수 있다."

□ 순번 부여 방법에는 절대적인 표준이 없다 -- 그리고 각 명제에 순번이나 괴델수를 부여하는 방법에는 어떤 절대적인 표준이 있는 것은 아니며 어떤 절대적인 표준이 있다고 해도 어차피 명제내의 변항과 순번은 원천적으로 아무런 관련이 없는 것이기에 그런 표준의 존재가 가지는 역할은 없다고 할 수 있다.

그리고 모든 명제는 각종 기호에 의해 표현되고 그 기호체계는 인간의 언어체계와 같이 여러 가지가 있을 수 있으므로,

각 명제의 기호표현에 대해 사전식으로 순번을 부여한다고 해도, 같은 기호체계내에서도 각 기호의 순번을 정하는 방법에 따라 명제에 부여되는 순번이 달라지고 만다.

따라서 명제에 순번을 부여하는 방법 내지 체계에 따라서 명제내의 변항에 대입되는 순번이나 괴델수의 값이 달라진다. 예를 들어 제1변항에 순

번으로서 56이 대입될 수도 있고 980이 대입될 수도 있는 것이며 그러한 숫자는 어떤 패턴에 의한 것이 아니라서 어떤 수학적인 의미도 없는 것이라 할 수 있다.

더구나 명제내 변항에 그와는 아무런 수학적 관련도 없는 명제의 순번을 대입하는 괴델연산자 Gop에 관한 한 명제에 순번을 부여하는 모든 방법들은 규칙적이든 불규칙적이든 서로 대등한 것이라고 봐야 한다.

그리고 명제의 수가 n개라면 일반적으로 n 개의 명제에 순번을 부여하는 방법은 n! 개가 되는 것이고 이는 달리 말하면 임의의 명제에는 순번 부여의 방법에 따라 1부터 n 까지의 수가 모두 순번으로 부여될 수 있다는 말이 되고 n을 무한대로 보내면 존재하는 모든 명제에 대해서도 마찬가지라고 볼 수 있다.

그렇다면 결국 명제 (1)은 "임의의 명제내의 변항에 (꼭 순번이 아닌) 임의의 수 k를 대입하여 다른 명제를 만들어도 그 명제는 증명불가능하다"는 것을 주장하는 것이 되고 만다. 말한 바에 의하면 임의의 수 k를 그 명제의 순번이 되게끔 하는 순번부여 방법이 존재할 수 있기 때문이다.

그리고 임의의 명제의 변항에 (꼭 순번이 아닌) 임의의 상수를 대입하는 행위 역시 수학적 행위라고 할 수 없다. 임의의 상수가 아니라 명제내 변항의 의미와 변역에 맞는 맞춤형 상수를 골라 대입해야만 수학적 행위라 할 수 있는 것이다.

□ 파생공리 (MXT-2-1) -- "임의의 명제내의 변항에 그 명제의 순번을 대입하는 행위는 수학적 행위라고 할 수 없다."

□ 파생공리 (MXT-2-2) -- "임의의 명제내의 변항에 임의의 상수를 대입하는 행위는 수학적 행위라고 할 수 없다."

□ 그렇다면 새로운 명제인 Gop(X, y)에 대한 참, 거짓 판정이 가능하든 말든 괴델 연산자 자체는 비수학적, 기계적 연산자에 해당한다.

그리고 괴델연산자가 기계적 연산자라는 사실을 강조하는 시각적인 효과를 위해 논리적 의미와는 상관없이 특별히 Gop♠ 와 같은 식으로도 나타내기로 하자. 그러면 Gop♠(X, y) 라는 기호 표현이 가능해진다.

그러면 비수학적 연산자인 괴델연산자가 포함된 명제 (1)은 이미 수학적 명제가 아니며 그 안에서 주장하는 모든 의미와 관계는 수학적으로 가치가 없다는 사실이 시각적으로 더 분명해진다. (나아가 명제 (1)에 괴델연산자를 작용시켜 괴델식 (G)를 만드는 특별한 경우에 대해서는 나중에 따로 논하겠다.)

□ 순번 함수 Ord -- 순번 y는 사실 명제 X의 종속변수라고 할 수 있다. 따라서 어떤 명제의 순번을 구하는 함수를 Ord 라 하면 Gop♠(X, y) = Gop♠(X, Ord(X)) 가 되므로 명제 (1)은 다음과 같이 바꿀 수 있다.

명제 (1-1) -- 임의의 명제 X에 대하여 그 제1변항을 X의 순번 y의 수사로 바꾸어 얻는 명제는 증명불가능하다.

명제 (1-2) -- 임의의 명제 X에 대하여 Gop♠(X, Ord(X)) 은 증명불가능하다.

참고로 명제 (1) 안의 변항 y에 비수학적인 관계가 주어져 있다는 말은 곧 명제 (1-2) 안의 순번함수 Ord 에 비수학적인 관계가 주어져 있다는 말과도 같다.

□ 정의 -- 괴델 지수(指數)

어떤 명제가 증명가능하면 그 명제의 괴델지수는 1이라 하고 증명불가능하면 괴델지수는 0이라 정의하면 괴델지수함수는 명제를 자유변수로 하는 2가(價) 함수가 된다. 이러한 괴델지수함수를 g(X) 로 나타내자. (X는 명제)

□ 시각적 효과를 위한 기호 표현 -- 그러면 이제 명제 (1)에 대한 최대한의 기호 표현이 가능해지고 함수결합기호로 #를 사용하면 다음과 같다.

명제 (1-3) -- "임의의 명제 X에 대한 순번함수를 Ord 라 하면 g#Gop♠(X, Ord(X)) = 0 이다."

자, 이제 시각적으로 더 분명해졌다. '♠' 표시에 주목하라. 어떤 명제라도 그 안에 비수학적, 기계적 행위 내지 연산자임을 나타내는 기호인

'♠' 표시가 하나라도 있으면 그 명제나 식은 수학적인 것이 아니게 된다는 것을 확실히 하자.

괴델연산자 Gop♠ 는 수학적인 행위가 아니라 기계적이고 비수학적인 행위이므로 변항 y와 명제내 다른 항들과의 사이에는 비수학적인 관계가 주어져 있는 셈이다.

무릇 어떤 의미와 논리적 구조를 담고 있는 명제를 그러한 의미나 구조(본질적 구조와 시각적 구조)와는 아무런 관련이 없는 기계적인 방법으로 변형하는 행위와 그 결과는 수학적으로 아무런 의미가 없으며 저지레(혼잡질)에 불과하다. 괴델연산자 Gop♠ 도 그러한 저지레의 하나인 셈이다.

□ 명심할 것은 새로운 명제인 Gop(X, y)에 대한 참, 거짓 판정이 가능하든 말든 괴델 연산자 자체는 비수학적, 기계적 연산자에 해당한다고 봐야 하는 것이며 이는 수학철학적인 입장이다.

□ 맺기 -- 괴델은 명제의 비수학적, 기계적 변형 행위를 언급하는 말을 수학적 표현내에 집어 넣어 명제 (1)을 만드는 잘못을 범했으며 그 자체로 이미 명제 (1)은 수학적인 명제라고 할 수 없다.

그리고 명제내의 변항 사용 원칙의 측면에서 말하자면 괴델은 그러한 잘못으로 인해 명제 (1)에서 변항기호 'y'를 잘못 사용하는 결과를 낳은 것인즉, 결과적으로 괴델은 명제 (1)에서 핵심적인 역할을 하는 변항기호 'y'를 괴델연산자 Gop 와 같은 비수학적인 항들과 관련지어 'y'에 비수학적인 관계를 주고 만 것이며 따라서 명제 (1)은 수학적으로 불완전하고 의미없는 것이다.

결국 명제 (1)을 출발점으로 한 괴델의 (제1불완전성정리에 대한) 증명은 수학적으로 틀린 것이다. 이는 수학철학적인 입장이라고도 할 수 있으며 앞으로 계속 보완할 것이다.

참고로 괴델의 증명이 틀렸다는 이야기는 이제 시작 단계에 지나지 않으며 아직 본론은 나오지 않았다는 것을 알려 둔다. 이 연재는 상당히 길어질 것 같다.

2008년 3월 26일

괴델의 증명이 왜 틀렸는가를 계속하여 이야기한다. 이하 괴델의 증명이라 함은 괴델이 직접 이야기한 내용들 뿐만 아니라 그 후 다른 수학자들이 보강한 내용들까지 이름이다.

□ 괴델증명의 개요 -- 괴델은 산술체계를 포함한 수학의 모든 공리계가 불완전하다는 걸 말하기 위해 산술체계내의 단항술어집합과 관련하여 명제 (1)과 (G)를 구성하고는 (G)의 성질을 논했다. 괴델은 명제 (G)가 참이면서 증명불가능하여 결정불능이고 그런 (G)는 산술체계내에 사상(寫像)되므로 산술체계는 불완전하다고 결론지었다.

그리고 여기서 앞에서 말한 명제 (1)과 (G)에 대한 표기를 개선하고 넘어가자. 순번 또는 괴델수가 y인 명제를 ‘[y]’라 표기하고 (1)의 순번 또는 괴델수를 편의상 6834라 하면 명제 (1)과 (G)는 다음과 같이 된다.

(1) [y]의 제1변항에 y를 대입하여 얻은 명제는 증명불가능하다.
(G) [6834]의 제1변항에 6834를 대입하여 얻은 명제는 증명불가능하다.

여기서 명제 (1)과 (G)를 완전한 기호들로 표기하지 않은 건 〈기호(記號)의 함정〉에 빠지는 걸 방지하기 위해서다. 뭐든지 기호로 표기해 놓으면 수학적인 것으로 여겨버리는 게 바로 기호의 함정이며 괴델증명 비판과 관련해서는 특히 더 유의할 필요가 있다.

□ 공지 및 각종 정의들

이하 이 편에서 필요한 것들도 있고 앞으로 계속되는 연재에서 필요한 공지와 정의들도 있다.

1. 집합론에 대한 재검토가 필요하지만 근본적인 문제가 없는 한 당분간 기존의 집합론을 사용하기로 한다.

2. 모든 명제는 수학적인 명제와 비수학적인 명제로 구분된다. 수학적인 명제에는 보통의 명제와 초(超)수학적인 명제가 있다.

3. 이하 한국어에서 '초수학적인 명제'라는 말을 '초(超)명제' 또는 '갑(甲)명제'로 바꾸어 쓰기로 한다. 그리고 보통의 명제를 '을(乙)명제'로 부르기로 한다. 이는 초명제와 을명제를 수학적인 명제로 함께 다루기 위함이며 '초수학적인 명제'라는 말과 '비(非)수학적인 명제'라는 말이 비슷한 데서 오는 혼동을 피하기 위함이다.

4. 모든 명제의 집합을 Xs라 하고 모든 수학적인 명제의 집합을 Xm이라 하자.

산술체계내의 명제의 집합을 Xa, 산술체계내의 단항술어의 집합을 X1
이라 하자.

때때로 집합과 공간이라는 말을 구분없이 써서 명제공간 Xs, 명제공간
Xm이라는 식으로도 부를 것이다.

5. 이 연재의 전개상 인간생활에서 흔히 나타나는 논리적 오류들 중 다
음과 같은 것들을 미리 짚고 넘어갈 필요가 있다. 이는 흔히 말하는 〈순환
논법〉을 더 체계적으로 설명하기 위해서도 필요한 것이다.

돌출(突出)오류 -- 논증의 어떤 단계에서 참인지 거짓인지 모르는 아직
증명되지 않은 명제를 돌출시켜 어떤 주장의 근거나 결과로 내세우는 오
류가 있다. 〈서로의 관련성이 자명하지 않거나 미리 증명되지 않은〉 두 가
지 사실을 서로 관련짓는 오류가 있다. 이러한 오류를 돌출(突出)오류 또
는 돌출(突出)논법이라 하자. 이는 흔히 말하는 '논리적 비약'과 관련있
다.

그리고 돌출된 명제의 진위가 밝혀지지 않은 상태에서는 다음 과정으로
의 진행이 불가능함은 물론이고 돌출된 명제가 나중에 거짓으로 밝혀져도
다음 과정으로의 진행은 불가능하다. 그러나 돌출된 명제가 나중에 참으
로 밝혀지면 다음 과정으로의 진행이 가능하다.

교차(交叉)오류 -- 이는 돌출오류와는 다른 것으로서 이끌어낸 결론의
전체 또는 일부가 사실은 같은 또는 다른 표현으로 또는 정황상 전제에 이
미 포함되어 있어 전제(출발점)와 결론이 겹치는 경우를 말한다. 즉, 전제
와 결론이 교차하는 경우를 말하며 이 경우 전제가 돌출인 경우도 있지만

그렇지 않은 경우도 있으니 돌출오류와는 별개의 오류라 할 수 있다. 전제(前提)에 결론이 포함되면 단순히 같은 주장만 계속 되풀이될 뿐 정작 하고자 하는 주장(결론)의 증거는 제공되지 않고 만다. 참고로 논리학에서 '동어반복' 이라는 말을 교차와는 다른 의미로 사용하는데 혼선이 없으면 때에 따라 '동어반복' 을 교차의 뜻으로도 사용해도 무방할 것이다.

그리고 이상의 것들을 포함한 논리적 오류들에 대해 몇 가지 더 보충설명할 게 있지만 그것은 다음 기회에 하기로 한다. 인간생활에서 나타나는 논리전개상의 오류들 대부분은 이상과 같은 오류들이 섞여서 일어나는 것이며 흔히 말하는 순환논법 내지 순환오류도 마찬가지이다. (000-핑퐁)

□ 부분이 아닌 전체를 봐야 한다 -- 괴델증명의 전체 구조를 봐야 한다.

우리는 명제 (G)의 결정불능성 여부를 (G) 하나만 놓고 판단해서는 안된다. 괴델증명의 전체 구조를 봐야 한다. 결과적으로 명제 (G)에 자기언급성이 나타나고 자기 자신이 증명불가능하다고 주장한다는 사실에 기초하여 결정불능성을 도출할 수 있다고 하더라도 그것만 가지고 곧 바로 명제 (G)가 결정불능명제라고 말하는 것은 잘못이라는 걸 알아야 한다. 괴델증명에서는 바로 그런 잘못이 나타나고 있다.

그러한 문장 (G)를 유도하는 과정이나 괴델증명 자체의 구조가 수학적으로 논리적으로 오류를 범하고 있다면 원천적으로 명제 (G)는 결정불능명제가 아니라 수학적으로 아무런 의미가 없는 하나의 문장일 뿐이다. 모든 문장이 수학적으로 의미있는 것은 아니다.

괴델의 증명이 각 단계별로 그리고 전체적으로 어떤 오류에 빠져 있는지 살펴 보자.

□ 수학(數學) 또는 수학행위란? -- 수학이란 각종 체계(system)를 다루는 학문을 말한다.

인간은 물리적 실재에 관한 것이든 형이상학적인 추재(推在)에 관한 것이든 각종 체계의 존재를 인지하거나 창조해 낼 수 있다. 그런 각종 체계를 다루는 행위를 수학 또는 수학행위라 정의하는 게 타당하다. 그리고 어떤 체계가 존재하면 그에 관련된 대상, 개념이나 행위들 간의 관계를 논할 수 있으며 수학적인 명제란 그런 관계를 서술하는 문장이라 할 수도 있다.

□ 수학적인 명제란? -- 수학적인 명제란 체계부응적인 명제라 할 수 있다. 체계에 부응하려면 참이어야 한다.

수학이라는 것 자체가 체계를 다루는 것이므로 수학적인 명제란 것도 각종 체계와 따로 떼어서 이야기할 수 없다. 수학적인 명제란 항상 어떤 체계와 관련하여 논해야 하고 당연히 그 체계에 부응하는 것이어야 한다. 즉, 체계부응적인 명제라야 수학적인 명제라 할 수 있다(應系乃數). 체계부응적이란 말은 그 체계의 속성을 설명하는 것이라는 말이다. 체계에 관련된 대상, 개념이나 행위들 간의 관계를 서술하는 것도 체계부응적이라 할 수 있으니 그런 문장도 수학적인 명제라 할 수 있다.

따라서 수학적인 명제를 달리 말하면 〈체계문(體系文)〉이 되며 어떤 문장이 체계문이라는 말은 곧 그 문장이 체계에 관하여 참이라는 말과도 같다. 즉, 참이란 말과 체계부응적이란 말은 동치인 것이다.

그리고 이는 곧 오직 참인 문장만이 수학적인 명제가 될 수 있으며 거짓인 문장은 수학적인 명제가 될 수 없다는 말이 된다(僞文非數, 眞文乃數).

나아가 이상의 취지에서 '명제'란 말을 '참, 거짓을 판별할 수 있는 문장'이 아니라 오로지 '참인 문장'의 뜻으로 사용할 수도 있겠다.

□ 위문비수, 진문내수(僞文非數, 眞文乃數) -- 거짓인 명제는 수학적인 명제가 아니다. 오직 참인 명제만이 수학적인 명제이다.

괴델 등은 거짓인 명제까지도 참인 명제와 함께 수학적인 논의의 대상으로 삼고 있는데 이는 잘못이다. 이에 대해서는 나중에 더 자세히 논할 것이지만 우선 간단하게 언급해 보았다.

□ 명제 (1)이 수학적인 명제가 아니라는 사실에 대한 보충 설명

A-1-2 편에서는 명제 (1)은 비수학적인 행위, 연산자를 포함하고 있으므로 수학적인 명제가 아니라는 말을 했는데 우선 이에 대해 보충설명을 하기로 한다.

어떤 명제의 순번이나 괴델수 자체는 수학적인 개념일지 몰라도 (그리

고 나아가 대입이라는 행위까지도 수학적인 행위라 치더라도) 그것을 그것과는 아무런 체계적인 관련이 없는 해당 명제의 제1변항에 대입하는 건 비수학적인 행위라는 것이다.

어떤 문장이 수학적인 명제가 되려면 그에 사용된 개념이나 행위 각각이 모두 수학적이어야 할 뿐만 아니라 그런 것들의 조합들까지도 수학적이고 체계부응적이어야 한다는 말이다.

이미 말한 대로 기본적으로 어떤 체계에 관련한 수학적인 행위와 개념이란 체계부응적인 것, 즉 그 체계를 거스르지 않는 행위와 개념이라고 봐야 한다(#). 그리고 이는 어떤 체계관련 명제를 다룰 때도 마찬가지로서 그 명제를 변형하더라도 그 체계의 의도나 취지에 어긋나지 않게 변형하는 것을 원칙으로 삼아야 하는 것이다.

그런데 명제 (1)은 그런 원칙을 무시하고는 임의 명제의 제1변항에 그것과는 아무런 체계관련성이 없는 해당 명제의 순번 내지 괴델수를 대입하여 변형하는 행위를 포함하고 있으니 이는 산술체계를 포함한 모든 수학체계를 거스르는 문장인 것이니 이 어찌 비수학적인 명제가 아니겠는가? 즉,

범위 -- 제1변항의 범위에 대한 고려가 전혀 없이 그 범위에 들지도 안 들지도 모르는 명제의 순번을 대책없이 요행을 바라고 변항에 무작정 대입한다는 행위 자체가 이미 비수학적이며 아름답지 못하다. 어떤 명제를 변형하여 새로운 명제를 만든다는 것은 곧 새로 만든 명제가 수학적으로

참이고 의미있기를 바라고 하는 일이다. 그런 일에서는 요행이 아닌 철저한 기획과 계산에 따라야 하는 것이 수학적인 행위라고 보는 바 대책없이 요행을 바라고 순번을 변항에 무작정 대입해서는 안되는 것이다. (越境非數, 僥倖非數)

의미 -- 대입한 순번이 우연히 결과적으로 제1변항의 범위에 들었다 하더라도 제1변항의 체계내부적 의미와는 전혀 다른 의미를 가진 명제의 순번을 대입원천(代入源泉)으로 한다는 건 체계를 거스르는 것으로서 역시 아름답지 못하고 비수학적인 행위라는 것이다. (不昧非數)

□ 비수무반(非數無盤), 비수비존(非數非存), 비수비존불가번(非數非存不可番) -- 명제 (1)은 순번이 없다. 괴델수도 없다.

이상에 의하면 명제 (1)이 논리학의 대상이 될 수는 있겠지만 수학적으로는 존재하지 않으며 따라서 명제 (1)에는 수학적인 순번이나 괴델수를 부여할 수 없다는 말이 된다.

우리는 지금 논리학이 아닌 수학체계를 논하고 있다는 걸 명심해야 한다. 논리학에서는 그저 논리적 흐름만 따지니 어떤 대상이나 행위도 같은 테이블에 올려 놓고 논할 수 있겠지만 수학의 경우는 다르다. 수학에서는 논리적 흐름뿐만 아니라 각 대상과 행위의 유별(類別)과 체계화가 필수이므로 어떤 유별과 체계에도 속하지 않는 명제들은 비수학적인 명제로 취급해야 하며 따라서 수학의 각 체계내 명제들과 함께 논할 수 없으며 따라서 순번도 함께 매길 수 없는 것이다.

이런 매우 상식적인 취지에서는 비수학적인 괴델연산자 Gop♠를 포함한 명제 (1)은 역시 비수학적인 것이므로 그에 해당하는 수학체계내의 순번이란 없는 것이다.

그리고 순번이 아닌 괴델수의 경우도 마찬가지다. 괴델수 역시 수학적인 대상에만 부여되어야 하고 괴델연산자 Gop♠ 는 비수학적인 것이므로 그에 해당하는 괴델수는 없고 따라서 괴델연산자를 포함하는 명제 (1)의 괴델수도 없는 것이다.

즉, 괴델이 정의한 괴델수라는 것은 그 의도가 수학적인 것이므로 그것은 더더욱 수학적인 행위나 대상에게만 부여해야 하는 것이지 명제 (1)에 나타나는 비수학적인 행위에 부여할 수는 없는 것이다. 도대체 명제 (1)에 나타나는 제1변항에의 〈순번 대입〉 또는 〈괴델수 대입〉이라는 비수학적인 행위인 괴델연산자 Gop♠에 어떤 괴델수를 부여한단 말인가? 괴델의 증명에서는 그런 질문이 아예 없다.

결론적으로 수학의 세계에서는 비수학적인 명제를 위한 테이블(盤)은 없다. 이게 바로 새로이 도입해야 할 비수무반(非數無盤)의 원칙이며 괴델의 증명은 바로 이를 어긴 것이다. '비수비존(非數非存)'이란 비수학적인 명제는 수학체계내의 어떤 테이블 안에도 존재할 수 없다는 뜻이며 따라서 어떤 순번이나 괴델수도 부여할 수 없다는 말이 바로 '비수비존불가번(非數非存不可番)'이다.

참고로 괴델의 증명이 명제 (1)과 (G)가 수학적인 명제가 아닌데도 그것을 수학의 명제와 같은 반열에서 다루어 비수무반의 원칙을 어겼다는 말은 곧 괴델의 증명이 리샤르 역설을 발생시킨 오류와 비슷한 오류에 빠졌다는 걸 말해 준다. 리샤르 역설이 발생된 이유도 서로 급(級)이 다른 대상개념과 메타개념을 같은 반열에 놓고 다루었기 때문이다. 괴델은 리샤르 역설의 오류를 피하려다 비슷한 오류에 빠지고 만 것이다.

□ 괴문비존(怪文非存) -- 명제 (G)는 존재할 수 없다. 괴문이란 괴델 문장 (G)를 말한다.

비수무반(非數無盤)의 원칙에 따라 명제 (1)의 순번이나 괴델수가 존재하지 않으므로 당연히 명제 (1)의 제1변항에 (1)의 순번이나 괴델수를 대입하는 일은 불가능하다. 따라서 명제 (G)는 그런 문장 자체를 아예 구성할 수 없으므로 존재할 수 없다. 문장 자체가 아예 존재하지 않는 것이다.

결국 괴델은 존재하지 않는 문장 (G)를 두고 이리 저리 재주를 부려 (G)는 결정불능명제라는 결론을 이끌어 낸 것이니 괴델의 증명은 허깨비를 두고 생김새가 어떻니 색깔이 어떻니 하며 논한 격이다. 따라서 괴델의 증명은 원천적으로 잘못되었다.

□ 유유불간섭(類類不干涉) -- 서로 다른 유형(類型)의 체계는 서로 간섭하지 않는다. 어떤 체계의 성질로 다른 체계를 재단할 수 없다.

설사 명제 (1)이 수학적인 명제라 쳐서 순번이나 괴델수를 부여했다고 치더라도 거기서 그칠 뿐이지 괴델의 증명에서처럼 어떤 공리계 A(산술체계)에 속하지 않는 명제의 성질로 A(산술체계)를 재단해서는 안되는 것이다. 괴델은 산술체계에는 속하지 않는 명제 (1)-(G)의 성질로 산술체계를 재단하는 오류를 범했다.

즉, 만약에 명제 (1)이 수학적인 명제라 치면 명제공간 Xm에서 순번과 괴델수를 부여할 수 있을지 모른다. 그러나 명제 (1)에 나타나는 〈대입〉이라는 행위는 명백히 산술체계내의 행위가 아니므로 명제 (1) 역시 산술체계내의 명제가 아니며 산술체계와는 아무런 상관이 없다. 이는 (1)로부터 유도된다는 (G)도 마찬가지다.

따라서 명제 (1), (G)가 참이든 거짓이든 증명가능하든 증명불가능하든 그것은 산술체계의 결정가능성 여부와는 아무런 상관이 없으며 산술체계는 여전히 그대로 결정가능한 상태로 존재하는 것이다.

도대체 산술체계 밖의 명제를 숭구리당당한 것이 가만히 있는 산술체계와 무슨 상관이 있다는 말인가? 괴델의 증명은 길 가던 사람이 자기 발에 자기가 걸려 넘어지고는 가만히 있는 도로를 탓하는 것과 마찬가지로 산술체계와는 아무런 상관이 없는 명제 (1)과 (G)를 이끌어내고는 자칭 증명불가능하다는 식으로 자가당착하는 (G)를 가지고 가만히 있는 산술체계를 탓한 격이다. 억지연관인 것이다.

□ 명제 (1)과 (G)는 산술체계내로 사상될 수 없다.

그리고 그런 억지연관을 피하기 위해 괴델의 증명은 "명제 (G)는 결정불가능하고 (G)는 산술체계로 사상되므로 산술체계에도 결정불가능한 명

제가 존재하게 되고 따라서 산술체계는 불완전하다" 라는 식으로 이야기
했지만 그러한 주장 역시 잘못이다. 왜냐하면 사실은 명제 (1)과 (G)는 산
술체계로 사상될 수 없기 때문이며 심지어는 (G)가 결정불능이라는 주장
마저도 잘못된 것이다.

(이에 대한 더 자세한 이야기는 다음 기회에 하겠지만 우선 맛뵈기로 언
급하는 것이다.)

도대체 산술체계에 '대입'이나 '증명불가능하다'라는 개념 자체가
정의되어 있지 않은데 그런 개념을 포함한 명제 (G)가 어떻게 산술체계내
로 사상될 수 있다는 말인가? 결국 괴델은 초수학적인 명제가 산술체계내
에 사상된다는 것을 정식으로 증명한 게 아니라 그냥 선언한 것이라는 걸
알 수 있으니 이는 돌출오류이다.

괴델이 명제 (G)가 산술체계내로 사상되었다고 주장하는 근거는 오로지
(G) 내의 자기 주장과 자기 조작물에 불과한 것들이다. 어떤 명제에 관한
논증 과정에서 그 명제내의 자기 주장이나 조작물을 근거로 사용하는 것
은 수학 이전에 논리학에서 이미 피해야 할 행위이다.

상기한 논거에 의하면 명제 (G)와 그 순번 내지 괴델수라는 것은 존재하
지도 않지만 존재한다고 쳐도 그것을 두고 (G)가 산술체계내로 사상되었
다고 말해서는 안되는 것이다.

괴델의 증명은 어떤 문장 내지 명제를 '[y, 1, y]'   '[6834, 1,
6834]' 와 같은 식으로 논리적, 수학적 기호로 표현한 사실을 두고는 또

그것이 어떤 수를 가르킨다는 사실(?)을 두고는 그것이 곧 어떤 다른 체계 (산술체계)로의 사상을 뜻한다는 수학적 낭만주의에 빠진 것이 된다. 그런 수학적 낭만주의에 대한 비판은 다음 기회에 하기로 한다. (000-寫像)

□ 요약 -- 명제 (1)이 수학적인 명제이든 아니든 괴델의 증명은 틀렸다.

명제 (1)이 수학적인 명제가 아니면 (1)의 제1변항에 대입할 (1)의 순번이 존재하지 않으므로 (G)도 존재할 수 없다. 그리고 실제로 명제 (1)은 수학적인 명제가 아니다.

그리고 설혹 명제 (1)이 수학적인 명제여서 그 순번이 존재하고 따라서 (G)가 존재한다고 쳐도 이는 산술체계 밖에서의 놀음이고 (1)과 (G)는 산술체계내로 사상될 수 없으므로 산술체계의 완전성 여부와는 아무런 상관이 없다.

이래 저래 괴델의 증명은 틀린 것이며 이 연재에서는 앞으로 산술체계를 포함한 모든 공리체계는 완전성을 가지게끔 구성할 수 있다는 것도 보여 주겠다.

2009년 5월 12일